존 C. 맥스웰 John C. Maxwell

뉴욕타임스 NO.1 베스트셀러 작가, 연사, 코치, 리더다. 그의 책은 전 세계 50개 언어로 번역되어 3,300만 권 이상 팔렸다. 비즈니스 분야에서 최고의 리더이자 세계에서 가장 영향력 있는 리더십 전문가로 인정받고 있다. 그의 조직인 이큅, 존 맥스웰 리더십 재단, 존 맥스웰 컴퍼니, 존 맥스웰 팀은 그의 가르침을 전 세계 다양한 언어로 번역해 세계 각국의 수백만 명의 리더를 양성하는 데 사용한다. 그는 호라시오 앨저 상 Horatio Alger Award 과 루미너리 리더십 네트워트로부터 마더 테레사 글로벌 평화 리더십 상 Mother Teresa Prize for Global Peace and Leadership 을 수상했다. 포춘지 선정 500대 CEO, 각국 대통령 및 전 세계 기업인들에게 영향을 미치고 있다. 추가 정보는 존맥스웰닷컴 JohnCMaxwell.com 과 Twitter.com/JohnCMaxwell에서 얻을 수 있다.

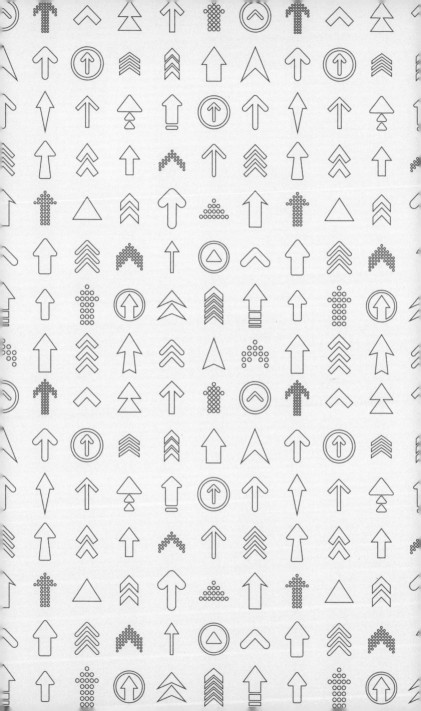

매일 읽는 존 맥스웰

The Daily John C. Maxwell

매일 읽는
존 맥스웰

존 C. 맥스웰 지음

이혜경 옮김

성공으로 가는 열쇠는 무엇일까? 위대한 성취를 이룬 사람들과 그렇지 못한 사람들을 구분하는 것은 무엇일까? 답은 의외로 단순하다. 우리가 매일 하는 일로 구분되기 때문이다. 성공의 비결은 바로 우리의 하루 일정표 속에 있다.

자신의 잠재적 역량을 최대한 발휘한 사람들은 어떻게 그런 성취를 이루었을까? 이에 대한 대답 역시 단순하다. 그들은 매일 자신의 모든 역량을 자기가 하는 일에 쏟아붓기 때문이다. 매일 자신의 가치를 높이기 위해 시간을 투자하고, 그렇게 함으로써 다른 사람들의 가치까지 올려준다.

내가 이 책의 출간을 결심한 이유는, 독자들이 1년 동안 매일같이 스스로에게 아주 짧은 시간이라도 투자할 수 있게 하기 위해서다. 이 책에 실린 366편의 글은 모두 내가 썼던 책에서 발췌한 것들이다. 이 글 모두 독자들에게 용기를 북돋아주고, 어떤 가르침을 주고, 도전해 볼 만한 주제를 제시하며, 독자들의 성장을 자극할 수 있는 내용들로 구성되어 있다. 그리고 모든 글 상단에 그날 읽을 내용의 핵심을 간결하게 한두 줄로 정리해놓았다. 이는 독자들이 각각의 내용을 그날의 일과에 적용하고자 할 때 도움을 주기 위해서다.

스스로 변화하고자 하는 의지가 없다면, 우리는 결코 성장할 수 없다. 그리고 그 변화는 우리가 매일 반복하고 있는 일상 중에서 무엇인가를 바꿔야만 가능하다. 나는 독자들이 앞으로 1년 동안 이 책의 도움을 받아 매일 그러한 변화를 시도해보기를 바란다.

존 C. 맥스웰

——차례

• 일러두기

1. 단행본과 정기간행물은《 》, 논문이나 단편, 회화, 음악, 방송물은〈 〉로 표시했다.

2. 본문에 나오는 단행본이 국내에서 출간된 경우 국역판 제목으로 표기했다.

01

January

작은 일부터 시작하라

리더십을 기르기 위해 소소하지만 구체적인 행보를 시작하라.

강연회나 저자 사인회에 나가면 자신도 책을 쓰고 싶다고 속마음을 털어놓는 사람들이 있다. 그들은 내게 이렇게 묻는다. "어떻게 하면 작가가 될 수 있을까요?" 그러면 나는 "하루에 몇 시간이나 글을 쓰십니까?"라고 되묻는다. 자신이 쓰고 있는 글이나 기사에 대해 이야기하는 사람들에게는 나는 그저 계속 글을 써보라고 격려해준다. 그렇지만 대부분의 사람들은 머뭇거리며 "아직…… 실제로 글을 써본 적은 없어요"라고 대답한다. 그런 사람들에게는 "어떤 주제든 좋으니 먼저 글쓰기부터 시작하세요. 천 리 길도 한 걸음부터라고, 짧은 글이라도 일단 쓰기 시작해야 한 편의 글을 완성할 수 있지 않겠어요?"라고 조언한다.

리더십 역시 마찬가지다. 작게 시작해서 점점 커가는 것이다. 리더가 되어 사람들을 이끌어본 적이 없는 사람은 먼저 한 사람을 상대로 시작할 필요가 있다. 한 사람을 자기 사람으로 만드는 데 성공했다면, 그다음에 팀을 구성해도 좋다. 일단 지금 당장 필요한 것부터 시작하라.

아시시의 프란체스코 성인은 이렇게 말했다. "필요한 것부터 시작하세요. 그런 다음 자신이 할 수 있는 일을 하면 됩니다. 그러다 보면 어느새 불가능하다고 생각했던 일을 하고 있는 자신을 보게 될 것입니다." 훌륭한 리더십은 현재 자기가 처한 위치에서 시작된다. "어떤 회한도 남기지 않고 영원히 지속되는 것은 자신을 정복하는 일밖에 없다." 나폴레옹이 남긴 명언이다. 지금 당신 앞에 놓여 있는 소소한 책임들이야말로 당신이 최초의 리더십을 발휘해서 정복해야 할 대상이다. 자기 집안부터 잘 다스린 다음에 천하 정복에 나서라는 말이다.

리더십과 의사소통

리더의 의사소통 방식이 조직의 분위기를 결정한다.

나는 조직의 성패는 리더십에 달려 있다고 생각한다. 내 책을 읽어 본 독자라면 잘 알 것이다. 그런데 책에서는 언급하지 않았던 중요한 사실이 있다. 리더십의 성패는 의사소통에 달려 있다는 것이다.

팀을 이끄는 리더라면, 팀원들과 의사소통을 할 때 다음 기준을 지침으로 삼기 바란다.

1. **일관성을 유지하라.** 결정을 내리지 못하는 리더만큼 팀원들을 당혹스럽게 하는 리더는 없다. 콘티넨털 항공사의 임원을 지낸 고든 비선이 재직 당시에 팀을 장악할 수 있었던 이유 중 하나는 의사소통에서 일관성을 유지했다는 점이다. 직원들은 언제나 그와 그가 하는 말을 믿었고, 그것이 최악의 상황에 처한 콘티넨털 항공을 회생시키는 동력으로 작용했다.

2. **의사표시를 명확히 하라.** 리더가 무엇을 원하는지 모르면 팀원들이 업무를 수행할 수 없다. 자신의 지적 능력을 과시하기 위해 말을 어렵게 하거나 앞뒤 설명도 없이 일방적으로 의사표현을 하는 사람이라는 인상을 주지 마라.

3. **예의를 갖춰라.** 어떤 지위에 있든, 과거에 당신과 어떤 관계였든 상관없이 사람은 누구나 존중받을 자격이 있다. 리더가 아랫사람들에게 예의를 갖추면 조직 전체에 그런 분위기가 형성될 것이다.

리더의 의사소통 방식이 팀원들의 상호작용에 영향을 미친다는 사실을 잊지 마라. 팀원들은 리더의 모습을 반영하는 거울이다. 일방적인 의사소통 방식은 결코 좋은 방식이 아니라는 점 또한 명심하라. 상명하달식이나 독재적인 방식은 치명적인 결과를 초래한다. 최고의 리더는 경청하고 독려하고 참여를 장려한다.

11

통찰력

오늘은 통찰력을 활용해 자신이 있어야 할 자리를 찾아보라.

통찰력이란 문제의 근원을 찾아내는 능력이라고 할 수 있다. 여기에는 합리적 사고와 직관력, 둘 다 필요하다. 리더십의 효율성을 극대화하려는 리더에게 통찰력은 필수 자질이며, 다음과 같은 중요한 일을 수행하는 데 도움이 된다.

1. **근원이 되는 사안을 찾아낸다.** 큰 조직의 리더들은 하루도 빠짐없이 일어나는 엄청난 혼란과 복잡한 상황에 대처해야 한다. 리더가 전체 상황을 파악하는 데 필요한 모든 정보를 수집하기란 불가능하다. 따라서 그림의 일부를 보고 직관적으로 빠진 부분을 채워 넣고 문제의 근원을 찾아내기 위해서는 통찰력에 의존해야 한다.

2. **문제 해결 능력을 향상시킨다.** 문제의 근원을 알면 해결이 가능하다. 자신이 재능을 발휘할 수 있는 분야에 가까워질수록 문제의 근원을 찾아내는 능력과 직관력이 강해진다. 잠재된 통찰력을 끌어내고 싶다면 자신이 잘하는 분야에서 일하라.

3. **영향력을 극대화할 수 있는 선택을 가능하게 한다.** 경영 컨설턴트 로버트 헬러는 "직관을 무시하지 마라. 그렇다고 직관에만 의존해서도 안 된다"라고 했다. 통찰력은 직관에만 의존하지도, 지적 능력에만 의존하지도 않는다. 통찰력은 지성과 직감을 모두 활용해 최선의 선택을 하게 한다.

4. **기회를 크게 늘려준다.** 통찰력이 부족한 사람이 적재적소에 배치되는 경우는 거의 없다. 보는 사람에 따라 위대한 리더들이 운이 좋은 것처럼 보일 수도 있다. 그러나 그들은 자신의 경험을 십분 활용하고 본능을 따르는 데서 오는 통찰력을 바탕으로 자신의 '운'을 만들어낸 사람들이다.

누구나 자기만의 렌즈로 세상을 본다

나는 사람들과 교류할 때 어떤 '렌즈'를 끼고 보는가?

모든 사물을 바라보는 관점은 자신이 결정한다. 자기 자신과 관점을 분리해서 생각할 수는 없다. 자신의 인격과 지금까지 겪어온 경험을 바탕으로 세상을 보는 렌즈가 형성되고, 각자 그 렌즈를 통해 세상을 보게 된다. 관점과 관련된 이야기를 하나 들어보자.

한 여행자가 대도시 가까이 이르러 길가에 앉아 있던 노인에게 물었다. "이 도시의 사람들은 어떻습니까?" 그러자 노인이 여행자에게 되물었다. "당신이 왔던 곳에서는 어땠소?"

"끔찍했어요. 비열하고, 혐오스러운 인간들뿐이었지요."

여행자의 말을 듣고 노인은 대답했다.

"그렇다면 이곳 사람들도 그 사람들과 똑같을 거요."

여행자가 길을 떠나고 나서 얼마 후에 다른 여행자가 노인에게 다가왔다. 그 여행자도 첫 번째 여행자와 같은 질문을 했다. 그러자 노인은 두 번째 여행자에게도 똑같이 되물었고, 그는 이렇게 답했다.

"정말 좋은 사람들이었어요. 정직하고, 부지런하고, 잘못에도 관대했지요. 그곳을 떠나기가 아쉬울 정도였어요."

그러자 노인이 말했다. "이곳 사람들도 그렇다오."

상대를 바라보는 시각은 자기 자신을 반영한다. 당신이 신뢰할 만한 사람이라면 상대를 신뢰의 눈길로 바라볼 것이다. 비판적인 사람이라면 상대를 비판적으로 바라볼 것이고 배려 깊은 사람이라면 상대를 따뜻한 눈으로 바라볼 것이다.

자신이 바람직하게 여기는 모습으로 자신을 변화시킨다면 예전과 다른 완전히 새로운 관점으로 상대를 바라보게 될 것이고, 그 결과 자신의 모든 인간관계 안에서 교류하는 방식도 바뀔 것이다.

13

적재적소에 인재를 배치하라

직원들에게 더 적합한 자리를 찾아주라.

누군가를 그가 싫어하는 업무에서 그에게 잘 맞는 업무로 이동시키는 것은 그 사람의 인생을 바꾸는 일이 될 수도 있다.

내가 면담했던 어떤 경영자는 한 직원에게 적합한 자리를 찾아주기 위해 네 번이나 부서 이동을 시킨 적이 있다고 했다. 새로 배치하는 부서마다 그 직원에게 맞지 않는 자리여서 포기하고 싶을 때도 많았지만, 그는 끝까지 그 직원의 가능성을 믿었고 마침내 적합한 자리를 찾아냈다고 한다. 그리고 제자리를 찾는 순간 그 직원은 조직에 없어서는 안 될 인재가 되었다고 했다.

그 경영자는 직원 각자가 자신에게 맞는 업무를 하는 것이 얼마나 중요한지 잘 알고 있었다. 그래서 매년 설문조사를 통해 인사 이동이 있다면 어느 부서로 옮기고 싶은지 직원들에게 묻는다고 했다. 그리고 직원들의 응답을 통해 직원 각자가 적소에 배치되어 있는지 평가한다는 것이다.

알맞은 자리에 알맞은 사람을 배치하려면 많은 시간과 에너지가 든다. 생각해보라. 당신이 만약 사장이라면 자기가 편한 방식으로 직원들에게 업무를 배정하고, 원래 하던 일을 계속하게 하는 것이 훨씬 수월하지 않겠는가?

다시 말하지만, 인사 처리 방식에 있어서 적재적소에 인재를 배치하는 문제는 리더가 마음대로 해서는 안 되는 부분이다. 리더는 자신의 성향대로 결정을 내리고 그것을 그대로 밀고 나가려는 욕구를 경계해야 한다. 당신이 생각했던 만큼 빛을 발하지 못하는 직원이 있다면 걱정 말고 그가 제자리를 찾을 때까지 부서를 이동시켜주라.

인격이 전부다

성공적이고 열정적인 리더가 반드시 지녀야 할 인격적 자질을 길러라.

무엇이 사람들로 하여금 리더를 따르게 할까? 왜 어떤 리더는 마지못해 따르고, 어떤 리더는 지구 끝까지라도 따라갈 만큼 열정적으로 추종하는 것일까? 이론에만 정통한 리더와 현장에서 효율적으로 리더십을 발휘하는 성공적인 리더는 대체 무엇이 다를까? 해답은 개개인이 지닌 인격적 자질에서 찾을 수 있다.

당신은 자신에게 위대한 리더, 사람들을 매료시키고 변화를 가져오는 그런 리더가 될 자질이 있다고 생각하는가? 시간을 내서 자신의 깊은 내면을 들여다보라. 그대가 지닌 가장 대담한 꿈, 너무 엄청나서 누구에게도 말하지 못했던 그런 꿈을 실현하는 데 필요한 자질들을 찾아낼 수 있겠는가? 이는 자신의 진정한 잠재력에 이르고자 할 때, 진솔하게 묻고 대답할 수 있는 용기가 있는가 하는 문제이다.

우선순위를 정하라

오늘은 반드시 해야 할 일, 성과를 내는 일에 시간을 투자하자.

우리는 바쁘면 당연히 뭔가 성과를 내고 있다고 믿는다. 그러나 '분주함'은 '생산성'과 동의어가 아니다. 활동 그 자체가 반드시 성과를 보장하는 것은 아니란 말이다. 일의 우선순위를 정하는 데는 많은 것이 요구된다. 지속적으로 앞을 내다보고, 현재 중요한 일이 무엇이고, 다음에 할 일이 무엇인지 알아야 하며 모든 것을 전체적인 시각에서 봐야 한다.

반드시 해야 할 일이 무엇인가? 내가 반드시 해야 하는 일, 나대신 다른 어느 누구도 할 수 없고, 해서는 안 되는 일은 무엇인가?

최대의 성과를 내는 일은 무엇인가? 자신이 최고의 강점을 가진 분야를 선택하라. 다른 사람이 하더라도 자기가 하는 것의 80퍼센트 정도를 달성할 수 있는가? 그렇다면 그 일은 다른 사람에게 위임하라.

최대의 보상이 따르는 일은 무엇인가? 인생은 자신이 좋아하는 일만 하기에도 너무 짧다. 당신에게 에너지를 주고 계속 열정을 끓어오르게 하는 것은 무엇인가?

리더십은 영향력이다

사람들이 나를 따르는가 아니면 나 홀로 걸어가고 있는가?

리더십은 오직 영향력으로만 측정할 수 있다. 그 이상도 그 이하도 아니다. 진정한 리더십은 상으로 받는 것도, 임명되는 것도, 선출되는 것도 아니다. 그것은 오로지 영향력에서 오는 것이며 위임받을 수 있는 것도 아니다. 리더십은 스스로의 노력으로 얻는 것이다.

리더십의 증거는 그를 따르는 사람들에게서 발견할 수 있다. 왜 어떤 사람들은 리더로 부상하고, 어떤 사람들은 그토록 노력하는데도 전혀 영향력을 미치지 못하는 것일까? 여기에는 여러 요인들이 작용한다.

1. 인격 - 나는 어떤 사람인가
2. 인간관계 - 어떤 사람들을 알고 있는가
3. 지식 - 무엇을 알고 있는가
4. 직관 - 어떻게 느끼는가
5. 경험 - 지금껏 어떤 길을 걸어왔는가
6. 과거의 성공 - 무엇을 성취했는가
7. 능력 - 무엇을 할 수 있는가

내가 아주 좋아하는 리더십 관련 격언이 있다. "스스로를 리더라고 생각해도 따르는 사람이 없다면 그저 지나가는 행인에 불과하다."

영향력을 발휘하지 못한다면 아무도 당신을 따르지 않을 것이고 따르는 사람이 없다면 그는 리더가 아니다.

사람들의 강점에 주목하라

오늘은 주위 사람들에게 그가 지닌 최고의 장점을 알려주자.

개인적인 발전과 관련해 사람들은 대체로 자신의 약점에 지나치게 집중하는 오류를 범한다. 그 결과 자신이 지닌 강점을 극대화하기보다는 약점을 보완하느라 시간을 다 써버린다. 마찬가지로 우리는 또한 다른 사람의 약점에 집중하는 오류를 범한다. 다른 사람의 잘못을 지적하는 데 시간을 허비하는, 자칭 자기 계발 '전문가'들은 사람들의 마음을 얻지 못한다. 사람들이 그들을 피하기 때문이다.

오히려 사람들의 강점을 찾아서 그 강점에 주목하는 것이 중요하다. 누구나 장점을 지니고 있지만 극히 소수만이 그것을 활용한다. 업무적 기술, 지식, 일반적인 능력, 개성 등 어떤 자질이든 강점이 될 수 있다. 누구나 1만 명을 능가할 수 있는 능력 한 가지는 가지고 있다는 흥미로운 연구 결과도 있다. 이 점을 명심하라! 누구나 자기가 사는 도시나 직장, 학교, 회사, 심지어 동종 업계에서, 어느 누구와 겨뤄도 최고인 재능을 적어도 한 가지 이상 가지고 있다는 말이다.

그런 장점을 이미 발견했다고? 그렇다면 인생의 목적을 추구하는 데 있어 진도가 제법 많이 나간 것이다. 그런데 자신의 재능을 발견하지 못해 지지부진하고 있을 때, 만약 누군가가 당신 곁에 다가와 당신의 강점이 무엇인지 알려준다면 기분이 어떨까? 그 사람에게 어떤 감정이 생길까? 단언컨대 진심으로 감사하는 마음이 우러나올 것이다.

누군가의 삶에 당신이 그런 사람이 되어 보는 것은 어떤가? 그렇게 한다면, 그가 자신의 천직을 찾는 데 도움이 될 것이다.

집중의 힘

오늘은 자신의 강점에 집중하자.

유능한 리더의 자질은 무엇일까? 바로 집중력이다. 유능한 리더가 되려면 우선순위를 정하고, 선택한 대상에 집중해야 한다. 우선순위를 정했지만 집중력이 부족한 사람은 해야 할 일은 알지만 결코 그 일을 완수하지 못한다. 반대로 집중력은 있지만 우선순위를 결정하지 못하는 사람은 뛰어난 성과는 낼 수 있을지 모르지만 발전이 없다.

나는 지금껏 리더의 자리에 있으면서 사소한 데 지나치게 관심을 쏟는 사람들을 종종 만나왔다. 여기서 중요한 질문 하나, 당신은 지금 시간과 에너지를 어디에 쏟고 있는가?

자신의 잠재력을 십분 발휘하는 유능한 리더는 자기가 잘 못하는 일보다 잘할 수 있는 일에 더 많은 시간을 투자한다. 성공하고 싶다면 자신의 강점에 집중하고, 그것을 계발하는 데 전력을 다하라. 강점이야말로 당신의 시간과 에너지, 재능을 쏟아부을 대상이다.

성장은 변화와 동의어다. 더 나아지고 싶다면 끊임없이 변화하고 발전해야 한다. 이는 곧 새로운 영역으로 진입하는 것을 의미한다. 자신이 강한 분야와 관련된 일을 찾아 전력을 기울인다면 리더로 성장할 것이다. 리더가 발전을 멈추면 리더로서의 생명도 끝난다는 사실을 명심하라. 그러나 그 누구도 자신이 취약한 분야에서 일하게 되는 상황을 완전히 피해 갈 수는 없다. 내 말의 요지는 자기가 잘 못하는 분야에서 일하는 상황을 가급적 최소화하라는 것이다.

리더는 권한 위임을 통해서 이 문제를 해결할 수 있다. 나는 세세한 일들은 팀원들에게 위임하고, 내가 가장 잘할 수 있는 일에 집중한다. 이를테면 강연 같은 일들 말이다.

주어진 상황을 파악하라

나와 한 배를 탄 사람들을 위해 주어진 상황을 면밀히 파악했는가?

배의 조종 키는 아무나 잡을 수 있다. 그러나 항로를 정하는 것은 리더의 몫이다. 리더는 사람들을 데리고 여정에 오르기 전에, 여행의 성공 확률을 최대한 높이기 위해 전 과정을 면밀히 검토하는 항해사가 되어야 한다.

항해사는 과거의 경험에서 교훈을 얻는다. 타고난 리더의 대부분은 행동주의자들이다. 그들은 과거가 아니라 미래를 보고 결정을 내리고, 앞으로 나아간다. 그러나 훌륭한 항해사가 되고자 하는 리더는 과거의 경험을 성찰하고 교훈을 얻는 시간을 가져야 한다.

항해사는 임무 수행에 앞서 주어진 조건들을 꼼꼼히 살핀다. 훌륭한 항해사는 스스로를 포함해 자신을 따르는 사람들에게 확답을 하기 전에 그 일에 드는 비용을 계산한다. 재정, 가용 자원, 재능 같은 측정할 수 있는 요소들은 물론이고 시간, 의욕, 추진력, 문화 같은 무형의 요소들까지 모두 고려한다.

항해사는 다른 사람들이 하는 말에 귀를 기울인다. 아무리 훌륭한 리더일지라도 혼자 힘으로 모든 문제의 해답을 찾아낼 수는 없다. 그래서 특급 항해사들은 수많은 경로를 통해 정보를 입수한다.

항해사는 자신이 내린 결론이 실제 사실과 자신의 믿음을 모두 반영하고 있는지 확인해야 한다. 리더가 사람들에게 방향을 제시할 수 있으려면 긍정적인 태도를 지녀야 한다. 사람들을 끝까지 책임지고 이끌 수 있다는 믿음이 있어야 한다는 말이다. 뿐만 아니라 사실을 현실적으로 파악할 수도 있어야 한다. 시야가 넓지 않으면 사각지대가 생길 수 있기 때문이다.

기여도

각각의 팀원에게 조직이 성공하는 데 그들이 얼마나 기여했는지 말해주자.

사람들이 내게 와서 우리 팀원들에게 고맙다고 칭찬을 할 때마다 나는 도움을 준 팀원에게도 그 사실을 직접 얘기해 달라고 부탁한다. 그 이유는 자기가 누군가에게 도움을 주었다는 사실을 그들이 알아야 하기 때문이다. 세계적인 리더십의 거장 워렌 베니스는 "좋은 리더는 아랫사람들에게 들러리가 아닌 주인공이라는 느낌이 들게 해준다. 모두가 자신이 조직의 중심에서 조직의 성공에 기여하고 있다고 느낄 때 자기가 하는 일의 의미를 찾을 수 있기 때문이다"라고 했다.

체이스 맨해튼 은행의 전직 회장 월터 시플리는 이런 말을 했다. "우리 회사의 직원은 모두 6만 8,000명이다. 이 정도 규모의 회사라면 내가 '회사를 경영'하는 게 아니다…… 내가 하는 일은 직원들이 자기 능력 이상을 발휘할 수 있도록 서로 영향을 주고받는 그런 환경을 만드는 것뿐이다…… 나는 리더로서 회사를 이끌었을 뿐 회사를 여기까지 오게 한 것은 우리 직원들이다." 시플리는 성공적인 리더가 알아야 할 것을 완벽하게 이해하고 있었다. 사람들은 목표를 달성하는 데 자신이 중요한 기여를 했다는 사실을 알 필요가 있다.

다른 사람들의 가치를 인정한다고 해서 자신의 부족함이 드러나는 것은 아니다. 오히려 당신이 강하고 안정적이라는 증거가 된다. 도움이 필요하다는 사실을 솔직히 인정할 때, 상대가 나의 가치를 어떻게 높여 주었는지 구체적으로 알려줄 때, 자신의 능력을 넘어서는 큰 일을 성사시키기 위해 다른 사람들과 함께 팀을 꾸릴 때, 모두가 성공할 수 있다.

할 수 있는 일

오늘은 내 능력 안에 있는 일을 관리하자.

농구 역사상 가장 뛰어난 감독 중 한 사람인 전 UCLA 농구팀 감독 존 우든은 "할 수 없는 일 때문에 할 수 있는 일에 지장을 주지 마라"라고 했다. 우든은 선수들의 우수성을 강조하고 잠재력을 최대한 발휘할 수 있도록 격려했던 사람으로 유명하다. 그는 결코 우승을 목표로 삼지 않았다. 목적지보다는 여정에 중점을 두었다. 우든의 이런 직업 철학과 자신이 통제할 수 있는 일에만 집중하는 태도 덕택에 UCLA 농구팀은 4시즌 무패행진, 88연승, 10번의 내셔널 챔피언십 우승이라는 놀라운 신화를 만들어냈다. 전무후무한 업적이었다.

성공을 향해 나아가는 동안 잊지 말아야 할 것은 우리 내면에서 벌어지는 일이 외부에서 벌어지는 일보다 중요하다는 사실이다. 성공의 여정에서 자신의 태도는 스스로 통제가 가능하지만 다른 사람들의 행동은 통제할 수 없기 때문이다. 자신의 일정표에 포함시킬 일정은 자기가 선택할 수 있지만 주어진 상황은 통제할 수 없다. 불행히도, 우리가 살아가면서 겪는 대다수의 공포나 스트레스는 우리가 아무것도 할 수 없는 상황에서 비롯된다. 당신에게 그런 일이 일어나지 않도록 하라.

사람에 대한 이해

팀원들과의 관계를 돈독히 하자. 그러면 성과는 저절로 따라온다.

사람을 상대할 때 당신은 어떤 식으로 접근하는가? 팀원들과 돈독한 관계를 맺기 위해 많은 시간과 에너지를 할애하는가, 아니면 팀의 목표 달성을 위해 지나치게 성과에 매달린 나머지 팀원들을 못 본 체하거나 무시해버리는가? 만약 후자라면 조지 킨즐과 에드워드 데어의 저서 《임원으로 승진하기Climbing the Executive Ladder》에 실린 현명한 조언을 곰곰이 생각해볼 필요가 있다. "사람을 이해하는 데 들인 시간과 비용보다 더 큰 배당금을 돌려주는 것도 거의 없다. 또한 경영자로서, 인간으로서 그보다 더 당신의 위상을 높여주는 것도 없으며, 더 큰 만족감과 행복을 안겨주는 것 역시 없다." 훌륭한 인간관계는 개인이나 팀 모두에게 성공을 안겨준다.

나무가 아닌 숲을 보라

오늘 자신이 맡은 업무를 큰 그림에서 바라보자.

대부분의 사람들은 살아가면서 겪는 사건들을 그것이 자기에게 미치는 영향에 따라 평가한다. 그러나 리더는 보다 큰 맥락에서 생각한다. 리더는 "이 일이 팀원들에게 어떤 영향을 미칠까?"라고 자문하는 데서 시작한다. 그다음으로는 자신의 상급자들이나 다른 부서에 미칠 영향까지 함께 고려한다. 그리고 모든 일을 조직 전체는 물론, 조직 외적인 측면에서도 파악하려고 노력한다.

유능한 리더는 다음 질문에 대한 답을 알고 있다.

· 내가 맡은 업무나 속한 부서에서 내가 있어야 할 자리는?
· 조직 내 각각의 부서가 있어야 할 자리는?
· 시장에서 우리 조직이 있어야 할 자리는?
· 우리 시장을 다른 시장이나 다른 산업과 연계시킬 방법은?

다행히 우리 경제를 구성하는 산업들이 더욱 글로벌화하면서 사고의 틀을 한층 더 넓혀가고 있는 훌륭한 리더들이 많이 있다.

조직 내에서 유능한 지도자가 되기 위해 글로벌 경제전문가가 될 필요는 없다. 요지는 360도 리더는 자신의 업무를 전체 과정의 일부로 보고, 전체 그림에서 작은 퍼즐 조각들이 어떻게 제자리를 찾아야 하는지 이해해야 한다는 것이다. 더 나은 리더가 되고 싶다면 사고의 폭을 키우고 더 넓은 시각으로 사물을 보는 훈련을 해야 한다.

감명을 받는 사람이 되라

오늘은 다른 사람의 말에 귀기울이고 감명을 주려고 애쓰지 말자.

다른 사람들에게 감명을 주면 그들에게 영향력을 행사할 수 있다고 생각하는 경우가 많다. 우리는 다른 사람들의 영웅, 또는 거인이 되고 싶어 한다. 그러나 이런 태도는 문제가 있다. 우리는 현실 세계를 사는 인간에 불과하기 때문이다. 사람들은 우리를 있는 그대로 본다. 그들에게 감명 주는 것을 목적으로 삼으면 자신의 자존감을 부풀려 과시하게 되고 결국에는 가식적으로 행동하게 된다. 그렇게 되면 사람들은 당신에게서 등을 돌릴 것이다.

영향력 있는 사람이 되고 싶다면 사람들에게 감명을 주려고 애쓰지 마라. 자존심은 이기심의 다른 형태이며, 가식은 사람들이 당신의 실체를 알 수 없게 일정한 거리를 두는 것이다. 감명 주기보다 감명 받는 사람이 되라. 이는 태도의 문제이다. 카리스마 있는 사람들, 사람들이 따르는 사람들은 자신보다 상대방에게 초점을 맞춘다. 항상 상대방에 대해 질문하고 상대의 말에 귀 기울인다. 그들은 자신에게 관심이 집중되는 것을 원치 않는다. 그리고 무엇보다 자신이 완벽한 사람인 체하지 않는다.

처음 30초의 법칙

사람을 만나기 전 30초 동안, 상대를 돋보이게 할 말을 생각해보자.

우리는 흔히 누군가를 만나면 '어떻게 하면 나를 돋보이게 할까?' 하는 생각부터 한다. 30초 법칙의 핵심은 이런 생각을 뒤집는 것이다. 누군가를 만나면 자기 자신이 아니라 상대방을 돋보이게 할 방법부터 찾아라.

나는 매일 사람을 만나기 전에 잠시 틈을 내서, 상대의 기분을 북돋워줄 수 있는 말이 무엇인지 찾는다. 할 수 있는 말은 아주 많다. 상대가 이전에 나나 내 친구에게 해주었던 일에 대해 감사의 말을 전할 수도 있고, 그 사람이 이룬 성과에 대해 이야기할 수도 있다. 아니면 개인적 자질을 칭찬하거나 외모에 찬사를 보낼 수도 있다. 이런 일들은 어렵지는 않지만 시간과 노력과 훈련이 필요하다. 30초 법칙을 실천하면 사람들에게 진실로 긍정적인 영향을 미치기 때문에 자신에게 돌아오는 보상이 매우 크다.

태도에 책임을 져라

오늘 하루 좋은 태도를 갖자고 다짐하고 그 다짐을 하루가 끝날 때까지 잘 지켜내자.

내 인생에 있어 가장 중요한 발견 중 하나는 우리가 결정을 내리는 것에 대해서는 지나치게 중시하는 반면, 이미 내린 결정을 관리하는 데는 지나치게 소홀히 한다는 사실을 깨달은 것이다. 내게는 너무나 중요한 깨달음이라 이 사실을 중점적으로 다룬 《오늘을 사는 원칙Today Matters》이라는 책까지 썼다. 이 책의 논지는 "성공하는 사람들은 일찌감치 올바른 결정을 내리고, 그 결정을 매일매일 관리한다"는 것이다. 좋은 태도를 지니겠다고 결심할 수는 있지만, 매일 그 결심을 달성하는 데 필요한 관리 계획을 세우지 않는다면 결국 원점으로 돌아가게 된다. 다행인 것은 올바른 태도를 유지하기가 올바른 태도를 회복하기보다 쉽다는 사실이다.

그렇다면 어떻게 해야 할까? 이런 사실을 통찰한 중국 속담이 있다. "기분이 좋지 않을 때도 기분 좋은 것처럼 생각한다면, 얼마 지나지 않아 생각처럼 기분이 좋아질 것이다." 편집자겸 출판인인 앨버트 허바드도 "아침 10시까지 기분 좋게 보내라. 그러면 남은 하루도 저절로 기분 좋게 보낼 수 있을 것이다"라고 했다. 아침에 일어서 긍정적인 태도를 지니겠다고 한 결심을 상기해야 한다. 그리고 그 결심과 일치하도록 생각을 관리하고, 그에 따라 행동해야 한다.

자신의 태도에 책임을 진다면 그 태도를 자신이 가진 최고의 자산으로 만들 수 있다. 태도가 살아가는 방식을 바꾼다는 사실을 인식하고, 매일 자신의 태도를 관리하며, 긍정적인 생각과 습관을 계발하고 배양하라. 태도는 인생에 변화를 가져오고 기회의 문을 열어주며 엄청난 장애를 극복할 수 있는 힘이 되어줄 것이다.

유대감 형성

나를 따르는 사람들과 유대감을 형성하자.

리더는 자신을 따르는 사람들과의 관계가 돈독할수록 더욱 강한 유대감을 형성할 수 있다. 그리고 그들의 도움을 받을 가능성도 높아진다. 많은 사람들 앞에서 연설할 때나, 회사 복도에서 만난 동료와 얘기를 나눌 때나 다음 지침을 따르면 좋을 것이다.

1. 자기 스스로와 유대감을 형성하라. 사람들과 유대감을 형성하고 싶다면 먼저 자신이 누구인지 알고, 자신감을 가져야 한다.

2. 솔직하고 진지하게 대화하라. 전설적인 NFL 농구 감독 빌 월시는 이런 말을 했다. "진정성 있는 정확한 칭찬만큼 효과적인 의사소통은 없다. 한편, 입에 발린 칭찬만큼 나쁜 것도 없다."

3. 상대방에 관해 알아내라. 상대의 이름을 기억하고, 그 사람의 인생에 관심을 갖고 그의 꿈에 대해 질문하라. 그리고 그가 관심을 가지는 주제에 대해 이야기하라.

4. 자신이 전한 메시지를 실천하라. 자신이 말한 것을 실천하라. 신뢰는 바로 실천하는 데서 나온다.

5. 상대방의 눈높이에 맞춰라. 나는 청중들에게 내 자신을 맞추지, 그들이 내게 맞추리라고는 기대하지 않는다.

6. 자신이 아니라 상대에게 초점을 맞춰라. 미숙한 리더들이 가장 많이 저지르는 실수는 상대가 아닌 자신에게 초점을 맞추는 것이다.

7. 상대방을 신뢰하라. 자신이 말할 가치가 있다고 생각하는 것을 이야기하는 것과, 상대방을 중요한 사람이라고 생각해 소통을 하려는 것은 전혀 다른 문제다.

8. 나아갈 방향과 희망을 제시하라. 프랑스의 나폴레옹 장군은 이런 말을 했다. "리더는 희망을 사고파는 사람이다."

친근한 관계 형성이 먼저다

오늘 일상적 환경을 벗어난 곳에서 사람들을 만나보자.

리더들이 흔히 범하는 실수는 관계를 형성하기 전에 사람들을 이끌려고 하는 것이다. 사람들을 육성하고 계발하기에 앞서 서로 친해질 시간을 가져야 한다. 지금까지 그들이 걸어온 삶과 그 여정에 대해 이야기해달라고 권유해보라. 그들을 화나게 하는 것, 강점과 약점, 기질에 대해 알아보라.

늘 마주치는 일상적인 공간에서 벗어나 함께 시간을 보내보자. 같은 직장에서 근무하는 사이라면 함께 운동을 해보고 교회에서 만나는 사이라면 직장에서의 만남을 계획해보라. 같은 학교를 다닌다면 집에서 함께 시간을 보내보는 것도 좋다. 이 법칙은 가족들에게도 적용할 수 있다. 틀에 박힌 일상적 환경에서 벗어나 자녀와 함께 시간을 보낸다면, 그들에 대해 훨씬 더 많이 알게 될 것이다. 이렇게 하면 예전과는 다르게 관계를 형성할 수 있을 뿐 아니라 자신의 성장에도 도움이 될 것이다.

시간의 소중함

오늘 내가 해야 하는 일이 내 인생을 지불한 만한 가치가 있는가?

시간은 소중한 것이다. 정신과 의사인 M. 스콧 펙은 "자신의 소중함을 알기 전에는 시간의 소중함을 알지 못하고 시간의 소중함을 알기 전에는 시간을 가치 있게 활용하지 못할 것이다"라고 했다. 찰스 스페자노는 《요람에서 죽음까지 해야 할 일What to do Between Birth and Death》이라는 책에서 "우리는 돈이 아니라 시간으로 대가를 지불하는 것이다"라고 했다.

스스로 "5년 후에 별장을 살 만큼 돈을 모을 거야"라고 다짐했다면 실제로 그 별장의 가격은 5년, 다시 말해 성인의 삶 12분의 1에 해당하는 시간이라는 말이다. 스페자노는 "'시간을 쓴다'는 말을 은유로 생각하지만, 사실이 그렇다"라고 강조한다.

자신이 하는 일과 구매하는 물건을 '돈'의 관점이 아닌 '시간'의 관점에서 생각하라. 자신의 인생을 쓸 만큼 가치 있는 것이 무엇인가? 자기가 하고 있는 일을 이런 관점에서 본다면 시간 관리 방식에도 변화가 올 것이다.

사람들의 능력을 확장시켜라

팀원들의 능력을 확장시키기 위한 구체적인 방법을 찾아보자.

팀원들은 자신의 수준을 높여주고 능력을 계발시키며 권한을 부여해 성공으로 이끌어주는 리더를 따르고 존경한다. 그런 리더에게는 몇 가지 공통점이 있다.

1. 팀원들을 소중하게 여긴다. 팀원들은 리더가 자신을 믿고 있는지 아닌지 잘 안다. 일반적으로 사람들은 자신이 존경하는 리더의 기대만큼 성과를 낸다.

2. 팀원들이 중요하게 생각하는 것을 리더 자신도 중요하게 여긴다. 팀원들의 능력을 확장시키는 리더는 그들의 이야기에 귀를 기울이고, 그들의 지출항목을 예의주시한다. 그렇게 얻어낸 정보는 돈독한 관계를 유지하려는 리더의 노력과 더불어 강한 유대감을 형성하게 된다.

3. 팀원들의 가치를 높여 준다. 누군가의 가치를 높이는 일은 그 사람의 능력을 확장시킬 뿐 아니라 그로 하여금 자신의 능력과 태도를 발전시킬 수 있게 한다. 팀원들의 능력을 키워주는 리더는 팀원 각자가 지닌 재능, 능력, 특성을 찾아내어 그들의 가치를 높여준다.

4. 스스로의 가치를 한층 더 높인다. 팀원들의 능력이 최대한 발휘될 수 있게 하는 리더는 스스로를 향상시키기 위해서도 노력한다. 이는 리더 개인에게 혜택이 될 뿐 아니라 팀원들에게도 도움이 된다. 팀원들의 능력을 높이고 싶다면 자신을 향상시켜라.

팀원들이 리더인 당신을 어떻게 보는가? 능력을 키워주는 리더인가? 팀원들이 당신의 격려와 자극을 통해 혼자일 때보다 능력이 향상되었는가? 당신은 팀원 각자가 중요하게 여기는 부분이 무엇인지 알고 있는가? 그리고 그렇게 얻어낸 정보를 활용하여, 그들이 중요하게 여기는 부분에서 가치를 높일 수 있게 해주고 있는가?

권한 위임에 따르는 장벽

나는 구성원들의 능력을 확장시키기 위해
나의 권한을 기꺼이 위임할 수 있는가?

훌륭한 리더십은 리더의 권한을 강화하는 것이 아니라 사람들에게 권한을 위임하는 것이다. 사람들은 권한을 부여받으면 자신의 잠재력을 최대한 발휘할 수 있다. 팀원들에게 권한을 위임할 수 없거나 위임할 의지가 없는 리더는 조직 내 구성원들이 극복할 수 없는 장벽을 만드는 셈이다.

리더가 권한 위임에 실패했다면 대체로 다음 세 가지 이유 때문이다.

1. 팀원들의 고용 안전성에 대한 열망
2. 팀원들의 변화에 대한 저항
3. 팀원들의 자존감 결여

사실 권한 위임은 자기 계발을 위해 노력하는 사람뿐 아니라 멘토에게도 강력한 영향을 미친다. 구성원들의 능력을 확장시키는 일은 결과적으로 리더 자신의 능력을 높이는 일이다. 구성원들을 믿고 기꺼이 권한을 위임한다면, 리더로서 경험할 수 있는 가장 큰 영향력을 발휘할 수 있을 것이다.

영향을 미치는 사람

> 내가 속한 조직의 진정한 리더는 누구인가?
> 그가 나의 리더십에 어떤 영향을 미치는가?

사회학자들은 아무리 내성적인 사람일지라도 평생 1만 명에게는 영향을 미친다고 주장한다. 나는 동료인 팀 앨모어를 통해 이 놀라운 통계를 알게 되었는데, 모든 이들이 다른 사람들에게 영향을 주고 또 그들의 영향을 받는다는 결론에 도달했다. 누구나 어떤 분야에서는 리더가 되지만, 다른 분야에서는 리드를 당한다. 따라서 누구나 리더가 될 수 있고 리드를 당할 수 있다. 자기에게 리더의 잠재력이 있는지 깨닫는 것은 자신의 몫이다. 어떤 집단, 어떤 상황에서든 탁월한 영향력을 발휘하는 사람은 있다.

어떤 집단에서나 두각을 나타내는 리더는 쉽게 찾을 수 있다. 사람들이 모여드는 사람을 찾으면 된다. 어떤 사안에 대해 결론을 내리고자 할 때 누구의 의견을 가장 중요하게 여기는지, 논의가 진행되는 동안 사람들이 가장 많이 눈길을 주는 사람이 누구인지, 사람들이 누구의 의견에 가장 신속하게 동의하는지, 무엇보다 사람들이 누구의 말을 따르는지 찾으면, 그가 바로 그 집단의 진정한 리더이다.

성품의 한계를 넘어서는 리더는 없다

나의 성품을 가늠해보자. 말과 행동이 항상 일치하는가?

특출한 재능을 가진 사람이 일정 수준의 성공을 이룬 후 급격히 무너지는 모습을 본 적이 있는가? 하버드 의과대학 소속의 심리학자 스티븐 버글래스는 《성공 증후군Success Syndrome》이라는 책에서 이렇게 말했다. "최고의 업적을 이룬 사람도 스트레스를 관리하는 기질적인 기반이 없다면 결국 재앙을 맞게 된다." 그런 사람들은 오만arrogance, 고통스러운 외로움aloneness, 파괴적인 모험 추구adventure-seeking, 외도adultery라는 네 가지 'A의 함정' 중 한 가지 이상 빠지게 된다. 이는 나약한 성품 때문에 치르게 되는 무서운 대가이다.

자신이 버글래스가 말하는 네 가지 A 중 한 가지라도 해당한다면 성공에 따르는 어느 정도의 스트레스에서 벗어나기 위해 조치를 취하고, 전문가의 도움을 구해야 한다. 시간이 흐르거나, 더 많은 돈과 특권이 생기면 어둠의 골짜기에서 빠져나올 수 있을 거라는 헛된 희망을 갖지 마라. 기질적 결함은 시간이 지남에 따라 더욱 깊어지고 파괴적이 될 것이다.

이 네 가지 특성 중 어느 하나에 해당하지 않더라도 자신의 성품을 확인해볼 필요는 있다. 당신은 말과 행동이 항상 일치하는 사람인가? 끝내기로 한 일은 언제나 완수하는가? 자녀에게 학예회나 야구 경기에 가겠다고 한 약속을 잘 지키는가?

리더에게 성품은 가장 중요한 자산이다. 미드파크사의 회장 G. 앨런 버나드는 이렇게 말했다. "리더십에 반드시 필요한 항목은 리더의 윤리의식에 한 치의 의문도 없어야 한다는 점이다. 리더는 옳고 그름의 경계를 넘어서야 할 뿐 아니라 '회색지대'에서도 완전히 물러나 있어야 한다."

비전을 찾아라

비전을 찾아 모든 일의 지침으로 삼자.

20세기 가장 위대한 몽상가였던 월트 디즈니. 그는 두 딸이 어렸을 때, 주말 아침이면 딸들을 로스앤젤레스 인근 놀이공원에 데려갔다. 그곳에서 특히 그의 눈을 사로잡은 것은 회전목마장이었다. 멀리서 보니 오르간 곡조에 맞추어 달리는 목마의 화려한 색깔들이 아련하게 보였다. 그러나 가까이 다가가서 회전목마를 본 디즈니는 자신의 눈을 의심하지 않을 수 없었다. 칠이 벗겨지고 여기저기 금까지 가 있는 낡아빠진 목마들이 늘어서 있었다. 게다가 움직이는 것은 단 한 마리뿐, 나머지 말들은 바닥에 고정된 나무토막에 불과했다. 만화가였던 디즈니는 크게 실망했지만, 그 경험을 통해 디즈니랜드와 월트디즈니라는 원대한 비전에 대한 영감을 얻게 되었다.

리더에게 있어서 비전은 전부인 동시에 필수불가결한 항목이다. 리더를 리드하는 것이 비전이기 때문이다. 비전은 목표에 색을 입히고, 내면의 열정에 불을 지펴 앞으로 나아가게 하는 연료이다. 그 불씨는 리더를 따르는 사람들에게도 불꽃을 일으킨다. 비전이 없다고 생각되는 리더가 있으면 내게 데리고 와보라. 그는 분명 한 발짝도 움직이지 못하는, 잘해야 제자리걸음만 하고 있는 리더일 것이다.

비전이 결여되어 있다면 자신의 내면을 한번 들여다보라. 타고난 재능과 열정을 끌어내고 자신의 소명에 대해 생각해보라. 그래도 비전을 찾지 못한다면 공감할 수 있는 비전을 지닌 리더와 팀이 되어 그의 파트너가 되라. 월트 디즈니의 형인 로이가 그랬다. 로이는 훌륭한 비즈니스맨이었고 추진력 있는 리더였지만, 비전을 제공했던 사람은 월트였고 로이는 그 비전을 실현했다. 두 사람이 힘을 합쳐 굉장한 팀을 탄생시킨 것이다.

리더십의 핵심

나는 왜 리더가 되려고 하는가?

누군가를 위해 일할 때 당신의 마음은 어디에 가 있는가? 어떤 혜택이나 특전을 염두에 두고 리더가 되려고 하는가? 아니면 순수하게 다른 사람에게 도움이 되고자 하는 열망 때문인가? 사람들이 따르는 리더가 되고 싶다면 섬김의 리더십(서번트 리더십)을 받아들여야 한다. 다른 사람들을 섬기기보다 섬김 받기를 원한다면 문제에 봉착하게 될 것이다. 다음 조언을 귀담아 듣기 바란다.

- 사람들 위에 군림하지 말고, 그들의 이야기에 귀 기울여라.
- 출세를 위한 역할놀이는 중단하고 다른 이의 이익을 위해 위험을 감수하라.
- 자기만 잘 되려고 하지 말고 다른 사람을 위해 봉사하라.

위대한 리더가 될 재목은 가장 낮은 사람, 모든 이의 하인이 되어야 한다. 알베르트 슈바이처는 이런 멋진 말을 남겼다. "나는 운명이 무엇인지 모른다. 하지만 한 가지, 봉사하는 방법을 추구하고 그 방법을 찾아낸 사람이 진정으로 행복하다는 사실은 알고 있다." 가장 높은 리더가 되고 싶다면 가장 낮은 자리에서 사람들을 섬기는 일을 마다하지 마라.

목적지를 결정하라

내가 도달하고자 하는 구체적인 목적지는 어디인가?

가고 싶은 곳은 어디든 갈 수 있다면, 당신은 어디로 갈 것인가? 휴가지에 관한 질문이 아니라 삶의 여정에 대한 질문이다. 이 질문에 대한 대답은 성공 여부를 결정하는 데 중요한 역할을 한다. 당신이 인식하든 못하든 우리는 모두 삶이라는 여정에 올라 있다. 싫든 좋든 인생의 종말을 향해 가고 있는 것이다. 따라서 자기 스스로 목적지를 정하고 경로를 결정할지, 아니면 세상의 파도에 휩쓸려 남들이 목적지를 정하도록 맡겨 둘지를 결정하는 것은 매우 중요하다. 그리고 그 선택은 전적으로 당신에게 달려 있다.

변화를 실천하라

오늘 난관에 부딪히면 긍정적으로 행동하자.

삶의 질과 성공의 유지는 당신의 태도에 달려 있다. 더 나은 인생, 더 오랜 성공을 누리게 할 수 있는 사람은 이 세상에서 오직 당신뿐이다. 심리학자 윌리엄 글래서는 "태도를 바꾸고 싶다면 행동부터 변화시켜라. 가능한 한 자신이 선호하는 사람, 가장 되고 싶은 사람처럼 행동하라. 그러면 두려움 많던 과거의 나는 서서히 사라질 것이다"라고 말했다.

변화에는 행동이 필요하다. 사람들은 태도를 바꿔야겠다는 생각이 들 때까지 기다리지만 하염없이 기다리다 보면 허송세월하게 된다. 태도를 바꿔야겠다는 생각이 들 때까지 기다리지 말고 이미 바뀐 사람처럼 행동하라.

한 번의 의도적인 시도가 행동으로 이어지고 한 번의 긍정적인 행동이 긍정적인 태도로 이어질 것이다. 헨리 포드는 이렇게 말했다. "할 수 있다고 생각할 수도 있고, 할 수 없다고 생각할 수도 있다. 어떻게 생각하든 당신 자유다." 성공의 여정에서 어디까지 갈 수 있느냐는 그 무엇보다 마음가짐에 달려 있다.

혼자서는 한계가 있다

오늘 주위 사람들에게 고마움을 전하자.

혼자서 모든 것을 해낼 수 없다는 사실을 깨달은 날이 내게는 한 인간으로서뿐 아니라 리더로서 성장하는 데 중요한 전환점이 되었다. 나는 늘 비전을 지니고 있었고, 아이디어가 풍부했으며, 에너지가 넘쳤다. 그러나 그 비전의 크기가 내 역량을 넘어섰을 때 내게는 선택지가 두 개밖에 없었다. 비전을 포기하느냐, 누군가에게 도움을 청하느냐. 나는 후자를 택했다.

얼마나 성공했든, 얼마나 중요한 인물이든 상관없이 우리에게는 사람이 필요하다. 이것이 바로 주위 사람들에게 그들의 도움 없이는 성공할 수 없다는 사실을 표현해야 하는 이유다. 미국의 제28대 대통령 우드로 윌슨은 "자기 자신의 두뇌뿐 아니라 빌려 쓸 수 있는 두뇌까지 모두 사용해야 한다"라고 말했다. 그렇다면 왜 두뇌만 빌리는가? 손도, 마음도 모두 빌려라. 미국의 제36대 대통령 린든 존슨은 이 사실을 알고 있었다. "모두가 힘을 합쳐 해결하지 못할 문제는 없다. 그러나 혼자서 해결할 수 있는 일은 거의 없다."

잠재력의 한계까지 성장하라

인생의 목적을 깨닫고 잠재력을 최대한 발휘한다면
이미 절반의 성공을 거둔 셈이다.

소설가 H. G. 웰즈는 개인의 부나 평판, 지위나 권력으로 성공의 크기
를 잴 수는 없다고 했다. 성공을 평가할 수 있는 진정한 척도는 단 하
나, 우리가 지닌 잠재력과 실제로 드러나 보이는 모습 사이의 격차이
다. 성공은 자기 잠재력의 한계까지 성장함으로써 얻어지는 결과라는
말이다.

우리는 흔히 잠재적 재능은 신이 내린 선물이며, 그 재능을 활용하
는 것이 우리가 신에게 바치는 선물이라는 얘기를 한다. 그러나 어쩌
면 우리가 가장 활용하지 못하고 있는 자원이 재능인지도 모른다. 헨
리 포드는 이렇게 말했다. "이 세상 누구나 자신이 할 수 있다고 생각
하는 것 이상을 해낼 수 있다."

우리는 거의 무한에 가까운 잠재력을 지니고 있다. 그러나 그 한계
까지 도달하고자 노력하는 사람은 매우 드물다. 왜 그럴까? 우리는
무엇이든 할 수 있지만 모든 것을 할 수는 없기 때문이다. 주위 사람
들에게 자기 인생을 좌지우지하도록 맡겨두는 사람들이 많다. 그 결
과 자신이 세운 인생의 목적에 진정으로 전념하지 못한다. 한 가지 일
에 집중하여 그 일에서 일가를 이루는 게 아니라 아무것에도 통달하
지 못하는 팔방미인이 될 뿐이다.

위에서 언급한 내용들이 자신이 말하고 싶은 것 이상으로 자신의
상황을 잘 표현하고 있다면, 이미 당신은 변화를 시도할 준비가 된 것
이다. 다음의 네 가지 원칙이 당신의 잠재력에 도달하는 길로 안내할
것이다.

1. 주된 목표 한 가지에 집중하라.

2. 지속적인 발전에 집중하라.

3. 과거는 잊어라.

4. 미래에 초점을 맞춰라.

삶의 목적을 알고 자신의 잠재력을 이끌어내어 키우고 있다면, 당신은 이미 성공의 길목에 들어선 것이다.

02

February

상대에게 집중하라

오늘, 사람들에게 관심을 기울이고, 지지해주고, 공감해주자.

우리는 누구나 자신에게 관심을 기울이고, 지지해주며, 공감해주는 사람을 만나면 호감을 갖게 된다. 사람을 만나면 처음 30초 동안은 온전히 그 사람에게 집중해보라. 어떤 식으로든 그의 말에 동의하고, 공감을 표현해보라. 그리고 어떤 일이 벌어지는지 지켜보라. 놀라울 정도로 긍정적인 반응을 보게 될 것이다.

자신보다는 상대방에게 집중하라는 내 말이 생각나지 않으면 아나운서 윌리엄 킹의 말을 기억하라. "제3자에 관한 이야기를 하는 사람은 험담꾼이고 자기 이야기만 하는 사람은 지루하다. 가장 멋진 대화 상대는 바로 앞에 있는 당신에 관해 이야기하는 사람이다."

팀워크에 우정을 더하라

직장 동료와 단순한 팀원이 아닌 친구가 되자.

내가 직장 동료와 우정을 쌓으라고 권유하는 이유가 뭘까? 우정은 영향력의 기반이 된다. 에이브러햄 링컨은 "누군가를 자신의 대의명분에 참여시키고 싶다면, 먼저 당신이 그 사람의 진실한 친구라는 확신을 줘야 한다"라고 말했다. 사람들과 좋은 관계를 유지할 때 비로소 영향력을 발휘할 수 있다. 우정은 직장 동료와 맺을 수 있는 가장 긍정적인 관계다.

우정은 성공을 위한 골격이 된다. 훌륭한 대인 관계 능력 없이는 장기적인 성공을 이룰 수 없다. 미국의 제26대 대통령 시어도어 루스벨트는 "성공에 필요한 가장 중요한 요소 한 가지는 사람들과 잘 지내는 법을 아는 것이다"라고 말했다. 좋은 인간관계 없이 성과를 거두기란 거의 불가능하다. 설혹 성과를 냈다 해도 속 빈 강정처럼 느껴질 것이다.

우정은 예기치 못한 재난의 피난처가 되어준다. 곤경에 처했을 때 누가 당신을 위로해주는가? 바로 친구다. 두려움에 직면했을 때 함께 있고 싶은 사람이 누구인가? 바로 친구다. 당신이 바닥에 쓰러져 있을 때 일으켜줄 사람이 누구인가? 그것도 친구다. "진정한 친구는 확실한 피난처이다"라고 했던 아리스토텔레스의 말이 맞다.

열정을 키워라

열정을 찾아내자.
이미 식어버렸다면 다시 불을 지펴 성공에 대한 강력한 의지를 키우자.

평범해보이는 사람이 위대한 성과를 올리는 동력이 무엇일까? 열정이다. 리더의 삶에서 열정을 대체할 수 있는 것은 아무것도 없다. 열정에 관한 네 가지 진실이 리더인 당신에게 어떤 일을 해줄 수 있는지 살펴보자.

1. **열정은 성취를 위한 첫걸음이다.** 열망이 운명을 결정한다. 비범한 삶을 살았던 이들 모두가 강한 열망을 지녔다. 어떤 분야든 마찬가지다. 열망이 약하면 결과도 보잘것없다. 불꽃이 작으면 열이 약한 것처럼, 열정이 강렬하게 타오를수록 열망도 강해지고, 잠재력도 증대된다.

2. **열정은 의지력을 증가시킨다.** 열정을 대체할 수 있는 것은 없다. 열정은 의지에 불을 붙인다. 무언가 간절히 원할 때 그것을 이루겠다는 의지력이 생긴다. 그리고 그런 열망을 만들어내는 유일한 방법은 열정을 키우는 것이다.

3. **열정은 우리를 변화시킨다.** 남들의 생각이 아니라 자신의 열정을 따라간다면 훨씬 더 헌신적이고 생산적인 사람이 될 수밖에 없다. 그렇게 되면 다른 사람에게 영향을 미칠 수 있는 능력도 증대될 것이다. 결국은 열정이 인격보다 더 큰 영향력을 발휘하게 될 것이다.

4. **열정은 불가능을 가능으로 만든다.** 인간은 영혼을 불태울 대상을 만나면 불가능한 일이 없어지게끔 창조되었다. 가슴속에서 타오르는 불꽃은 삶 전체를 고양시킨다. 이것이 바로 열정적인 리더들이 그토록 성공할 수 있는 이유이다. 능력은 부족하지만 열정적인 리더가 능력은 있어도 열정이 없는 리더보다 훨씬 더 큰 성과를 낸다.

좋은 점만 기억하라

오늘 많이 용서하자.

누구에게나 좋은 점이 있고 나쁜 점이 있다. 내가 여러분에 대해 아는 것은 없지만 나의 좋은 점을 기억해주기 바란다. 혹여 나쁜 점이 있었다면 용서해달라는 말밖에 할 수 없다.

풀러 신학대학의 데이비드 어그스버거 교수는 "우리가 의도했던 일들이 모두 다 완전무결할 수 없기 때문에, 무언가를 성취해야 할 때 어느 정도의 한계와 오류가 따를 수밖에 없다. 그 한계와 오류가 우리가 인간이라는 증거이기도 하다. 우리는 용서를 통해서만 구원받을 수 있다"라고 말했다.

다른 사람들 안에 있는 선의를 발굴해내고 싶다면, 용서는 필수이다. 더욱이 용서는 한 번으로 끝나는 경우가 거의 없다. 인권운동가 마틴 루터 킹 주니어는 "용서는 어쩌다 한 번 하는 행위가 아니라 지속적인 태도이다"라고 했다. 옳은 말이다.

이 점을 기억하라. 상대를 판단하려 들면 그 사람 역시 당신을 판단하려 할 것이다. 인간관계에서 상대의 선한 의도를 찾아내려고 하면 그 역시 당신에게 그렇게 할 것이다.

성공으로 가는 길

목표를 수시로 점검하여 목적을 달성하고 잠재력을 극대화하자.

동기 부여가 된 사람은 다른 사람들과 어떻게 다를까? 답은 목표가 있다는 것이다. 동기 부여가 된 사람은 목적 달성을 위해 성취하고자 하는 것을 찾아내 잠재력을 최대한 발휘한다. 성공으로 가는 여정에서는 자신이 세운 목표들이 나아가야 할 길을 만들어준다. 발전을 위해서도 목표는 필요하다. 최종 목적지에 도달하고자 하는 희망이나 기대 때문이 아니라 여정을 이끌어갈 방법을 알려주기 때문이다.

성공을 향한 여정에서 첫 단계는 마지막 단계만큼이나 중요하다. 중요한 점은 자신의 목적지를 향해 쉬지 않고 나아가는 것이다. 그리고 그 일을 지속하고 있는지 확인하는 가장 좋은 방법은 목표를 세우는 것이다.

신뢰할 수 있는 사람

오늘뿐 아니라 매일, 동료들을 진심으로 대하자.

인간관계의 핵심을 꼽으라고 하면 그것은 언제나 '신뢰'이다. 리더십도, 가치도, 파트너십도, 또 다른 그 무엇도 아니다. 상대를 신뢰하지 못하는 관계는 언젠가는 사단이 난다.

워렌 베니스는 자신의 저서 《리더On Becoming a Leader》에서 이렇게 말했다. "진실성은 신뢰의 기반이다. 이는 리더십을 통해 얻는 결과가 아니라 기본 요소다. 신뢰는 저절로 생기는 것이 아니라 노력해서 얻는 것이며 동료나 부하 직원들이 주는 것이다. 신뢰를 얻지 못하는 리더는 제 역할을 할 수 없다."

이는 리더와 구성원의 관계에서뿐만 아니라 모든 인간관계에서 유념해야 할 말이다. 신뢰를 구축하는 것은 건물을 짓는 일과 같다. 오랜 시간에 걸쳐 차근차근 쌓아 올려야 한다. 신뢰를 쌓기는 어려워도 무너지는 것은 한순간이다. 그러나 기초가 탄탄하다면 그 위에 세워진 관계는 오랫동안 유지될 것이다.

두 사람이 서로를 완전히 신뢰할 때 그 관계는 우정의 단계로 발전한다. 그리고 그 우정은 인생에서 얻을 수 있는 최고의 보상이다. 빅토리아 시대의 저술가이며 목사였던 찰스 킹슬리는 이렇게 말했다. "남녀를 막론하고 한 명의 친구, 내가 완전히 신뢰할 수 있고 내 최악의 면과 최선의 면을 모두 알고 있으며 나의 모든 잘못에도 아랑곳하지 않고 나를 사랑해줄 수 있는 사람이 한 명이라도 있다면, 그것은 축복이다."

협업하라

도전에 직면했을 때 도움을 구할 만한 사람이 내게 있는가?

사교성이 부족한 사람들은 팀을 꾸리거나 팀에 참여하는 일은 아예 생각조차 하지 않는다. 어려움이 닥쳐도, 사람들을 불러 모아서 일을 완수하겠다는 생각은 전혀 하지 못한다.

나처럼 사교적인 사람으로서는 이해하기 힘든 일이다. 나는 난관에 부딪힐 때마다 가장 먼저 '이 문제를 해결하기 위해 어떤 사람들을 모을까?'라고 생각한다. 어렸을 때부터 나는 늘 '다른 사람들과 함께 갈 수 있는데 왜 혼자 가려고 하는 것일까?'라는 생각을 해왔다.

하지만 모두가 나처럼 생각하지 않는다는 사실도 안다. 팀플레이에 적합한 성향을 타고났는지 아닌지와는 상관없다. 사람들과 함께 일하지 않고 혼자 모든 것을 하려는 사람은 자신의 잠재력에 크나큰 장벽을 세워놓은 것과 같다.

앨런 프롬 박사는 "사람들은 혼자 일할 때보다 함께 일할 때 더 큰 성과를 낸다고 알려져 있다"라고 말했다. 팀의 가치를 과소평가하지 말라는 말이다! 지속적인 가치 창출을 위해서는 팀워크가 필수다. 뿐만 아니라 세상에서 가장 내성적인 사람이라 해도 팀에 소속되어 얻는 혜택은 금방 알게 될 것이다. 대단한 성과를 내려고 노력하는 사람이 아니어도 마찬가지다.

모든 것을 혼자 하려고 하는 사람에게 이미 게임은 끝난 것이다. 뭔가 큰일을 도모한다면 다른 사람들과 협업하라. 위대한 일은 혼자 힘으로는 이룰 수 없다.

사람들의 강점을 찾아내라

사람들이 지닌 최고의 장점을 찾아내어 알려주자.

사람들이 내게 성공 비결을 묻는 경우가 종종 있다. 그 비결은 다음 세 가지 덕분이라고 생각한다. 1)신의 보살핌, 2)내 주변에 있는 좋은 사람들, 3)내가 잘할 수 있는 분야에서만 계속 일할 수 있었던 것이다. 직장 생활 첫 5년간은 내 강점이 무엇인지 파악하는 기간이었다. 그 이후 시간이 흐르면서 나는 점점 잘할 수 있는 분야를 좁혀나갔다.

리더로서 그리고 직원을 거느린 고용주로서 나는 우리 직원들도 나처럼 할 수 있도록 도와준다. 그들이 강점을 발휘할 수 있는 분야를 찾아내고, 가능하면 그 분야에서 일할 수 있게 한다. 다 아는 사실이지만, 성공한 사람들은 자기에게 맞는 자리를 찾아낸 사람들이다. 그러나 성공적인 리더가 되려면 다른 사람들에게 맞는 분야를 찾아주어야 한다. 어떻게 하면 될까?

첫째, 나는 상대의 가장 큰 장점을 찾는다. 다른 사람의 약점, 실수, 결점 등은 누구나 볼 수 있지만 장점만 보기란 상당히 어렵다. 명예의 전당에 헌정된 야구선수 레지 잭슨은 이렇게 말했다. "위대한 감독은 선수들로 하여금 자기가 생각하는 것보다 훨씬 더 우수한 선수라고 믿게 만드는 재주가 있다. 그는 자신이 그들을 믿고 있다는 사실을 선수들이 알게 한다. 그리고 일단 자기가 얼마나 우수한지 알게 된 선수는 최고의 기량을 발휘하지 못한 경기에 만족하지 못하게 된다." 이는 비즈니스, 육아, 목회 활동 등 인생의 어느 측면에서나 적용되는 사실이다. 다른 사람의 결함, 단점, 흠집을 들추지 마라. 그의 가장 좋은 면만을 찾아보라.

둘째, 나는 거리낌 없이 말해준다. 상대의 상황을 짐작할 수 있다 해도 그에게 말해주지 않는다면 진정으로 도움을 줄 수 없다. 나는 누구나 내면에 '성공의 씨앗'을 간직하고 있다고 믿는다. 그래서 사람들을 만나면 '저 사람의 성공의 씨앗은 무엇일까?'라는 생각부터 한다. 그리고 그 씨앗을 발견하면 그 사람에게 주저하지 않고 말해준다. 그런 다음 그 씨앗에 '격려'라는 거름을 주고 '기회'의 물을 준다.

희생

나는 더 높이 오르기 위해 더 많이 포기할 수 있는가?

최고의 리더가 되고 싶다면 기꺼이 희생을 감수할 각오를 해야 한다. 희생을 감수하면서까지 최고의 리더가 되고 싶다면, 다음의 네 가지 사실을 알아두자.

1. **희생 없는 성공은 없다.** 더 높이 오르기 위해 리더가 포기해야 할 것들이 있다. 성공한 리더들과 이야기를 나눠보면 그들이 끊임없이 희생해왔다는 사실을 알 수 있을 것이다. 유능한 리더는 최선에 전념하기 위해 차선은 수없이 희생한다.

2. **리더에게는 다른 사람들보다 더 많은 희생이 요구될 때가 많다.** 리더십의 핵심은 자신보다 팀원을 먼저 생각하고 팀에 최선이 되는 일을 하는 것이다. 나는 리더라면 자신의 권리 같은 것은 포기해야 한다고 믿는다.

3. **리더의 자리를 유지하기 위해서는 끊임없이 포기해야 한다.** 리더로서 더 높이 오르기 위해 포기해야 할 것들이 많다면 그 자리를 유지하기 위해서는 훨씬 더 많은 것을 포기해야 한다. 팀을 정상으로 끌어올리는 것과 팀이 정상의 자리를 유지하는 것은 완전히 별개의 문제다. 정상의 자리를 유지하기 위해서는 훨씬 더 많은 것을 포기하는 방법밖에 없다.

4. **높은 자리에 오를수록 희생도 커진다.** 더 높이 올라갈수록 치러야 할 대가도 커진다. 어떤 분야에서, 어떤 유형의 리더십을 선택하든 상관없다. 리더는 희생하고 포기해야 더 높이 오를 수 있다.

관심

상대가 나에게 관심을 갖기 전에 내가 먼저 관심을 가지자.

사람들에게 관심을 가져라. 너무나 단순한 이야기로 들리겠지만 모든 것이 여기서 출발한다. 상대에게 관심을 보임으로써 당신이 그를 배려하고 있다는 사실을 알려라. 많은 리더들이 지나치게 실적과 프로젝트에 연연하느라 사람을 우선하지 않는 실수를 범한다. 당신 역시 그렇다면 태도를 바꿀 때가 되었다.

하나마나한 이야기를 하려는 게 아니다. 사람을 좋아하면 리더십에 도움이 된다. 사교적인 성격이 아니라면, 사람을 좋아하는 것부터 시작해야 할 수도 있다. 사람들을 만날 때마다 그 사람의 가치가 무엇인지 생각하라. 그 사람의 입장이 되어보고 그를 좋아할 이유를 찾아보라. 마음속 깊은 곳에서 상대에 대한 관심이 전혀 없다면 그 사람에게 흥미를 느낄 수 없다. 그리고 상대에 대해 전혀 관심이 없다는 사실은 자신의 결점이 되어 사람들을 이끌 때 항상 걸림돌이 될 것이다.

당신이 이런 면에서 어려움을 겪고 있다면 나와 레스 패롯이 공동으로 집필한 책 《작은 시작25 Ways to Win with People》이나 데일 카네기의 명저 《인간관계론How to Make Friends and Influence People》을 참고하라. 인간관계의 기술을 연마하는 일을 어떻게 생각하든 이 점만은 꼭 기억하라. 사람들은 자신을 향상시키는 리더에게 모여들고, 자신을 퇴보시키는 리더에게서는 떠나간다.

지위에 관한 잘못된 통념

오늘 지위나 자리가 아닌 관계를 통해 영향력을 발휘하자.

사람들이 잘못 알고 있는 리더십의 속설 중 하나는 자리가 사람을 만든다는 것이다. 그러나 자신이 속한 조직이나 부서, 또는 팀의 수장이 되어야만 사람들을 리드할 수 있는 것은 아니다. 이 생각에 동의하지 않는다면 당신도 지위에 관한 잘못된 통념에 젖어 있다고 볼 수 있다. 정상의 자리에 있다고 해서 그 사람이 자동적으로 리더가 되는 것은 아니다. 《리더십 불변의 법칙》 중 '영향력의 법칙'이라는 장에서 나는 "리더십을 측정하는 진정한 도구는 영향력이다. 그 이상도, 이하도 아니다"라고 명확하게 얘기했다.

나는 자원봉사 단체의 장으로 일하면서 많은 사람들이 지위에 대해 잘못된 통념에 얽매여 있다는 사실을 알게 되었다. 이런 사람들이 잠재적 리더로 인식되어 조직에 들어갔을 때, 누가 봐도 리더라는 게 확실한 직위나 타이틀을 얻지 못하면 그들은 몹시 언짢아 한다. 그들은 팀원들과 관계를 형성해 자연스럽게 영향력을 얻어내는 대신, 위에서 권위와 직책을 부여해주기를 기다린다. 그러다 뜻대로 되지 않으면 점점 불만이 쌓여, 결국은 다른 팀, 다른 조직으로 옮기거나 다른 리더를 찾아가게 된다.

성공한 리더

패배를 용납하지 말자. 어떻게든 팀을 성공으로 이끌어야 한다.

성공한 리더와 실패한 리더의 차이는 무엇일까? 성공한 리더는 하나같이 패배를 인정하지 않는다. 성공 이외의 것은 결코 받아들일 수 없다는 뜻이다. 따라서 그들은 성공하기 위해 무엇을 해야 할지 찾아낸다. 스포츠 팀이든, 군대든, 사업체든, 아니면 비영리단체든 팀의 헌신을 이끌어내는 데 도움이 되는 다음 세 가지 요소가 있어야 성공할 수 있다.

1. **일치된 비전** 개개인의 재능과 역량에 관계없이 팀 전체가 하나의 비전을 가지고 있을 때 원하는 것을 성취할 수 있다.

2. **다양한 기량** 모든 선수가 공격수인 축구팀을 상상할 수 있는가? 모든 직원이 영업사원인 회사는 어떤가? 말도 안 되는 소리다. 어떤 조직이든 성공하기 위해서는 다양한 재능을 가진 사람들이 필요하다.

3. **목표를 이루기 위해 헌신하고, 팀원들의 잠재력을 높이는 리더** 풋볼 감독 루 홀츠는 "이기는 것은 훌륭한 선수들의 몫이다. 감독이 누구인지는 그다지 중요하지 않다. 좋은 선수 없이는 이길 수 없지만, 좋은 선수들을 데리고도 질 수 있다. 바로 이 점에서 감독의 역할이 중요한 것이다"라고 말했다.

팀워크

팀워크를 중시하면 팀워크와 성과, 두 마리 토끼를 잡을 있다.

중국 속담 중에 "유능한 인재 뒤에는 다른 유능한 인재 여럿이 있다"는 말이 있다. 위대한 업적의 핵심에는 팀워크가 있다는 말이다. 팀의 가치를 따지는 문제가 아니다. 우리가 팀의 가치를 인정하고 더 나은 팀 플레이어가 될 수 있느냐의 문제다. 또한 내가 위대한 업적을 이루기에 한 사람의 힘으로는 부족하다고 주장하는 이유이기도 하다. 중요한 일을 혼자 힘으로 해낼 수 있는 사람은 없다. 이것이 바로 '중요성 법칙Law of Significance'의 핵심이다.

생각해보라. 인류 역사상 한 사람의 힘으로 해낸 일 중에 진실로 중요한 일이 있었는가? 어떤 경우든 팀이 결부되어 있다. 때문에 린든 존슨은 "모두가 힘을 합쳐 해결하지 못할 문제는 없다. 그러나 혼자서 해결할 수 있는 일은 거의 없다"라고 말했다.

자신의 잠재된 능력에 도달하려 하거나, 불가능해보이는 일을 도모한다면 팀플레이어가 되라. 진부하게 들릴지 모르지만 이는 불변의 진리다. 경기는 개개인이 하지만 챔피언 메달은 팀이 따낸다.

희생의 본보기를 보여라

오늘 나는 팀을 위해 어떤 희생을 치를 것인가?

팀을 이끌 때는 먼저 팀의 이익을 위해 희생할 수 있다는 사실을 팀원들에게 납득시켜야 한다. 재능이 뛰어난 팀원일수록 팀이 우선이라는 생각을 심어주기 어려울 수도 있다. 리더가 먼저 희생의 본보기가 되어 자신이 다음과 같은 사람임을 알려주라.

· 팀을 위해 재정적인 희생을 기꺼이 감수한다.
· 팀을 위해 지속적으로 성장한다.
· 팀을 위해 권한을 위임한다.
· 팀을 위해 기꺼이 어려운 결정을 내린다.

리더가 팀의 잠재적 능력을 끌어내기 위해 기꺼이 대가를 치르겠다는 본보기를 보인다면 팀원들에게도 같은 희생을 요구할 자격이 생긴다. 팀원들이 팀을 위해 희생할 상황이 생기면 희생해야 할 이유와 방법에 대해 알려주라. 그리고 그 밖의 구성원들에게 희생을 치른 팀원들에 대한 칭찬을 아끼지 마라.

글로 격려하라

오늘 누군가에게 격려의 메시지를 직접 써서 보내보자.

나는 오래전부터 글로 쓴 격려의 말이 지닌 힘을 믿어왔다. 꼭 유명한 사람이 써줘야만 격려가 되는 것은 아니다. 마음에서부터 우러나온 따뜻한 말 한마디는 누구에게나 감동을 준다. 사람들의 마음을 얻는 데 이보다 좋은 방법이 별로 없는데 사람들은 이 방법을 자주 이용하지 않는다. 손으로 직접 쓴 편지를 보내는 데 익숙지 않다면 이번 기회에 한번 해보라고 권하고 싶다.

내 친구 데이비드 제레미아는 《격려의 힘Power of Encouragement》이라는 책에서 "손으로 직접 쓴 격려의 글은 아무런 간섭이나 제약 없이 마음에서 곧바로 우러나온 말이다. 그 힘이 그토록 강력한 것은 그 때문이다"라고 했다. 여러분도 이 말이 진실임을 모르진 않을 것이다.

19세기 미국의 국민 시인 월트 휘트먼은 오랫동안 무명작가의 설움을 겪었다. 어느 날, 절망에 빠져 있던 그에게 한 장의 메모가 전달되었다. "친애하는 휘트먼 선생, 나는 당신의 시 '풀잎'에서 엄청난 재능을 보았습니다. 그 시에는 지금까지 미국인들이 경험하지 못했던 독특한 해학과 지혜가 담겨 있습니다. 위대한 시인의 탄생에 경의를 표합니다." 그 아래에는 선배 시인이자 철학자였던 랄프 왈도 에머슨의 서명이 있었다.

에머슨이 그런 따뜻한 응원의 글을 적어보내지 않았다면 휘트먼은 어떻게 되었을까? 그 편지는 신선한 공기처럼 휘트먼을 다시 숨 쉬게 해주었고 계속 시를 쓸 수 있도록 격려해주었다. 그렇다고 누군가의 삶에 변화를 주기 위해 전문작가가 될 필요는 없다. 메모를 쓰는 데 투자한 시간만으로도 그 사람에게 기꺼이 투자했다는 증거가 되기 때문이다.

실패는 성공의 발판

오늘, 실패를 배움의 기회로 바라보자.

실패를 피한다고 성공할 수 있는 것은 아니다. 누구나 실패를 한다. 길을 가다 맨홀에 빠질 수도 있고, 길을 잘못 들 수도 있고, 난방기 점검하는 일을 잊어버릴 수도 있다. 한 번도 실패해본 적이 없다는 것은 한 번도 집 밖을 나와본 적이 없다는 말과 같다. 문제의 핵심은 당신이 실패할 것인가 아닌가가 아니라 실패를 통해 이득을 얻을 것인가 아닌가의 문제다. 넬슨 보스웰은 "위대함과 평범함을 가르는 차이는 실수를 인식하는 개인적 시각에 있다"라고 지적했다. 성공을 향한 여정을 계속하고 싶다면 실패를 딛고 나가는 법을 배워야 한다.

성공하지 못한 사람은 실패나 남들에게 거절당하는 일을 지나치게 두려워한다. 그 결과 위험이나 실패를 피하는 데 인생을 모두 허비한다. 그들은 성공이 실패한 후에도 계속 도전하는 능력에 달려 있다는 사실을 알지 못한다. 올바른 태도를 지니고 있다면 실패는 치명적인 것도, 인생의 종말도 아니다. 실패는 오히려 성공의 발판이 된다. 리더십 전문가 워렌 베니스는 미국 내 다양한 분야에서 최고의 성과를 낸 70인을 인터뷰했다. 그는 그들 중 누구도 자신의 실수를 실패로 받아들이지 않았다는 사실을 알고 매우 놀랐다. 그들은 실수를 '경험에서 배웠다', '지불해야 할 수강료', '우회로', '성장할 기회'라는 식으로 표현했다.

성공한 사람들은 실패를 머릿속에 담아두지 않는다. 실패에 따른 부정적인 결과에 집착하기보다 다른 방법은 없었는지, 왜 그 일이 제대로 실행되지 않았는지를 생각한다. 실수에서 교훈을 찾고, 자신과 상황을 개선시킬 방법을 생각하며, 성공이 가져올 보상에 초점을 맞춘다.

중대한 결정

중대한 결정은 모든 것이 명확하게 보이는 산 정상에 있을 때 하자.

일이 제대로 되지 않을 때 어떤 결정을 내리는 사람들이 많다. 그들은 산 정상에 올라 시야가 확 트일 때까지 기다리지 못하고 절망의 골짜기에서 위안을 찾으려 한다. 산 정상까지 오르려면 엄청난 노력이 필요하기 때문이다. 어둠의 골짜기를 지날 때면 언제나 변화를 주고 싶은 유혹이 따른다. 그 변화를 통해 불안감에서 벗어나기를 바라는 마음에서다. 그러나 결정은 산 정상에 있을 때 내려야 한다. 그 이유는 다음과 같다.

• 자신의 상황을 더욱 명확하게 볼 수 있다.
• 뭔가로부터 벗어나기보다는 뭔가를 향해 나아가게 된다.
• 주변 사람들을 보다 나은 상황에 둘 수 있다.
• 부정적인 자료가 아니라 긍정적인 자료를 근거로 결정을 내릴 수 있다.
• 골짜기에서 골짜기가 아니라 정상에서 정상으로 이동할 수 있다.

그런데 지금 당신이 골짜기를 지나고 있다면 가장 중요한 것은 인내이다. 굴하지 않고 계속 싸워나간다면 장거리 육상 선수가 느끼는 '세컨드 윈드'(운동 중에 고통이 줄어들고 운동을 계속하고 싶은 의욕이 생기는 상태_옮긴이)를 경험할 수 있을 것이다. 지칠 대로 지쳐 더 이상 달릴 수 없다는 생각이 들 때야 비로소, 자신이 진정으로 어디까지 성취할 수 있는지 알 수 있다는 말이다.

골짜기를 지나는 동안 인내를 가지고 노력한다면, 좀 더 높은 고지에 이르러 더 나은 결정을 내릴 수 있을 것이다. 뿐만 아니라 평생 도움이 될 인격 수양도 덤으로 얻을 수 있다.

좋은 리더의 조건

오늘, 누군가에게 시간과 노력을 투자하여 그가 한 단계 성장할 수 있도록 하자.

우리는 어떻게 리더를 알아볼까? 로버트 타운센드에 따르면 체격, 나이, 외모, 조건에 상관없이 누구나 리더가 될 수 있다. 어떤 리더는 행정 업무에 젬병이고 어떤 리더는 대단히 명석하지도 않다. 보기에는 그저 평범해보이는 리더도 있기 때문에 진정한 리더를 알아보는 힌트가 있다. 그 사람이 이끄는 팀원들의 성과를 보라. 팀원들이 지속적으로 뛰어난 성과를 이뤄낸다면 그가 바로 진정한 리더이다.

리더는 위대하다. 그가 지닌 권력 때문이 아니라 사람들에게 권한을 위임하는 능력 때문이다. 후계자가 없는 성공은 실패이다. 어떤 일을 하는 사람의 가장 중요한 의무는 다른 사람들도 그 일을 할 수 있도록 발전시키는 것이다. 리더가 팀원들을 개인적으로 계발시킬 때 리더에 대한 충성도는 절정에 이른다. 팀원들의 개인적 성장에 도움을 주어 그들의 마음을 얻었기 때문이다.

몇 년 전, 우리 팀의 핵심 멤버 중에 셰릴 플래셔라는 직원이 있었다. 처음 우리 팀에 합류했을 때만 해도 그녀는 사교적인 타입이 아니었다. 나는 셰릴이 진정으로 사람들과 어울리기를 좋아할 때까지 그녀를 내 옆에 두고 일하게 했다. 지금 셰릴은 그 누구보다 성공적으로 다른 직원들의 계발에 참여하고 있다. 셰릴은 나에게 충성스러운 유대감을 보여주었고 우리 두 사람은 그 이유가 무엇인지 잘 알고 있다. 내가 그녀에게 투자했던 시간들이 긍정적인 변화를 만들어낸 것이다. 셰릴은 내가 그녀에게 해주었던 것을 잊지 못할 것이다. 재미있는 일은, 그녀가 다른 직원들에게 투자했던 시간들이 내게 큰 도움을 주고 있다는 사실이다. 나 역시 셰릴이 내게 해준 것을 결코 잊을 수 없을 것이다.

우리 주위의 핵심 인재들은 우리가 개인적으로 감동을 주었거나 어떤 식으로든 그들의 발전에 도움을 주었던 사람들일 것이다. 그랬을 때 우리는 주위의 핵심 인재들뿐 아니라 그들을 따르는 사람들의 애정과 충성심까지 얻게 된다.

하루에 적어도 열두 명은 감동시켜라

오늘 누군가의 삶에 기분 좋은 흔적을 남기자.

누구나 살아가면서 가까이에 있는 사람들에게 좋은 쪽이든 나쁜 쪽이든 영향을 미친다는 사실은 대체로 잘 인식하고 있다. 그러나 주위의 다른 사람들에게 미치는 영향에 대해서는 간과하는 경우가 많다. 아래의 시를 쓴 익명의 시인은 그 사실을 염두에 두고 있었던 것 같다.

오늘이 가기 전에 나의 삶이 다른 열두 명의 삶과 만나,

저녁 해가 지기 전에, 좋든 나쁘든 수많은 흔적을 남길 터이니,

내가 늘 바라는 소원, 내가 늘 드리는 기도는

신이여, 내 삶이 살아가며 마주치는 다른 이들의 삶에

도움이 되게 하소서.

가족이든, 직장 동료든, 잠깐 들른 상점의 점원이든 누군가와 의사소통을 할 때는 자신의 인생이 그들의 인생과 만나 영향을 주고 있다는 사실을 인식하라. 물론 가족들에게 미치는 영향력은 우연히 마주친 낯선 이에게 미치는 영향력보다 훨씬 더 클 것이다. 자신의 직업이 사람들의 주목을 받는 일이라면 자신이 모르는 사람에게까지 영향을 미칠 것이다.

우리는 매일매일 일상적으로 마주치는 사람들에게도 영향을 미친다. 오늘 상점 점원이나 은행 직원과 아주 잠깐 만나는 사이, 당신은 그들에게 아주 부정적인 경험을 주었을 수도 있고, 그들을 미소 짓게 하고 멋진 날을 선사해주었을 수도 있다. 선택은 당신의 몫이다.

더하기의 법칙

나를 따르는 사람들이 더 나은 삶을 살게 해주고 있는가?

모든 리더와 그를 따르는 사람들의 관계는 상호작용을 통해 이루어진다. 또한 모든 관계는 한 개인의 삶에 플러스가 되거나 마이너스가 되거나 둘 중 하나이다. 리더십의 기본은 리더 자신의 발전이 아니라 자신을 따르는 사람들을 발전시키는 것이다. 그리고 그 일은 다른 사람들에게 도움을 주고 그들의 인생에 가치를 더해준다.

'더하기의 법칙'이 던지는 질문은 단 하나, '자신을 따르는 사람들이 더 나은 삶을 살 수 있도록 해주는가?'이다. 이게 전부다. 다음과 같이 할 때 다른 사람들의 가치를 높일 수 있다.

- 진심으로 상대를 소중하게 여길 때
- 나 자신이 다른 사람들에게 더욱 소중한 사람이 될 때
- 상대가 소중하게 여기는 것을 알아주고 그것에 공감할 때
- 하느님이 소중하게 여기는 일을 할 때

봉사를 통해 다른 사람들의 가치를 높이면 그 사람들만 혜택을 입는 게 아니다. 그 일을 한 리더 또한 다음의 것들을 얻을 수 있다.

- 리더로서 얻는 충족감
- 올바른 동기를 지닌 리더십
- 리더로서 중요한 일을 수행할 수 있는 능력
- 리더십 팀의 발전
- 팀에 대한 봉사의 자세

긍정의 에너지

오늘, 긍정적인 환경을 만드는 일에 착수하자.

심리학자 헨리 고더드는 '에르고그래프ergograph'라는 장치를 이용해 아이들의 에너지 레벨을 측정하는 연구를 했다. 에르고그래프는 근육의 작업 능력이나 피로도 등을 측정하는 장치로 특정 상황에서 에너지 수치의 변화를 기록한다. 연구 결과는 놀라웠다. 그는 지쳐 있는 아이들도 칭찬이나 찬사를 들으면, 에르고그래프에 나타나는 신체 에너지 수치가 즉각적으로 급상승한다는 사실을 알아냈다. 즉, 육체적 긴장이 풀리면서 근육 이완 속도가 빨라지고 정신적 에너지가 올라갔다. 반대로 비난을 받거나 낙심하는 경우에는 아이들의 신체 에너지 수치가 급격히 떨어졌다.

우리도 이미 직관적으로 알고 있는 사실일 것이다. 당신도 칭찬을 들으면 에너지 수치가 올라가지 않는가? 반대로 비난을 받으면 기운이 쭉 빠질 것이다. 말은 정말 굉장한 위력을 가지고 있다.

첫 만남에서 상대방의 말에 계속해서 긍정적인 반응을 보인다면 어떤 분위기가 형성되겠는가? 상대방을 격려해줄 뿐 아니라 에너지를 전해주는 사람이 될 것이다. 어디든 당신이 모습을 드러내면 사람들의 표정이 환해질 뿐만 아니라 모두가 좋아하는 분위기 메이커가 되는 데도 한몫할 것이다. 무엇보다 당신의 존재만으로도 사람들의 하루가 밝아질 것이다.

실패는 성공의 디딤돌

기꺼이 실패를 맛보겠다는 각오로 앞으로 나가자.

언젠가 성공한 사람들의 업적을 부러워하는 자신을 보게 된다면, 그들이 겉으로는 드러나지 않을 뿐 온갖 역경을 딛고 여기까지 왔음을 기억하라. "핫도그를 먹는 동안에는 그 안에 무엇이 들어 있는지 생각하지 마라"라는 옛말이 있다. 그 안에 뭐가 들어 있는지 알면 다시는 먹고 싶지 않을 수도 있다는 말이다. 성공의 이면에는 수많은 실패가 숨어 있기 마련이다.

진정으로 꿈을 이루고 싶다면, 백일몽에 빠져 있거나 입으로만 얘기하지 마라. 진정으로 이루기를 간절히 원한다면 나가서 부딪혀라. 그리고 실패하라. 일찍, 자주 실패하라. 그리고 그 실패를 성공의 디딤돌로 삼아라.

전력투구하라

나는 얼마나 자주 전력투구하는가?

이 세상에서 전력을 다하지 않고 위대한 리더가 된 사람은 없다. 위대한 리더가 되고 싶다면 전력투구해야 한다. 진정으로 헌신하는 사람은 사람들을 고무시키고 그를 따르게 한다. 그 사람의 신념이 보이기 때문이다. 리더가 확실한 명분을 가져야만 그를 따르는 사람들의 신뢰를 얻을 수 있다. 사람들은 먼저 리더를 믿고 그다음에 그의 비전을 믿는다. 전력투구한다는 것의 본질은 과연 무엇일까? 다음의 세 가지를 살펴보자.

1. **전력투구는 가슴에서 시작된다.** 켄터키 더비 경마에서 우승하는 말은 처음 반 마일 동안은 체내의 산소를 효율적으로 소모시키지만 그 이후부터는 심장의 상태에 맡긴다고 한다. 당신이 리더로서 사람들의 삶을 변화시키고 싶다면, 진정으로 전력투구하고 있는지 자신의 가슴을 들여다보라.

2. **전력투구는 행동에 나타난다.** 말로만 전력투구하는 것과 실천에 옮기는 것은 별개의 문제다. 전력을 다하고 있는지 아닌지 가늠하는 유일한 척도는 바로 행동이다. 아서 고든은 이렇게 말했다. "말로 하는 것보다 쉬운 일은 없으며 그 말을 매일 실천하는 것만큼 어려운 일은 없다."

3. **전력투구는 성공에 이르는 길을 열어준다.** 리더의 역할을 수행하다 보면 수많은 난관과 반대에 부딪힐 것이다. 이미 경험했을 수도 있다. 그러한 난관과 반대를 뚫고 나갈 수 있는 방법은 전력을 다하는 일밖에 없다. 영화 〈코요테 어글리〉의 감독 데이비드 맥낼리는 이런 말을 했다. "헌신은 전진을 방해하는 것들의 적이다. 수없이 쓰러져도 다시 딛고 일어나겠다는 진지한 약속이기 때문이다."

태도에 책임을 져라

자신이 처한 상황을 보는 시각은 자신의 책임이다.

기대치가 지나치게 높거나 불평이 많은 상태에서 자신의 운명을 결정해서는 안 된다. 인생은 놀라운 일들로 가득하고, 태도를 수정해나가는 일은 평생을 두고 해나가야 할 과제다.

> 비관주의자는 바람을 탓하고
> 낙천주의자는 바람의 방향이 바뀌길 기다리며
> 리더는 바람에 맞춰 돛을 조정한다.

우리는 매 순간 어떤 태도를 취할지 선택하고, 그 선택은 끊임없이 이어진다. 그런데 어른이 되어서도 자신의 태도에 책임을 지지 못하는 사람들이 놀라울 정도로 많다.

그들은 누가 뭐가 그렇게 불만이냐고 물으면 "아침부터 괜히 짜증이 나서요"라고 대답한다. 그리고 실패로 인생이 꼬이기 시작하면 "난 태어날 때부터 재수가 없어"라고 단정한다. 또한 자신은 제자리걸음을 하고 있는데 다른 가족들은 승승장구하는 것을 보면 "태어난 순서가 잘못돼서 나만 이러고 있는 거야"라고 투정한다. 결혼생활이 실패로 끝나면 짝을 잘못 만났다고 하고, 자기 대신 직장 동료가 승진하면 자신은 타이밍이 맞지 않아 승진하지 못 했다고 생각한다. 뭔가 짚이는 게 있는가? 그렇다. 그런 사람들은 모든 문제를 남의 탓으로 돌린다.

우리의 삶에서 가장 빛나는 때는 자신의 태도에 완전히 책임지는 때이고, 그날이 바로 우리가 진정으로 성장하는 날이다.

효과적인 훈련법

오늘, 누군가에게 일을 가르칠 때 내가 하는 것을 보고 배우게 하자.

당신에게 알려줄 비밀이 하나 있다. 멘토링에 성공하는 비결이다. 궁금한가? 그 비결은 '절대 혼자 하지 마라'이다. 맞다. 정말 간단한 일이다. 하지만 그것이 사람들을 계발시키는 진정한 비결이다. 다른 사람에게 전수해주고 싶은 일이 있다면 당신이 하는 것을 보고 배우게 하라.

이를 당연하게 알고 실천하는 사람들은 많지 않다. 미국에서 채택하고 있는 대부분의 교육 모델은 그리스에서 유래했다. '교실'에서 가르치는 인지적 접근 방식으로 소크라테스가 플라톤을, 플라톤이 아리스토텔레스를 가르칠 때 사용한 교수법이다. 물론 그 방법만 있는 건 아니다. 또 다른 고대문화에서 사용했던 방법도 있다. 바로 유대식 교육 방식이다. 그 방식은 현장학습과 흡사하다. 나는 오랫동안 사람들을 교육해왔지만 아래 소개하는 네 단계보다 더 나은 방법을 찾지 못했다.

나부터 한다. 먼저 내가 그 일을 하는 법을 배운다. 일을 하는 방법뿐 아니라 그 일을 해야 하는 이유까지 납득해야 한다. 그런 다음 그 일을 마스터하기 위해 노력한다.

내가 하고, 상대방은 지켜보게 한다. 내가 시범을 보이고, 상대방이 나를 관찰하게 한다. 그리고 시범을 보이는 과정에서 내가 하고 있는 일과 그 일을 하는 이유를 설명한다.

상대방이 하고, 나는 지켜본다. 상대방이 그 일을 맡아 하게 하고 그에 따르는 권한도 부여한다. 하지만 상대방의 곁을 지키면서 조언이나 수정, 격려를 아끼지 않는다.

상대방이 하게 한다. 상대방이 그 일에 능숙해지면 나는 뒤로 물러나고 상대방 혼자 하게 한다. 학생이 더 높은 수준에 이르면, 교사는 홀가분하게 더 높은 단계의 임무를 찾아간다.

성과를 내는 사람 vs 평범한 사람

실패를 성공을 위한 대가로 받아들이자.

탁월한 성과를 이룬 사람들은 어떤 면이 남들보다 뛰어난가? 왜 누구는 아래로 곤두박질치고, 누구는 승승장구하는가? 내가 무슨 말을 하려는지 이미 알아챘을 것이다. 행운, 축복, 미다스의 손 덕분일까? 마음대로 생각해도 좋다.

사실 극심한 어려움에도 대단한 일을 쉽게 달성하는 것처럼 보이는 이들이 있다. 이런 사람들은 핵심 거래처를 잃고서도 매출을 전국 상위 5퍼센트 이내로 끌어올리고, 예산이 삭감된 상황에서도 부서의 이익을 증대하는 기발한 방법들을 고안해낸다. 배우자 없이 혼자서 두 자녀를 대학에 보내고 자신도 대학원에서 학위를 취득하는가 하면, 다른 동료들이 보지 못한 어마한 사업 기회를 찾아내는 사람들도 있다. 또한 인적 자원이 부실한 상황에서도 어디서 찾아오는지 끊임없이 우수한 인재를 조직에 영입한다. 이들이 무엇을 성취했는가는 중요하지 않다. 이들은 어디에 있든 똑같이 그런 일들을 해낼 것이기 때문이다.

사람들은 대개 자신이 평균 이상의 능력을 갖고 있다고 생각한다. 그러나 탁월한 성과를 내는 사람들은 '평균'이라는 말은 땅에 묻어버린다. 평범함은 그들과 너무나 먼 세상 이야기며 아득한 기억 속의 일일 뿐이다. 그렇다면 무엇이 차이를 만드는가? 왜 어떤 사람은 그토록 큰 성과를 내는 걸까? 집안의 배경? 재산? 기회? 높은 도덕성? 아니면 전혀 곤경에 처해본 적이 없어서?

아니다. 그 어느 것도 정답이 아니다. 솔직히 말해서 끊임없이 빛을 발하는 사람과 그렇지 못한 사람을 가르는 차이는 단 하나, 바로 '실패에 대한 인식과 반응'이다. 머리와 가슴이 원하는 것을 성취하고 완수하는 능력을 기르는 데 이보다 더 큰 영향을 미치는 태도는 없다.

변화에 저항하지 마라

팀의 성공을 위해 꼭 필요한 변화임에도 눈감고 지나친 적은 없는가?

변화를 도입하는 것보다 시작하기 어렵고, 실행에 위험이 따르며, 성공할 확률이 낮은 것도 없을 것이다.

영국의 의사 제임스 린드는 1753년 괴혈병에 관한 논문에서 해군 병사들에게 레몬주스를 배급하는 것만으로도 괴혈병을 없앨 수 있다고 밝혔다. 해군 군의관으로 바다에서 오랫동안 근무한 경험을 바탕으로 그는 다양한 사례를 인용하며, 갓과 물냉이 샐러드, 타마린드(콩과의 식물 옮긴이), 오렌지나 레몬이 괴혈병을 예방한다는 사실도 입증했다.

당신은 린드 박사가 당연히 그런 위대한 업적에 걸맞은 존경과 영예를 누렸을 것으로 짐작할 것이다. 하지만 그와 반대로 그는 사람들의 웃음거리가 되었다. 그 후 40여 년간 실제로 해군 제독을 비롯한 수많은 의사들이 린드 박사의 보고서를 무시했다. 그의 조언을 받아들인 사람은 그 유명한 제임스 쿡 선장뿐이었다. 쿡 선장은 자신의 배에 충분한 양의 신선한 과일을 비축해두었다.

1776년, 왕립학회에서 쿡 선장의 성공적인 탐험을 치하했음에도, 해군 제독들은 여전히 괴혈병에 관한 쿡 선장의 보고를 무시했다. 그리고 린드 박사가 사망한 1794년이 되어서야 영국 해군 함정 한 척이 출항하기 전 레몬주스를 배에 실었고 23주간 지속된 항해 도중 괴혈병을 앓은 사람은 한 명도 없었다. 그러고도 10년이 지나서야 괴혈병 예방을 위해 선원들에게 매일 레몬주스를 배급해야 한다는 규정이 제정되었고, 그 이후로 영국 해군 내에서 괴혈병이 사라졌다.

변화에 대한 태도나 변화를 회피하려는 성향이 자신의 성공에 해치는 걸림돌이 되게 하지 마라.

사람을 이해하는 법을 배워라

오늘, 사람에 대한 이해를 최우선 과제로 삼자.

사람을 이해하는 능력은 누구나 가지고 있는 훌륭한 자산 중 하나다. 이는 사업적 측면뿐 아니라 자신의 인생 전반에 긍정적인 영향을 줄 수 있는 잠재력이다. 사람을 이해하는 능력 덕분에 위기를 모면했던 한 아이 엄마의 예를 보자.

"네 살 난 아들을 집에 두고 쓰레기를 버리러 잠시 밖으로 나갔다 돌아오니 문이 잠겨 있는 거예요. 평소대로라면 한 시간은 족히 실랑이를 벌여야 아들이 문을 열어줬을 거예요. 그래서 제가 울먹이며 말했죠. '이를 어째! 우리 아들이 집 안에 갇혀 버렸네!' 그러자 바로 문이 열리더군요."

사람에 대한 이해는 의사소통 능력에 확실히 영향을 미친다. 펜실베이니아 대학의 정신과 교수이자 의사인 데이비드 번스는 다음과 같이 말했다. "상대를 납득시키려고 할 때 가장 흔히 저지르는 실수가 자기 생각이나 감정을 최우선으로 하는 것이다. 사람들은 대부분 자기 이야기를 들어주고, 자기를 존중해주고, 이해해주기를 바란다. 우리는 상대가 자신을 이해한다고 여기는 순간, 상대방의 생각을 이해하고자 하는 동기 부여가 일어난다."

사람을 이해하는 법을 배우면, 그들이 무슨 생각을 하고 어떻게 느끼며, 무엇에서 영감을 얻고, 주어진 상황에서 어떻게 행동하고 반응하는지 파악할 수 있다. 그런 다음에 상대에게 긍정적으로 동기를 부여하고 영향을 미치게 되는 것이다.

동기 부여

오늘, 내 영향력 안에 있는 사람들에게 동기를 부여하자.

풋볼 팀 그린베이 패커스의 명망 있는 감독 빈스 롬바르디는 엄격한 훈련으로 선수들이 무서워하는 감독이었다. 그러나 그는 동기 부여에도 뛰어났다. 어느 날, 빈스 감독은 몇 번이나 블로킹 사인을 놓친 한 선수를 호되게 꾸짖었다. 그리고 연습이 끝난 후 그는 선수 대기실 문을 박차고 들어가 좌절감으로 사물함 앞에 고개를 숙이고 앉아 있던 그 선수에게 다가갔다. 그는 선수의 머리를 쓰다듬고 어깨를 두드리며 말했다. "머지않아 넌 NFL 최고의 가드가 될 거다."

그 선수가 바로 제리 크레이머였다. 그 일이 있은 후 크레이머는 선수 생활 내내 스스로에 대해 긍정적인 이미지를 갖게 되었다고 말했다. "롬바르디 감독님의 격려는 내 인생에 굉장한 영향을 미쳤다." 그는 결국 그린베이 패커스 팀의 명예의 전당에 올랐으며, NFL이 선정한 '50년도 올스타 팀'의 일원이 되는 영예를 누렸다.

누구에게나 때때로 동기 부여가 필요하다. 동기 부여는 성취해야할 것을 성취할 수 있게 만들어 준다. 동기 부여의 힘을 결코 과소평가하지 마라.

- 동기 부여는 해야 하는 일을 아는 사람들을 … 하게 만든다!
- 동기 부여는 전념해야 하는 일을 아는 사람들을 … 전념하게 만든다!
- 동기 부여는 끊어버려야 할 습관을 아는 사람들을 … 끊어버리게 만든다!
- 동기 부여는 어떤 길로 가야 할지 아는 사람들을 … 그 길을 택하게 만든다!

03

March

성공의 조력자

팀원들을 정상에 올리는 데에 힘을 쏟자.

다른 사람의 성공을 돕는 것은 세상에서 가장 기쁜 일 가운데 하나다. 나는 지금까지 성공을 원치 않는 사람을 한 번도 본 적이 없다. 내가 아는 모든 사람은 한결같이 남을 돕는 일이 인생에서 가장 보람 있는 일이라고 말한다.

1984년, 산악인 루 휘태커는 최초로 미국인으로만 구성된 팀을 이끌고 에베레스트산 정상 정복에 나섰다. 몇 개월 간 악전고투를 벌인 끝에 대원 중 다섯 명이 해발 8,200미터에 위치한 마지막 캠프에 도달했다. 정상까지 600여 미터를 남겨 두고, 휘태커는 어려운 결정을 내려야 했다. 그는 이들 다섯 명 모두 지상에서 가장 높은 곳에 서 보겠다는 강렬한 욕구가 있음을 잘 알고 있었다. 그러나 그들 중 두 명은 이전 캠프로 되돌아가 먹을 것과 물, 산소를 가지고 지금 이 마지막 캠프로 돌아와야 했고, 남은 세 명이 텐트에서 머물며 정상에 오를 준비를 해야 하는 상황이었다.

휘태커는 먼저 자신이 해발 8,200미터에 있는 캠프에 남아 팀원들의 활동을 지원하기로 결정했다. 그다음엔 체력이 강한 대원 두 명에게 산 아래 캠프로 내려가 보급품을 가져오게 했다. 여기까지가 어려운 결정이었다. 그리고 상대적으로 체력이 떨어지는 두 명은 캠프에 남아 휴식을 취한 뒤 정상에 오르는 영광을 맛보게 했다.

왜 자신은 정상에 오르지 않았느냐는 질문에 그는 "내 임무는 대원들을 정상에 올리는 것이니까요"라고 대답했다. 그가 얼마나 팀원들에 대한 이해가 탁월한 강력한 리더십을 지닌 리더인지 드러내는 말이다. 휘태커는 팀의 목표를 달성하는 데 도움이 되는 올바른 결정을 내릴 때, 모두가 원하는 것을 얻어낼 수 있다는 사실을 알고 있었다.

열정을 키워라

열정적인 사람들과 함께하자.

자신의 삶 속에 열정이 있는가? 아침에 눈을 뜨면, 그 날 할 일에 대한 생각으로 가슴이 뛰는가? 한 주를 시작하는 첫날을 기다리는가, 아니면 오로지 주말만 기다리는가? 어떤 생각에 들떠 밤잠을 설쳤던 일이 언제였는가? 열정을 느낄 수 있는 일이 아니면 리드할 수 없다. 자신의 내면에서부터 열정의 불을 지펴야 한다. 열정을 키우고 싶다면 다음 조언을 따라보라.

열정의 온도를 재라. 당신은 자신의 삶과 일에 있어서 얼마나 열정적인가? 그 열정이 밖으로 표출되는가? 동료나 배우자에게 내가 얼마나 열정적인 사람인지 솔직하게 평가해달라고 해보라.

첫사랑으로 돌아가라. 처음 직장 생활을 시작했을 때를 생각해보라. 그때 어떤 것들이 당신에게 힘을 주었는가? 몇 시간이고 몰두했던 일은? 그 시절의 열정을 되찾아라. 그 열정을 바탕으로 현재의 삶과 직장 생활을 평가해보라.

열정적인 사람들과 사귀어라. 유유상종이라는 말이 있다. 자신이 열정을 잃었다면, 그 열정의 불을 지펴줄 수 있는 사람과 가까이하라. 열정은 전염성을 가지고 있다. 그 열정을 옮겨줄 사람들을 만나라.

인정의 힘

오늘, 사람들의 공로를 인정해주자.

비즈니스 분야에서 활동하는 리더들이 흔히 범하는 실수는 서로를 인정해주거나 상대가 거둔 성과를 높이 평가하는 경우가 극히 드물다는 점이다. J. C. 스타엘이 미국 내 직장인들을 분석한 결과, 직장인들은 무엇보다 상사가 자신의 성과를 인정하지 않을 때 심한 좌절감을 느낀다고 한다. 누구든, 어떤 일을 하든, 자신을 인정하지 않는 사람을 따르는 것은 어려운 법이다. 전직 국방장관이자 월드뱅크의 회장인 로버트 맥나마라는 "머리 역시 마음과 같아서 자신의 진가를 알아주는 쪽으로 기운다"라고 말했다.

인정은 직업적 관계에서만 통용되지 않는다. 모든 관계에서 인정을 필요로 한다. 사소한 인정의 말 한마디가 한 사람의 인생에 믿기 어려울 정도로 큰 영향을 미칠 수 있다.

누구나 인정과 감사를 갈망한다. 사람들과 교류할 때는 그의 이름을 기억하고 그에 대한 관심을 표현하라. 일정이나 계획처럼 복잡한 용건은 접어두고 사람을 우선순위에 두라. 기회가 될 때마다 그들을 인정해주라. 사람들은 인정을 받으면 동기 부여가 되고 성장하게 된다. 그리고 당신은 그 사람의 인생에 결정적인 영향을 미친 사람으로 기억될 것이다.

퇴행적 실패 vs 진취적 실패

내가 하는 모든 일에서 배움을 얻겠다는 태도를 지니자.

성취를 이룬 사람들이 부정적인 경험에 접근하는 방식을 보면, 그들이 어떻게 실패를 발전의 기회로 삼았는지 알 수 있다. 다음 목록을 읽고 실패를 받아들이는 데 있어 자신은 어느 쪽인지 알아보라.

퇴행적 실패	진취적 실패
· 남의 탓으로 돌린다.	· 자신의 책임으로 받아들인다.
· 같은 실수를 되풀이한다.	· 실수에서 매번 교훈을 얻는다.
· 더 이상의 실패는 없을 거라고 기대한다.	· 실패가 발전의 일부라는 것을 안다.
· 실패에 대한 생각을 떨쳐버리지 못한다.	· 긍정적인 태도를 유지한다.
· 맹목적으로 관습을 받아들인다.	· 구태의연한 인식에 도전한다.
· 과거의 실수에 제약을 받는다.	· 새로운 위험을 감수한다.
· 자신이 실패자라고 생각한다.	· 다만 뭔가 문제가 있었다고 믿는다.
· 포기하고 더 이상 시도하지 않는다.	· 굴하지 않고 계속한다.

최근에 좌절했던 경험이 있는가? 그때 어떻게 반응했는가? 상황을 바꾸는 것만으로는 문제가 해결되지 않는다. 자신이 변화해야 한다. 변화 그 자체가 해결 과정이며, 변화는 배우겠다는 욕구에서 시작된다. 기꺼이 변화할 수 있다면 실패를 해결할 수 있을 것이다. 지금 이 순간부터 진취적 실패를 위해 필요한 일은 무엇이든 하겠다고 다짐하라.

모든 것은 사람에서 시작된다

내가 살아오면서 맺은 인간관계가 나를 옳은 길로 인도하고 있는가?

많은 사람들이 인간관계가 저절로 이루어지는 것이라고 착각한다. 이는 잘못된 생각이다. 건전한 관계를 맺고 유지하는 능력은 우리가 매사에 잘 적응하고 있는지 알려주는 매우 중요한 요소다. 사람을 다루는 기술은 우리의 성공 잠재력을 결정한다.

인생의 모든 성공은 올바른 사람들과 관계를 시작하고, 능숙한 관계 기술을 이용하여 그 관계를 굳건히 만드는 것에서 비롯된다. 마찬가지로 인생의 실패도 대부분 인간관계에서 비롯된다. 인간관계가 미치는 영향이 명백한 경우도 종종 있다. 폭력적인 배우자나 사기꾼 파트너, 서로에게 짐이 되는 가족과 엮이면 엄청난 상처를 입는다. 물론 그 정도까지 문제가 심각하지 않은 경우도 있다. 예를 들어 매일 마주치는 동료 직원과 소원해지거나, 중요한 고객과 관계가 좋지 않거나, 불안해하는 자녀를 다독여줄 중요한 기회를 놓치는 경우가 그렇다. 중요한 건 어떤 사람의 성공과 실패의 원인은 일반적으로 그 사람이 살아가면서 맺는 인간관계에서 찾을 수 있다는 사실이다.

익숙한 것들에서 벗어나라

평범한 일상에서 벗어나 새로운 사람을 만나자.

새로운 사람을 만나는 데 가장 큰 장애물 중 하나는 바로 일상이다. 우리는 언제나 가는 장소에만 가려는 경향이 있다. 주유소, 커피숍, 슈퍼마켓, 레스토랑도 늘 가는 곳만 간다. 서비스도 늘 받던 곳에서만 받고 사업도 늘 함께 일하던 회사와 한다. 편하기 때문이다. 그러나 때로는 일상에서 벗어나 새로운 것을 시도해야 한다. 편한 영역에서 벗어나는 게 관건이다.

소중한 추억을 만들라

소중한 사람과 추억이 될 시간을 만들자.

추억을 공유하는 것만큼 사람들을 결속시키는 것은 별로 없다. 함께 전투를 치른 병사들, 함께 우승한 선수들, 함께 목표를 달성한 동료들은 결코 시들지 않는 유대감을 공유한다. 힘든 시기를 겪고 있는 부부는 신혼시절 함께한 경험을 되돌아보며 어려움을 극복해나간다. 가족들은 고생스러웠던 캠핑 여행이나 휴가 때의 모험담을 나누며 결속을 다지고, 세월이 흐른 후에도 함께했던 기억을 떠올리기 좋아한다.

어떤 추억은 우연히 만들어지기도 하지만, 대부분의 추억은 사전 준비를 통해 만들 수 있다. 《이상한 나라의 앨리스》의 작가 루이스 캐럴은 "과거에만 머무르는 추억은 좋은 추억이 아니다"라고 썼다. 이 말이 나나 여러분에게 의미하는 바가 무엇일까? 가장 깊이 남는 추억은 우리가 계획하여 의식적으로 만들어낸 경우가 많다.

부모들 사이에서 오랫동안 '질적인 시간'과 '양적인 시간'에 대한 논란이 있었다. 함께 많은 시간을 보내는 것이 좋은지, 짧아도 질 높은 시간을 보내는 것이 좋은지 하는 문제였다. 아버지로서, 또 할아버지로서 나는 질 높은 시간을 보내기 위해서는 많은 시간을 함께 보내야 한다는 사실을 깨달았다. 시간을 할애하지 않으면 추억을 만들 수 없다.

추억의 대부분이 많은 시간을 함께 보냈던 사람들에 관한 것이라고 생각한 적이 없는가? 적어도 나에게는 맞는 말이다. 가족과 좋은 추억을 만들고 싶다면 그들과 더불어 많은 시간을 보내라. 직원들과 공유하고 싶은 추억을 만들고 싶다면 집무실 문 뒤에 숨어 있어서는 안 된다. 누군가와 시간을 함께 보내지 않는다면 그 사람과의 추억도 만들 수 없다.

문제 해결의 기본

팀원들이 문제를 스스로 해결하게 하자.

나는 오래전 사람들의 문제를 해결해주기보다는 사람들이 스스로 문제를 해결하도록 돕는 데 중점을 두기로 결심했다. 다음은 효과적으로 문제를 해결하기 위한 몇 가지 제안이다.

- 남들에게 내가 항상 최선의 답을 가지고 있다는 생각이 들게 하지 마라. 그러면 사람들이 내게 의존하게 된다.
- 질문을 던져라. 사람들이 자신의 문제를 전체적인 맥락에서 생각할 수 있게 하라.
- 왕처럼 군림하지 말고 지도하는 사람이 되라. 지도자는 사람들로 하여금 자신의 내면 깊숙한 곳에 도달해 스스로 잠재력을 발견하게 함으로써 최선의 것을 끌어내게 한다. 왕은 단지 명령만 할 뿐이다.
- 사람들이 제시한 해결책 리스트를 받아적어라. 나와 그들의 생각을 통합시켜, 그들에게 해결책에 대한 주인의식을 가지게 하라.
- 자신의 문제에 최선의 해결책이 무엇인지 스스로 결정하게 하라.
- 전략을 세워라.
- 사람들로 하여금 그 전략에 대해 책임감과 주인의식을 가지게 하라. 그들 스스로 일정을 짜고, 과정에 대한 책임 소재를 명시하게 하라.

우리의 목표는 회의가 끝났을 때 사람들이 스스로 문제를 처리하고, 해결방안을 선택하고, 전략을 개발하고, 문제에 대한 주인의식을 가지게 하는 것이다. 그들과 우리의 관계는 일방적으로 의존하는 관계가 아니라 서로 깊이 신뢰하는 관계가 되어야 한다.

충성심

오늘, 측근에 있는 사람들에게 감사를 표현하자.

자기를 따르는 사람들에게서 찾아야 할 자질은 바로 충성심이다. 물론 충성심만으로 성공이 보장되는 것은 아니지만 충성심이 부족하면 그 관계는 어그러질 수밖에 없다. 가령 팀을 위한 잠재적 리더를 찾고 있는데 당신이 맘에 두고 있는 사람에게 팀에 대한 충성도가 결여되어 있다면 어떻게 할 것인가? 두말할 나위 없이 그는 부적격자이다. 당신이 가는 길에 그런 사람을 합류시킬 생각은 아예 하지 않는 게 좋다. 결국 그는 도움을 주기보다 해를 끼치게 될 것이다. 그렇다면 사람들이 당신에게 충성스럽다는 것은 어떤 의미일까?

나에게 무조건적인 애정을 보인다. 나의 장점과 약점을 있는 그대로 받아들인다. 내가 그들에게 해줄 수 있는 것이 무엇이든 상관없이 진심으로 나를 좋아한다.

남들에게 나에 대해 좋게 말한다. 충성스러운 사람들은 남들에게 말할 때 언제나 나를 긍정적으로 표현한다. 그들이 나에게 개인적인 일을 맡길 수도 있고, 책임을 전가할 수도 있지만 남들에게 나를 비난하는 일은 절대 하지 않는다.

같은 길을 가면서 함께 울고 웃을 수 있다. 충성스러운 사람들은 기꺼이 나와 기쁨과 슬픔을 공유한다. 그들과 함께 가는 길은 외롭지 않다.

나의 꿈을 자신의 꿈으로 여긴다. 잠시 동안 나와 같은 길을 걷는 사람들은 있다. 그런 사람들은 한동안은 서로에게 도움이 되겠지만 결국은 다른 길을 갈 수밖에 없다. 그러나 아주 소수의 사람들, 정말 특별한 몇 사람은 내 곁에 머물면서 남은 여정이 끝나는 날까지 나와 함께할 것이다. 그들은 나의 꿈을 자신의 꿈으로 받아들인다. 그런 사람들을 찾아내면 진심을 다해 대해야 한다.

인재 활용법

팀원들이 각자 가장 강한 분야에서 일하고 있는지 확인하자.

운동선수에게는 누구나 자신의 기량을 최대한 발휘할 수 있는 포지션이 있다. 리더가 이 말을 이해한다면 그 팀은 대단한 성과를 올릴 수 있을 뿐 아니라 리더 자신에게도 긍정적인 결과가 돌아올 것이다. 나는 성공적인 리더를 결정짓는 요소는 무엇보다 팀원들을 각자 강점을 발휘할 수 있는 곳에 배치하는 것이라고 믿는다. 절대 과장이 아니다.

고교 시절 나는 농구부 활동을 했는데 다행히 이를 잘 이해하고 있는 감독을 만났다. 대학 농구 대항전을 위해 훈련하던 어느 날, 우리 감독이었던 돈 네프 감독은 농구에 있어 가장 중요한 교훈을 가르쳐주었다. 그는 1군과 2군 선수들을 코트로 내보내 연습경기를 시켰다. 연습경기는 늘 해왔기 때문에 특별한 일이 아니었다. 우리 팀은 2군 선수들도 실력이 꽤 좋았지만 누가 봐도 1군 선수들이 훨씬 나았다. 그날 돈 네프 감독은 평소와 다른 훈련을 시켰다. 2군 선수들은 평소 포지션에 배치하고 1군인 우리에게는 평소 포지션과 다른 역할을 맡겼다. 나는 평소 슈팅가드였는데, 이날은 센터 역할을 맡았다. 내 기억으로는 원래 센터를 맡았던 선수는 포인트 가드 자리에 가 있었다.

약 20분간 연습경기를 하라는 지시를 받았지만 경기는 그리 오래 가지 않았다. 시작하자마자 우리가 2군 팀에게 완패했기 때문이다. 연습경기가 끝나자 감독은 우리를 벤치로 불러 이렇게 말했다. "최고의 선수를 경기에 내보낸다고 우승을 하는 게 아니다. 최고의 선수들을 적재적소에 배치하는 것이 중요하다."

나는 이후에도 그 교훈을 결코 잊지 않았다. 자기가 어떤 팀을 이끌고 있는지는 중요하지 않다. 팀원들을 각자 강점을 발휘할 수 있는 곳에 배치하지 않는다면, 그들은 물론 당신의 성공도 불가능하다.

자유에 관한 잘못된 통념

리더십은 특권인 동시에 책임이라는 사실을 잊지 말자.

리더의 자리에 오르면 자신의 직업이나 경력 관련 문제들이 저절로 해결될 것이라 믿고, 리더십이 자유를 얻는 티켓이 되기를 바라는 사람들이 많이 있다. 그러나 그건 잘못된 생각이다. 정상의 자리가 만병통치약은 아니다. 간혹 이런 생각들을 해본 적이 있는가?

- 정상에 오르면 그 일을 해낼 거야.
- 회사에서 올라갈 수 있는 데까지 올라간 다음에는 편하게 일할 거야.
- 내가 오너가 되면 원하는 것은 뭐든지 할 수 있을 거야.
- 책임자가 되면 아무런 제약도 없을 거야.

회사 오너를 했거나 조직의 최고위직에 올라본 사람이라면 이런 생각들이 직장인들의 환상에 불과하다는 데 동의할 것이다. 최고위직 리더라고 제약이 없는 것은 아니다. 지위가 자기 역량의 한계를 없애주지도 않는다. 당신이 무슨 일을 하든, 어떤 위치에 있든 이 점만은 명심해야 한다. 한계는 늘 존재한다. 그것이 인생이다.

조직의 상부로 올라갈수록 책임은 무거워진다. 대부분의 조직에서는 자리가 높아질수록 주어지는 권한보다 감내해야 할 책임이 더 커진다. 더 높이 올라갈수록 전체 조직이 리더에게 거는 기대 수준은 높아지고, 리더가 받는 압박은 더욱 커지며, 리더의 결정이 미치는 영향력의 무게도 훨씬 커진다. 이 점을 잊지 말기 바란다.

성공과 실패에 대한 새로운 시각

실패를 보다 큰 그림 안에서 보자.

1999년 8월 6일, 몬트리올 구장의 타석에 오른 한 메이저리그 선수가 또다시 아웃을 당했다. 그의 선수 생활 통산 5,113번째 아웃이었다. 안타 없이 타석에서 물러난 횟수로는 엄청난 숫자다! 어떤 선수가 연속해서 이 정도로 아웃을 당했다면 한 게임당 평균 네 번 타석에 섰다고했을 때 8시즌 동안 1,278 게임을 치르면서 단 한 번도 1루를 밟아보지 못했다는 계산이 나온다. 그날 밤 그가 절망에 빠졌을까? 아니다. 그날 아웃당하기 전 첫 타석에서 그는 생애 3,000번 째 안타를 날렸다. 야구 역사상 이런 기록을 세운 선수는 21명밖에 없었다. 그 선수가 바로 샌디에이고 파드리스의 토니 그윈이다.

그날 경기에서 토니는 다섯 번 타석에 들어서서 네 번 안타를 쳤다. 그러나 그것이 그의 평균 타율은 아니었다. 보통은 세 번 타석에 서서 두 번은 안타를 치지 못했다. 이를 상당히 실망스러운 성적이라고 생각할지도 모른다. 하지만 야구를 아는 사람이라면, 세 번 타석에서 한 번을 꾸준히 성공시키는 능력이 토니를 당대의 가장 뛰어난 타자로 만들어주었다는 사실을 이해할 것이다. 토니는 안타를 치기 위해서는 그보다 더 많은 아웃을 당해야 한다는 사실을 알고 있었다.

실패를 안고 살아가는 사람들의 가장 큰 문제는 긴 인생에서 개별적인 상황 하나만을 놓고 성급하게 판단하여 그것을 실패라고 규정짓는 것이다. 그러지 말고 마음속에 더 큰 그림을 그려야 한다. 토니 그윈과 같은 사람은 아웃을 당해도 실패라고 생각하지 않는다. 그는 한 번 아웃을 큰 그림 안에서 바라보았다. 그런 시각은 끈기로 이어졌고, 그 끈기로 생명력이 긴 선수가 되었으며, 장수함으로써 성공할 수 있는 기회를 얻게 된 것이다.

긍정적인 태도를 길러라

부정적인 것은 멀리하고 긍정적인 것들만 생각하자.

영국의 심장외과 전문의 마틴 로이드 존스에 따르면 우리가 살아가면서 겪는 불행은 대부분 내면의 자신에게 말을 걸기보다는 내면의 소리를 듣기만 하기 때문이다. 당신은 어떤 목소리를 듣는가? 도전적 상황에 맞닥뜨렸을 때, 머릿속에서 '실패할 거야' 하는 소리가 들리는가? 부정적인 메시지가 들린다면, 긍정적인 내면의 대화법을 배워야 한다. 긍정적 태도를 유지하는 최선의 방법은 자기 생각이 부정적인 길로 들어서는 것을 차단하는 것이다. 긍정적인 태도를 키우기 위해 다음 지침을 따라해보라.

필요한 '자양분'을 공급하라. 긍정적인 면이 부족하다면 스스로에게 동기를 부여해주는 자양분을 정기적으로 섭취해야 한다. 긍정적인 태도를 키워주는 책을 읽어도 좋고, 강연을 들어도 좋다. 부정적 성향이 강할수록 태도를 바꾸는 데 더 오랜 시간이 걸린다. 그러나 필요한 '자양분'을 꾸준히 섭취한다면 결국엔 긍정적인 사고방식을 갖게 될 것이다.

매일 한 가지 목표를 달성하라. 스스로 진전이 없다고 생각하는 사람은 부정적인 틀에 갇히게 된다. 그렇다면 매일 달성해야 할 목표를 세워라. 매일 작은 목표를 하나씩 달성해나가는 습관이 생기고, 긍정적인 성취를 반복하다 보면 긍정적인 사고가 형성될 것이다.

목표를 글로 써서 벽에 붙여두라. 올바른 생각을 유지하기 위해서는 그것을 상기시켜줄 뭔가가 필요하다. 《뿌리》의 작가 알렉스 헤일리는 담장 위에 앉아 있는 거북이 그림을 사무실에 걸어두었다. 누구나 다른 사람의 도움이 필요하다는 사실을 상기시키기 위해서다. 의욕을 높이기 위해 상장이나 용기를 북돋워주는 포스터, 사람들이 보내준 편지들을 붙여두는 사람들도 있다. 자신에게 도움이 되는 것을 찾아 벽에 걸어두라.

거절을 두려워하지 마라

조직의 발전에 기여할 최선의 아이디어를 채택하자.

자신의 아이디어가 받아들여지지 않더라도 개인적인 감정을 가지지 않기 위해 최선을 다하라. 회의 중에 누군가가 그런 태도를 보이면 창의적인 과정에 방해가 되고, 그 순간 이목은 기분이 상한 사람에게 쏠리게 된다. 경쟁을 중단하고 창의적인 일에 집중한다면 주변 사람들의 창의력을 한 단계 업그레이드시키는 길을 열어줄 수 있다.

출판업계에서 일해보지 않은 사람들은 흔히 저자가 자기 책의 제목을 결정한다고 믿을 것이다. 그런 저자들도 있지만 나는 그렇지 않은 편이다. 40권 이상의 책을 집필했지만 내가 선택한 제목으로 출간된 책은 12권 정도밖에 없다.

책은 저자에게는 매우 개인적인 산물이다. 그런데 왜 남들이 내 책의 제목을 정하도록 내버려두는가? 그것은 내 아이디어가 항상 최고가 아니라는 사실을 나 스스로 잘 알고 있기 때문이다. 내 아이디어가 최선이라고 생각할 때도 있지만 다른 사람들의 의견이 모두 나와 다르다면 귀 기울일 필요가 있다. 이는 내가 항상 우선순위에서 회사 오너가 아니라 최선의 아이디어가 먼저라는 태도를 견지하는 이유다.

자신이 하는 일에 열정을 가져라. 그리고 진정성을 가지고 자신의 아이디어를 주장하라. 열정이 보이지 않으면 사람들이 당신을 진지하게 받아들이지 않을 것이다. 만약 반대 의견이 원칙의 문제라면 결코 양보해서는 안 된다. 그렇지만 대부분은 취향이나 견해의 차이일 뿐 원칙의 문제는 거의 없다. 그런 경우에는 얼마든지 양보할 수 있다. 당신이 결코 양보하지 않는 사람이라면, 그 일을 잘할 수 있는 사람의 기회를 박탈하는 것이다.

칭찬은 공개적으로 하라

칭찬은 다른 사람이 보는 앞에서 하자.

모두에게 이득이 되는 가장 기본적이고 간단한 방법은 칭찬, 진지하고 의미 있는 긍정의 말 한마디다. 누군가에게 100만 달러를 얻은 기분이 들게 하고 싶다면 이 기본기를 익혀야 한다. 1대 1로 있을 때뿐 아니라 사람들 앞에서 칭찬하는 법도 필수로 익혀야 한다. 여러 사람 앞에서 개인적으로 칭찬을 하면 칭찬받는 사람의 가치는 급격히 올라간다.

세계적인 리더십 전문가 마이크 애브라소프는 해군 함장으로 복무 중일 때 휘하에 10억 달러짜리 함선과 310명의 승무원들을 거느리고 있었다. 그는 '풀뿌리 리더십'을 발휘해 인재 유지율을 28퍼센트에서 100퍼센트로 높이고, 작전 비용을 줄이고 전투 준비 태세를 극적으로 향상시켰다. 어떻게 이런 일들이 가능할 수 있었을까? 그는 공개적인 칭찬을 가장 중요하게 여겼다.

"해군 제독은 매년 15개의 훈장을 수여할 권한이 있습니다. 나는 훈장을 지나치다 싶을 정도로 넉넉하게 주겠다고 마음먹었고, 결국 내가 나눠준 메달은 115개에 달했습니다." 애브라소프는 다른 부대로 전출되는 병사들 거의 모두에게 훈장을 수여했다. "뛰어난 공을 세운 것은 아니지만 하루하루 최선을 다해준 것에 공로로 공식석상에서 메달을 수여했습니다. 그리고 메달을 수여할 때 각 병사들이 보여준 우정과 동지애 그리고 노고를 우리가 얼마나 소중히 여기는지 짧게 언급했습니다." 애브라소프는 많은 사람들 앞에서 공개적인 칭찬을 통해 병사들이 우쭐해지도록 하고 싶었던 것이다.

언제든 공개적으로 누군가를 칭찬할 기회가 오면 놓치지 마라. 애브라소프 함장이 했던 것처럼 스스로 공식적으로 칭찬할 기회를 만들어낼 수도 있지만 찾아나서기만 하면 그런 기회는 수없이 많다.

팀원들을 최고의 리더로 키워라

팀원들이 물이 든 양동이를 선택하도록 훈련시켰는가?

30여 년간 리더의 자리에 있으면서 깨달은 중요한 리더십 법칙이 있다. 리더의 최측근에 있는 사람들이 그 리더의 성공 수준을 결정한다는 사실이다. 이 말은 반대의 경우에도 적용된다. 리더 측근의 사람들이 리더의 실패에 결정적 요인이 되기도 한다. 내 리더십이 긍정적인 결과를 초래할지 부정적인 결과를 초래할지는 바로 측근의 사람들을 발전시키는 능력에 달려 있다. 또한 그들이 내 조직에 더해주는 가치를 파악하는 능력도 중요하다. 내 목표는 거대한 추종자 무리를 형성하는 것이 아니라 하나의 새로운 트렌드를 만들어내는 리더를 배출하는 것이다.

잠시 시간을 내서 회사에서 자신의 최측근에 속한 사람 대여섯 명을 떠올려보라. 당신은 그들을 성장시키고 있는가? 그들을 위한 전략은 있는가? 그들이 당신의 업무를 덜어주고 있는가?

내가 이끄는 조직 내에서는 리더십 계발이 끊임없이 강조된다. 신입사원 연수 첫 시간에 나는 다음의 원칙을 전달한다. "잠재적 리더로서 여러분은 조직의 자산이 될 수도 있고, 부담이 될 수도 있습니다." 또 이 말이 사실임을 이해하는 데 도움을 주기 위해 이런 예를 든다. "조직에 문제가 생긴 상황을 화재상황으로 가정해봅시다. 아마 리더인 여러분이 화재 현장에 가장 먼저 도착할 것입니다. 이때 여러분의 양손에 양동이가 하나씩 들려 있는데 한쪽에는 물이, 다른 쪽에는 가솔린이 들어 있습니다. 여러분은 가솔린을 들이부어 작은 불씨를 더 큰 화재로 확대시킬 수도 있고, 물을 부어 불을 끌 수도 있습니다."

조직 내의 모든 사람들이 이렇게 두 개의 양동이를 들고 있다. 리더가 던져야 할 질문은 이것이다. "내가 지금 이들에게 어떤 선택을 하도록 훈련시키고 있는가? 가솔린인가 아니면 물인가?"

아이디어는 낯선 곳에서 찾아라

눈을 크게 뜨고 새로운 아이디어를 찾아보자.

좋은 리더는 아이디어에 관심을 가지고, 항상 아이디어를 찾는다. 또한 꾸준히 주의력을 향상하고 훈련한다. 신문을 볼 때, 영화를 볼 때, 동료의 이야기를 들을 때, 취미 활동을 할 때에도 자기 업무나 리더십을 발전시키는 데 활용할 수 있는 아이디어나 실천방안을 찾는다. 좋은 아이디어를 얻고 싶으면 먼저 찾아다녀야 한다. 아이디어가 먼저 찾아오는 경우는 거의 없다.

개인적 취향보다 조직이 먼저다

팀을 위해서 개인적 취향은 배제하자.

자기가 좋아하지도 존경하지도 않는 사람이 어떤 제안을 해온다면 당신은 가장 먼저 어떤 반응을 보이는가? 일단은 무시하고 볼 것이다. "뿌리를 보라"는 말이 있다. 좋아하지 않는 사람의 제안을 무시하는 것을 굳이 나쁘다고 할 수는 없지만, 신중하게 생각하지 않으면 좋은 것까지 잃을 수도 있다.

함께 일하는 사람의 성격이 맘에 안 든다고 더 큰 목표를 보지 못하는 우를 범해서는 안 된다. 팀의 가치를 높이고 조직의 발전을 도모하는 일이 언제나 최우선 목적이기 때문이다. 당신과 코드가 맞지 않거나, 과거에 관계가 나빴던 사람의 아이디어에 귀 기울이는 것이 조직의 목적에 부합된다면 그렇게 해야 한다. 자존심은 접어두고 그 사람의 '아이디어'에만 귀를 기울여라. 누군가의 아이디어를 거부해야 한다면 그것을 제안한 '사람'이 아니라 그 사람이 낸 '아이디어'를 거부하는 것임을 분명히 하라.

숙련된 능력

숙련된 능력으로 팀원들에게 영감을 주고 있는가?

어떤 분야든 우리는 숙련된 전문가들에게 존경을 보낸다. 정교한 솜씨를 자랑하는 공예가든, 세계적인 운동선수든, 성공한 사업가든 마찬가지다. 다음은 한 분야의 장인이 되기 위해 꼭 필요한 사항들이다.

1. 매일 자리를 지켜라. 책임감 있는 사람은 필요한 순간에 나타난다. 숙련된 능력을 지닌 사람은 여기서 더 나아가 그날의 기분이나 환경, 해야 할 일의 난이도에 상관없이 일할 준비가 되어 있다.

2. 발전을 멈추지 마라. 숙련된 능력을 지닌 사람들은 배움과 성장과 발전을 지속시킬 수 있는 방법을 찾는다. 그리고 끊임없이 '왜'라는 질문을 던진다. 일하는 방법을 아는 사람은 일거리가 떨어지지 않지만, 일하는 이유를 알고 있는 사람은 보스가 된다.

3. 주어진 일을 완벽하게 완수하라. 중 자기 업무를 제대로 완수하지 못하는 사람치고 유능한 사람은 한 사람도 없다. 리더가 팀원들에게 업무를 넘길 때는 그들이 그 일을 완수해내기를 기대한다. 그러나 리더에게는 일을 완수하는 것뿐 아니라 그 이상을 기대한다.

4. 기대 이상을 성취하라. 숙련된 능력을 지닌 사람들은 늘 기대 이상을 해낸다. 그들에게 "이만하면 됐어." 정도로는 충분하지 않다. 리더는 그날 주어진 일을 완수하는 것에 만족하지 않는다. 그들은 매일 주어진 업무뿐 아니라 그 이상을 해내야 만족한다.

5. 주변 사람들에게 영감을 주라. 숙련된 능력을 지닌 리더는 조직의 다른 이들에게도 자기처럼 될 수 있도록 영감을 불어넣고 동기를 부여한다. 생존을 위한 관계에만 의존하는 사람들이 있는 반면, 유능한 리더는 관계를 맺는 능력과 숙련된 전문적 업무 능력을 결합해 조직의 우수성과 영향력을 새로운 차원으로 향상시킨다.

후계자를 키워라

짐을 나눠질 리더를 양성하고 있는가?

끼리끼리 모인다는 말은 사실이다. 나는 리더는 리더를 알아보고 성장시키고 본보기가 된다고 믿는다. 리더는 리더를 알아본다는 것은 정말 맞는 말이다.

리더가 되기 위한 첫걸음은 사람을 끌어당기는 능력이다. 그런데 리더의 자리에 있는 사람들 중에는 이런 능력이 없는 이들이 많다. 진정한 리더들이 리더가 될 재목을 끌어당기는 이유는 다음과 같다.

- 리더들은 생각하는 게 같다.
- 리더가 표현하는 감정은 다른 리더들이 감지할 수 있다.
- 리더는 리더가 될 재목들을 끌어당기는 환경을 만든다.
- 리더는 큰 재목이 될 사람에게 위협을 느끼지 않는다.

리더를 1점부터 10점까지의 점수를 매긴다면, 5점 수준의 리더는 9점 수준 리더의 마음을 끌지 못한다. 리더는 본능적으로 사람들의 수준을 평가하고 자신과 같은 수준 혹은 자신보다 높은 수준의 리더에게로 움직이기 때문이다.

주변에 추종자들밖에 없는 리더라면 목표 달성을 위해 끊임없이 자기가 가진 자원을 끌어내야 할 것이다. 그 짐을 나눌 다른 리더가 없다면 그는 피로감을 이기지 못하고 결국은 완전히 탈진 상태에 빠질 것이다. 근래에 "내가 지친 건가?"라고 혼잣말을 해본 적이 있는가? 그렇다면 분명히 그럴 만한 이유가 있는 것이다. 혼자서 모든 짐을 짊어지고 싶지 않다면 리더를 양성하라.

실패할 가능성이 높아보여도 주저하지 말고 어려운 문제와 씨름하자.

작가 조지 매튜 애덤스는 "생각은 한 사람의 인생에 그 무엇보다 큰 의미를 지닌다. 자신의 수입이나 거주지, 사회적 지위 그리고 남들이 나에 대해 생각하는 것보다 나 자신의 생각이 훨씬 더 중요하다"라고 말했다. 생각을 통해 문제를 해결하면서 내가 누군지 알게 되고, 내 사고방식과 내 본질이 드러난다.

문제에 직면했을 때 당신은 어떻게 반응하는가? 무시하는가 아니면 어서 지나가기만을 바라는가? 문제를 해결하기에는 역부족이라고 생각하는가? 문제를 해결하려고 노력했지만 결국 포기했던 쓰라린 경험이 있는가? 아니면 기꺼이 문제와 씨름하려고 하는가?

장애를 직면하고 극복하는 경험을 통해 효과적인 문제 해결 능력이 생긴다. 새로운 문제를 풀어나갈 때마다 우리는 조금씩 발전한다. 그러나 노력도, 실패도, 다시 시도도 않는다면 결코 문제 해결 능력이 생기지 않는다.

더 많이 헌신하라

팀원들이 변화에 대처할 수 있도록 하자.

시간은 매우 소중한 자산이다. 변화가 필요한 시기가 되면 우리는 그 변화가 어떤 영향을 미칠지부터 살핀다. 일반적으로 시간을 더 투입하지 않아도 된다면 어떤 변화도 상관없다고 생각한다. 극작가 시드니 하워드는 "자기가 원하는 일을 위해 무엇을 포기해야 할지 아는 것은 그 일을 성취하기 위해 해야 할 일들 중 절반을 아는 것이다"라고 말했다. 하지만 변화의 대가가 시간이라면 그 변화를 달가워하지 않는 사람들이 많다.

시간을 바쳐야 하는 문제에서 리더는 상대방이 변화할 의지나 능력이 있는지 판단해야 한다. 의지는 태도의 문제이다. 따라서 자신이 이끄는 사람들의 태도 자체가 변화를 거부한다면 리더로서 할 수 있는 일이 거의 없다. 하지만 변화 능력은 관점에 따라 달라진다. 많은 사람들은 변화할 용의가 있다. 그러나 자신들이 현재 처한 상황과 책임 때문에 변화하지 못하는 것이다. 이 시점에서 리더는 업무의 우선순위를 정해주고, 불필요한 일들을 제거하고, 변화가 가져다줄 가치에 초점을 맞추면 된다.

모든 것이 관점의 문제다

팀원을 이끌 때 올바른 관점과 만족감을 안겨주자.

성공과 실패라는 극단적 경험에 매몰되어 그와 관련된 것들에만 집착하는 경향이 있다면 시야를 넓혀보라. 그러면 사도 바울 같은 성인의 철학을 공유할 수 있을 것이다. 사도 바울은 "나는 어떤 상황에 처하더라도 기뻐하라고 배웠습니다"라고 했다. 그가 환난을 당하고, 채찍질 당하고, 매를 맞고, 돌에 맞고, 감옥에 갇혔던 사실을 감안한다면 이 말은 많은 것을 느끼게 해준다. 그 모든 일을 겪는 동안 그가 평정을 유지할 수 있었던 것은 신앙심 덕분이었다. 사도 바울은 본인이 해야 할 일을 하고 있다면, 남들이 성공이니 실패니 규정하는 것은 중요하지 않다는 사실을 깨달았던 것이다. 어떤 삶이든 오류와 부정적인 경험들로 가득 차 있다. 그러나 이 사실을 기억하라.

- 오류를 제대로 인식하지 못하거나 거기에 적절하게 반응하지 못하면 실수가 된다.
- 실수에 대해 '지속적으로' 잘못된 반응을 하면 실패가 된다.

실패를 딛고 전진하는 사람들은 오류나 부정적인 경험을 정상적인 삶의 일부라고 생각하고 실수를 통해 배우고 계속 앞으로 나간다. 인생의 목적을 달성하기 위해서 참고 견뎌낸다.

소설가 워싱턴 어빙은 이렇게 말했다. "위대한 정신을 지닌 사람은 목적이 있고 그렇지 못한 사람에게는 소원만 있다. 소심한 사람은 불운에 기가 죽지만 위대한 정신을 지닌 사람은 불운을 딛고 일어난다."

평생 배워라

오늘 새로운 리더십 기술을 배워보자.

성공하고 싶다면, 리더십을 발휘하기 전에 가능한 한 리더십에 대해 많이 알아야 한다. 사교 모임에 나가면 사람들이 내게 직업이 뭐냐고 묻는다. 글을 쓰고, 강연을 한다고 하면 많은 관심을 보인다. 어떤 책을 쓰냐고 묻는 사람들도 있다. 리더십에 관한 책이라고 했을 때 돌아오는 대답은 대부분 나를 빙그레 웃게 만든다. "제가 리더가 되면 목사님 책을 읽을게요!" 이때 내가 하고 싶지만 입 밖에 내지 않는 말이 있다. "내 책을 읽었다면 이미 리더가 되었을 텐데……."

훌륭한 리더십은 어려운 상황을 겪으면서 습득된다. 어느 자리에 있든 훌륭한 리더십을 발휘하다 보면 리더는 더 크고 더 많은 책임감에 대비할 수 있게 된다. 좋은 리더가 되려면 평생을 배워야 한다. 이해관계가 적고 위험도가 낮은 자리에 있을 때 리더십 기술과 의사결정 과정을 익혀 두지 않으면, 고위직으로 올라갈수록 곤경에 처할 가능성이 높다. 실수의 대가가 크고 영향력의 범위가 넓어질 뿐 아니라, 사람들에게 노출될 가능성이 매우 높아지기 때문이다. 작은 실수는 극복하기 쉽다. 그러나 조직의 정상에 있을 때 범하는 실수는 조직에 엄청난 피해를 입히고 리더 자신의 신뢰도에도 타격을 입힌다.

어떻게 하면 자신이 원하는 사람이 될 수 있을까? 지금 당장 자신이 되고 싶은 사람의 생각을 따라 하고, 그 사람의 능력을 배우고 그 사람의 습관을 자기 것으로 만드는 일부터 시작하라. 오늘 해야 할 일을 하지 않고 "언젠가 최고의 자리에 오를 거야"라는 백일몽에 빠져 있는 것은 잘못된 생각이다. 명예의 전당에 오른 농구 감독 존 우든은 "기회가 왔을 때 준비하는 것은 너무 늦다"라고 말했다. 성공적인 리더가 되고 싶다면, 리더십을 발휘하기 전에 리더가 되는 법을 배워라.

권한 위임의 열매는 달다

오늘 누군가에게 권한을 넘기는 일을 시작하자.

기업, 동호회, 교회, 가정 등등 어떤 유형의 조직이든 그 조직의 수장이라면, 리더로서 해야 할 가장 중요한 일 가운데 하나가 다른 구성원에게 권한을 위임할 줄 아는 것이다. 권한 위임을 통해 얻을 수 있는 보상은 상상을 초월할 정도다. 권한 위임은 조직의 후배들에게 더 큰 확신과 더 많은 활력을 주고, 더 높은 생산성을 발휘하게 한다. 뿐만 아니라 리더 자신의 삶을 발전시키고, 운신의 폭을 넓혀주며 조직의 건전성과 성장을 촉진시킨다.

로스앤젤레스시의 프로그램 담당자 파진 마드지디는 권한 위임에 대해 이렇게 말했다. "현재는 사람들에게 권한을 넘겨주고 새로운 리더를 만들어내는 리더가 필요해요. 관리자가 모든 직원의 업무 분장이 제대로 되었는지, 생산성이 어떤지 확인하는 일만으로는 충분치 않습니다. 모든 직원이 주인이 되어 각자의 일에 주인의식을 가져야 합니다. 그런 분위기를 조성하려면 직원 각자에게 가장 직접적인 영향을 미치는 사안은 그들 스스로 결정하도록 하는 것이 아주 중요해요. 그래야 최선의 결정을 내릴 수 있고, 그게 바로 권한 위임의 본질이지요."

결국 권한을 위임하는 리더십은 오늘날과 같은 경쟁사회에서, 경우에 따라 한 조직이 다른 조직에 대해 경쟁 우위를 점하게 해주는 진정한 혜택이 될 수 있다. 조직원들에게 권한을 넘겨주면 리더 자신의 삶도 많은 면에서 개선될 것이다. 권한 위임은 리더에게 보다 큰 자유를 주어 자신의 삶에서 더 중요한 일을 할 수 있는 시간적 여유가 생기고, 자신이 속해 있는 조직의 효율성을 높이며, 사람들에 대한 자신의 영향력도 증대시킨다. 무엇보다 자신이 권한을 위임해준 사람들에게 놀라울 정도로 긍정적인 영향을 미치게 될 것이다.

희망을 주는 리더

오늘 조직에 희망을 주는 사람이 되자.

어떤 기자가 제2차 세계대전의 암흑기에 영국을 이끌었던 윈스턴 처칠 수상에게 물었다. 히틀러의 나치 정권에 대항하여 영국이 소유하고 있던 최고의 무기가 무엇이냐고. 처칠은 단 1초도 망설이지 않고 대답했다. "영국이 소유했던 가장 큰 무기는 언제나 '희망'이었습니다."

희망은 가장 강력하고, 힘이 솟게 하는 말 가운데 하나이다. 희망은 우리에게 역경의 세월을 견뎌내는 힘을 주고 희망의 힘은 우리를 흥분과 기대감으로 부풀게 한다.

사람은 음식 없이는 40일을, 물 없이는 4일을, 공기 없이는 4분밖에 생존할 수 없다고 한다. 그러나 희망이 없으면 단 4초도 살 수 없다. 사람들이 원하는 것을 이루게 하려면 희망을 주는 사람이 되라.

세 살 아이에게도 배울 것이 있다

오늘 배울 수 있는 것에 마음을 열자.

언제나 전문가처럼 행동해야 한다는 강박관념에 빠져 있는 사람들이 있다. 그런 사람들은 어느 정도 시간이 지나면 함께 있는 것이 재미없어진다. 자기의 관심사에만 마음을 열기 때문이다. 속담에 있듯이 사람들은 친해질 수 없는 사람과는 어울리지 않는다.

남들에게 쉽게 친해질 수 있는 사람으로 보이고 싶다면 자신의 약점을 기꺼이 받아들이는 것뿐 아니라 그 이상이 필요하다. 상대방에게 뭔가 배우려는 자세가 되어 있어야 한다. 내가 《함께 승리하는 리더》에서 언급했던 말 중에 '배움의 법칙'이란 게 있다. "누구를 만나든 배울 게 있다"는 사실이다. 나는 진정으로 이 말을 믿는다.

이 법칙을 받아들인다면 다음 두 가지 사실을 깨닫게 될 것이다. 첫째, 많은 것을 배울 수 있다. 사람들을 만날 때마다 그 만남 자체가 바로 배움의 기회가 되기 때문이다. 둘째, 사람들이 당신을 좋아하게 될 것이다. 나같은 경우, 전혀 모르는 사람도 나를 오랜 친구처럼 대할 때가 있다. 내가 그들을 열린 마음으로 대하기 때문이다.

목표가 있어야 달릴 수 있다

동기를 유발하고 성공 가도에 가속도를 붙여줄 목표를 찾자.

백만장자 기업가 앤드류 카네기는 "스스로 사다리를 오르려고 하지 않는 한, 그 누구도 억지로 올라가게 할 수 없다"고 했다. 이 말은 성공을 지향하는 사람에게도 적용된다. 성공하겠다는 동기가 없으면 앞으로 나갈 수 없다. 그러한 동기를 부여하는 것이 목표이다. 자기계발 지도자인 폴 마이어는 이렇게 말했다. "목표 없이는 어느 누구도 중대한 성취를 이룰 수 없다. 목표 설정은 자발적 동기 부여를 위해 인간이 할 수 있는 가장 강력한 힘이다."

그렇다면 가장 강력한 동기란 무엇일까? 성공이다. 자신이 이루고자 하는 원대한 것(꿈)을 좀 더 작고 관리가 용이한 여러 부분(목표)으로 나눠놓으면 성공을 위한 준비는 마친 셈이다. 자신이 성취하고자 하는 바를 달성 가능한 것으로 만들었기 때문이다. 작은 목표를 하나씩 달성할 때마다 성공을 경험하게 된다. 그것이 바로 동기 부여다! 작은 목표들을 먼저 하나하나 이루면 궁극의 목적을 달성하고 자신의 잠재력을 계발하는 데 필요한 큰 걸음을 내디딜 수 있게 될 것이다.

목표는 꿈을 달성 가능한 것으로 만들어 처음에 가졌던 동기를 발전시킬 뿐 아니라 지속적인 동기 부여에도 도움이 된다. 무엇보다 목표는 가속도를 붙여준다. 일단 성공 가도에 들어서면 달리는 기차처럼 멈추기가 쉽지 않다. 성공을 향해 달릴 때 시작이 가장 어려운 부분이다. 기차가 움직이지 않는 상태에서는 열차의 네 바퀴 아래 작은 나무 막대 하나만 받쳐놓아도 기차가 앞으로 나가지 못한다. 그러나 일단 속도가 붙으면 1.5미터 두께의 철근 콘크리트 벽으로도 기차를 멈출 수 없다.

환경을 바꾸는 촉매가 되라

온도계가 아니라 자동 온도 조절기가 되자.

어떤 조직이든 리더는 환경을 바꾸는 촉매가 되어야 한다. 온도계가 아니라 자동 온도 조절기 역할을 하라는 말이다. 언뜻 보면 둘 다 온도와 관련 있는 도구지만 근본적으로 다르다. 온도계는 수동적인 도구로 주위의 온도를 기록할 뿐, 환경 자체를 변화시킬 수 없다. 그러나 온도 조절 장치는 능동적인 도구로 환경을 결정한다. 적합한 환경을 만들려고 계속 변화하는 것이다.

리더의 태도는 조직의 긍정적인 분위기와 더불어 조직원들이 위대한 성과를 낼 수 있도록 힘을 불어넣는다. 그리고 지속적으로 큰일을 성취해내면 가속도가 생긴다. 많은 경우 이 가속도가 성공을 위한 긍정적인 환경과 실패를 부르는 부정적인 환경의 차이를 만든다.

나중에 조직 내의 환경을 조절하기 어려운 상황을 만나거든 간단한 물리학 법칙 하나를 기억해두라. 물은 섭씨 100도에서 끓는다. 99도에서는 그냥 뜨거운 물일 뿐이다. 단 1도 차이, 1퍼센트밖에 되지 않는 그 차이가 그저 솥에 담긴 물로 남을지, 힘이 펄펄 끓어오르는 가마솥이 될지를 결정한다. 그 1도가 수십 톤이나 되는 기차를 움직이는 강력한 힘을 지닌 증기로 변화시킨다. 그 마지막 1도가 바로 가속도이다.

큰 그림을 보라

팀을 위해 큰 그림을 그려놓았는가?

모든 것은 비전에서 시작된다. 목표를 가져야 한다. 목표 없이는 진정한 팀을 만들 수 없다. 명예의 전당에 오른 투수 요기 베라는 "자기가 어디로 가고 있는지 모르는 사람은 전혀 엉뚱한 곳에 가서 헤매고 있을 것이다"라고 했다. 목표가 없는 사람은 어디든 가 있긴 하지만, 목표 없는 사람들로 이루어진 팀은 어디에도 가지 못한다. 반면에 팀원 모두가 큰 그림을 성취한다는 비전을 안고 있다면, 효과적인 팀이 구성될 잠재력이 있다.

리더의 역할은 비전을 포착해서 전달하는 것이다. 리더는 누구보다 먼저 비전을 찾아야 하고, 모두가 그 비전을 볼 수 있게 해야 한다. 윈스턴 처칠이 제2차 세계대전 중 광산 노동자들에게 했던 연설, 마틴 루터 킹 주니어가 워싱턴 D.C.의 링컨 기념관 앞에서 자신의 꿈을 연설했던 것이 비전이다. 또 제너럴 일렉트릭사의 CEO 잭 웰치가 시장점유율 1, 2위를 차지하지 못하는 사업부는 퇴출될 것을 직원들에게 일깨워준 것도 비전을 제시한 것이다. 조직에 속한 사람들은 무엇을 위해 일하는지 알아야 희생하고 협력한다.

팀의 리더라면 오직 리더만이 할 수 있는 일, 팀원들을 위해 큰 그림을 그려라. 비전이 없다면 그들은 목표를 달성할 욕구를 느끼지 못할 것이다.

'누가?'라고 묻지 말고 '왜?'라고 물어라

팀원들을 정상에 올리기 위해 노력하자.

앞으로 실패를 경험한다면, 누가 잘못했는지 따지기보다 왜 실패했는지 생각해보라. 다음번에는 잘하기 위해 실패를 객관적으로 바라보아야 한다. 내 친구이자 국제 마스터플랜 그룹의 창립자인 밥 비엘이 작성한 아래 목록은 실패를 분석하는 데 도움을 줄 것이다.

- 어떤 교훈을 얻었는가?
- 그 경험에 감사하는가?
- 어떻게 하면 실패를 성공으로 변화시킬 수 있는가?
- 현실적으로 볼 때, 여기서 어디로 갈 것인가?
- 이전에 이런 실패를 겪은 사람이 있는가? 그의 경험이 나에게 어떤 도움을 줄 수 있는가?
- 내 경험을 통해 장차 누군가가 실패하는 것을 막을 수 있는가?
- 다른 사람 때문에 실패한 것인가, 내가 처한 상황 때문인가, 아니면 나 자신 때문인가?
- 실질적으로 내가 실패한 것인가, 아니면 내 기준이 비현실적으로 높았기 때문인가?
- 실패뿐 아니라 성공한 부분은 어디였나?

자신의 실패를 다른 사람의 탓으로 돌리는 사람은 결코 실패를 극복할 수 없다. 이런 사람은 이 문제에서 저 문제로 옮겨다닐 뿐이지 결코 성공에 이를 수 없다. 잠재력에 도달하기 위해서는 끊임없이 자신을 계발해야 한다. 자신의 행동에 책임을 지고 실수를 통해 배우지 않으면 잠재력을 키울 수 없다.

04

April

상황에 맞게 리드하라

팀원들의 성격에 따라 리더십 스타일에 변화를 주라.

관계를 중시하는 리더가 가져야 할 첫 번째 자질은 다른 사람들의 생각과 감정을 이해하는 능력이다. 누군가와 함께 일할 때는 그게 리더이든 팀원이든 상관없이 공통점이 있다는 사실을 알아야 한다.

- 누구나 특별한 사람처럼 느끼고 싶어 한다. 그러니 그들에게 진심 어린 칭찬을 하라.
- 누구나 더 나은 내일을 원한다. 그러니 그들에게 희망을 보여줘라.
- 누구나 방향을 설정해주길 원한다. 그러니 그들에게 가야 할 방향을 제시하라.
- 누구나 이기적이다. 그러니 먼저 그들의 욕구에 호소하라.
- 누구나 기분이 가라앉을 때가 있다. 그러니 그들을 격려하라.
- 누구나 성공을 원한다. 그러니 그들이 성공할 수 있도록 도와주라.

리더는 위의 사실을 염두에 두고 사람들을 개별적인 존재로 대해야 한다. 한 사람 한 사람을 눈여겨보고, 그를 이해하고, 유대감을 형성하는 능력은 인간관계에서 성공하는 중요한 요소이다. 모두 같은 사람으로 취급하지 말고 개개인을 특별하게 대해야 한다는 말이다.

마케팅 전문가 로드 니콜스는 비즈니스 상황에서 이런 능력이 특히 중요하다는 사실에 주목했다. "모든 고객을 똑같은 방식으로 대한다면 25퍼센트에서 30퍼센트 정도의 고객하고만 가까워질 것이다. 한 가지 유형하고만 가까워질 수 있기 때문이다. 사람들의 특성에 맞춰 효과적으로 응대하는 법을 배운다면 100퍼센트의 고객과 가까워질 것이다."

이런 감성은 리더십에서 소프트 팩터soft factor(리더십이나 인사 관리 같은 행동 경영적 요소_옮긴이)에 속한다고 볼 수 있다. 자신이 이끄는 사람들의 특성에 맞게 리더십 스타일을 조정하라.

사람에 대한 신뢰

오늘 사람들에게 자신감을 심어주자.

사람들은 본능적으로 자기를 신뢰하는 사람을 알아보는 능력이 있다. 그 신뢰가 진실인지 거짓인지도 감지할 수 있다. 누군가를 진정으로 신뢰하면 그 사람의 인생까지도 바꿀 수 있다. 내 친구 중 로버트 슐러라고 하는 목사가 있다. 그는 자신의 저서 《불가능은 없다》에서 소년 시절 자신의 인생을 바꾸어놓은 놀라운 사건에 대해 언급한 바 있다. 그의 삼촌이 그를 믿어주고, 말과 행동으로 신뢰를 보여주었던 사건이었다.

헨리 삼촌의 차가 허름한 헛간을 지나 한여름의 먼지 구름을 헤치고 우리 집 대문 앞에 섰다. 나는 바닥이 갈라져 삐걱대는 현관을 맨발로 달려나갔다. 삼촌은 키가 크고, 미남이었으며 에너지가 넘치는 유쾌한 분이었다. 중국에서 오랜 선교 활동을 마치고 아이오와에 있는 우리 농장을 방문하는 길이었다. 삼촌은 낡은 대문을 지나 내게로 달려오더니 네 살난 내 어깨를 양손으로 잡고는 빗질도 안 한 내 머리를 쓰다듬으며 활짝 웃었다. "네가 로버트지? 넌 커서 목사님이 될 것 같은데!"

그날 밤 나는 남몰래 기도를 올렸다. "사랑하는 하느님, 제가 크면 목사님이 될 수 있게 해주세요." 나는 하느님께서 그때 그곳에서 나를 '가능성의 신봉자'로 만들어주셨다고 믿는다.

영향력 있는 사람이 되고 싶다면 항상 이 사실을 기억하라. 리더의 목표는 남들이 자신을 높이 평가하도록 하는 게 아니라, 그들 스스로 자신을 높이 평가하게 만드는 것이다. 사람들을 신뢰하라. 그러면 그들은 신뢰받는 만큼 행동할 것이다.

천재들도 한때는 '낙오자'였다

현재 처한 상황이나 지나온 과거가 아닌 긍정적인 태도로 나를 바라보자.

성공한 사람들은 모두 실패를 겪었으나 스스로를 낙오자로 여기지 않았던 사람들이다. 천재적인 음악가 볼프강 모차르트가 '피가로의 결혼'을 발표했을 때, 페르디난트 대공은 "지나치게 시끄럽고, 지나치게 많은 음표를 사용했다"고 악평을 했다. 화가 빈센트 반 고흐의 작품들은 지금은 연일 경매 기록을 갈아치우고 있지만, 고흐 생전에는 단 한 점만 팔렸을 뿐이다. 역사상 가장 많은 발명품을 남긴 토머스 에디슨은 어린 시절 선생님으로부터 지진아라는 말을 들었다. 우리 시대의 가장 위대한 지성, 알베르트 아인슈타인은 뮌헨의 학교 교장으로부터 "결코 큰 인물이 될 수 없는 아이"라는 혹평까지 들었다.

위대한 성취를 이룬 사람들은 모두 자신을 낙오자라고 여길 만한 이유가 한두 가지가 아니었다. 그럼에도 그들은 참고 견뎌낸다. 역경과 거절, 실패에 부딪힐지라도 자신을 믿고 자신을 낙오자라고 생각하기를 거부한다. 어디서, 얼마나 많은 실수를 하든 나는 나 자신의 인간적 가치를 폄하하지 않는다. 격언 중에 "신은 실패한 사람을 쓴다. 그렇지 않은 사람은 한 명도 없기 때문이다"라는 말이 있다.

당신도 다른 많은 사람들과 다르지 않을 것이다. 긍정적인 마음가짐을 유지하고 자신이 실패자라는 느낌을 갖지 않는 게 어려울 수도 있다. 그러나 이 사실을 알아야 한다. 당신이 현재 처해 있는 환경이나 과거에 무슨 일이 있었든 상관없이 자신에 대해 긍정적인 태도를 계발하는 일은 언제든 가능하다.

팀이 우선이다

팀의 이익을 위해 필요한 일을 하자.

스포츠 팀 중에는 '천상천하 유아독존'적 사고방식에 빠져 있는 팀이 있는가 하면 모든 일을 순응적인 태도와 팀워크로 처리해나가는 팀이 있다. 예를 들면, 노트르담이나 펜스테이트 같은 풋볼 팀은 유니폼에 선수들의 이름을 붙이지 않는다. 노트르담 팀의 전 감독이었던 루 홀 츠는 그 이유를 이렇게 설명했다. "노트르담 팀에서는 팀에 속해 있다 는 사실 외에는 선수들을 구별할 필요가 없습니다. 누군가 그 점에 대 해 불평을 할 때마다 유니폼에 넘버를 붙여준 것만 해도 다행으로 생 각하라고 말합니다. 나는 유니폼에 선수들의 포지션을 알려 주는 이 니셜 외에 다른 것은 붙일 필요가 없다고 생각하는 사람입니다. 자신 보다 팀을 우선으로 여긴다면 그 밖에 뭐가 더 필요하겠습니까?"

이기는 팀의 선수들은 개인보다 팀의 이익을 우선으로 여긴다. 그 들 역시 자신이 잘하는 포지션에서 경기하고 싶어 하지만, 팀을 위해 서라면 어떠한 역할이 주어지든 군소리하지 않고 수행한다. 보다 원 대한 목표를 위해 자기 역할은 기꺼이 희생하는 것이다.

자기 반성

내 안의 어떤 점을 바꿔야 더 나은 리더가 될 수 있을지 생각해보자.

교육 관련 컨퍼런스를 개최하거나 자기계발 책을 집필할 때 따르는 위험은 사람들이 나를 모든 것에 통달한 전문가라고 여긴다는 사실이다. 하지만 실상은 그렇지 않다. 나 역시 여러분처럼 인간관계와 리더십 능력을 발전시키기 위해 공부하고 있다. 아직 잘 지키지 못하는 원칙들이 있어서 계속 자기계발을 위해 노력 중이다. 발전을 멈추면 곤경에 처할 것이라는 진리를 믿기 때문이다.

인간관계에서 종종 어려움을 겪는 사람들은 그 원인을 남들에게서 찾으려고 한다. 그러나 항상 자신을 먼저 살펴보고 자신의 결함을 기꺼이 고치겠다는 마음가짐을 가져야 한다. 영국의 시인이며 평론가인 새뮤얼 존슨은 다음과 같이 조언했다. "자신의 기질은 그대로 두고 그 나머지들을 바꿔서 행복을 얻으려는 사람은 인간의 본성을 이해하지 못하는 사람이다. 그런 사람들은 헛된 노력으로 인생을 낭비하고, 피하고자 했던 탄식은 몇 배로 불어날 것이다."

리더십의 모범을 보여라

내 자신에게 요구하는 것 이상을 다른 사람들에게 요구하지 말자.

평생을 아프리카 오지에서 의료 선교 활동을 했던 알베르트 슈바이처 박사는 "다른 사람들에게 모범을 보이는 것은 영향력을 미치기 위한 '중요한' 요소가 아니라 '유일한' 요소다"라고 말했다. 장래의 리더 양성에 효과적인 풍토를 형성하려면 리더십의 모범이 필요하다. 사람들은 일단 본보기를 정하면 보이는 대로 따라 하는 경향이 있다. 긍정적인 본보기는 긍정적인 반응을 가져오고 부정적인 본보기는 부정적인 반응을 끌어낸다. 리더가 어떤 일을 하면 그 주변의 잠재적 리더들도 그 일을 한다. 리더가 소중하게 여기는 것이면 팀원들도 그것을 소중하게 여긴다. 리더의 목표는 곧 팀원들의 목표가 되는 것이다. 리더는 분위기를 조성한다. 리 아이어코카는 "리더의 속도가 곧 팀의 속도가 된다"라고 말했다. 리더가 자기 자신에게 요구하지 않는 것을 다른 사람들에게 요구할 수는 없다.

내가 리더로서 성장하고 발전하는 동안 팀원들도 함께 발전할 것이다. 나를 따르는 사람들은 내가 가는 만큼만 갈 수 있다는 사실을 기억하라. 내가 성장을 멈추면 리더십 능력 또한 멈춘다. 인간성이나 방법론, 그 어느 것도 리더의 개인적 성장을 대신할 수는 없다. 자기가 가지고 있지 않은 것을 본보기로 보일 수는 없기 때문이다. 오늘부터 배우고 성장하는 일에 착수하라. 그리고 주변 사람들이 성장하는 것을 지켜보라. 리더로서 나는, 무엇보다 먼저 올바른 원칙을 지키고 훌륭한 리더들을 본받는다.

스코어보드를 주시하라

주어진 일에 집중하느라 스코어보드 점검하는 일을 잊지 말자.

모든 '게임'에는 규칙과 승리에 대한 규정이 있다. 어떤 조직은 득점수로 성공을 평가하고 어떤 조직은 수익으로 평가한다. 고객의 수로 평가하는 조직도 있다. 하지만 '게임'의 종류에 관계없이 게임에는 언제나 스코어보드가 있다.

조직이 목표를 달성하려면 현재의 위치를 파악해야 하고 그러기 위해서는 스코어보드를 기준으로 조직이 처한 상황을 이해해야 한다. 경기 상황이 계속 바뀌기 때문이다. 실행 계획은 리더가 원하는 바를 보여주지만 스코어보드는 현재 벌어지고 있는 일들을 보여준다.

스코어보드를 확인하고, 현재의 상황을 조직원들과 소통하는 일차적 책임은 리더에게 있다. 그렇다고 리더 혼자 모든 것을 해결해야 하는 것은 아니다. 조직원들이 지속적으로 스코어보드의 내용을 평가하고, 조정하고, 최대한 신속한 결정을 내리고 있는지 확인하라. 그것이 성공의 핵심이다.

당신에게 이런 것들을 가능하게 하는 시스템이 있는가? 아니면 대체로 자신의 직관에 의존하는가? 직관을 이용하는 것도 좋다. 다만 조직원들을 실망시키지 않을 확실한 안전망이 있을 때 한해서다.

당신은 스코어보드를 지속적이고 효과적으로 활용하고 있는가? 그러지 못하고 있다면, 그 일을 가능하게 할 시스템을 구축하거나 팀 내의 다른 리더들이 책임을 공유하도록 권한을 위임하라.

속도를 줄여라

속도를 늦추고 다른 사람들과 보조를 맞추자.

리더를 꿈꾸는 사람들 대부분은 태생적으로 속도가 빠르다. 그러나 더 나은 리더가 되고 싶다면 사실 속도를 늦추는 법을 배워야 한다. 혼자 하면 더 빨리 나갈 수 있고, 더 많은 개인적인 영예를 얻을 수도 있다. 그러나 리더는 사람들을 참여시키고, 그들과 함께 갈 수 있도록 속도를 늦출 줄 알아야 한다.

자녀를 둔 사람이라면 이 말을 본능적으로 이해할 수 있을 것이다. 나중에 집 안에서 처리해야 할 일이 생기면 다음 두 가지 방법을 시도해보라. 첫 번째는 자녀의 도움을 구하는 방법이다. 그러기 위해서는 아이에게 협조를 얻고, 연습해보도록 한다. 또 일을 처리할 방향을 잡아주고, 감독하고, 잘못했을 때는 다시 올바른 방향으로 인도해야 한다. 그러다 아이들이 딴청을 부리면 주의를 환기시켜, 다시 협조를 구해야 한다. 물론 그러다 보면 진이 빠지고 내가 원했던 기준에 훨씬 못 미치는 결과를 얻을 수도 있다. 두 번째는 나 혼자 그 일을 하는 것이다. 일이 얼마나 더 빨리 끝나는가? 결과의 수준은 더 높은가? 짜증스러운 경우는 줄어들었는가?

처음에는 혼자 하는 게 더 빠를 수도 있지만 첫 번째 방법과 같은 보상을 얻을 수는 없다. 자녀가 배우고 성장하고 잠재력을 발휘하게 하고 싶다면 반드시 대가를 지불해야 한다. 그 과정을 마칠 때까지 아이들을 이끌고 가기 위해 시간과 노력을 들여야 한다.

조직에서도 마찬가지다. 리더가 반드시 먼저 결승점에 도착할 필요는 없다. 혼자 뛴다면 가장 먼저 도착할 수 있을 것이다. 그러나 리더는 먼저 팀원 모두가 결승선을 통과하도록 해야 한다. 집에서든 학교에서든 리더십에 대한 보상은 일이 모두 끝난 다음에야 얻을 수 있다.

역량을 높여라

오늘 평소보다 더 자신의 일에 집중해보자.

능력 있는 사람은 자기가 잘하는 일을 한다. 끊임없이 참고 견디며 최고의 것을 뽑아낸다. 반면 잘하지 못하는 일은 바로 중단한다. 당신은 어떤가? 역량을 높이기 위해 자신이 잘하는 일에만 에너지를 집중하는가? 팀원들도 당신의 그런 방식을 믿고 따라 함으로써 팀 전체를 성공으로 이끌고 있는가? 그렇지 않다면 자기에게 필요한 능력에 더욱 집중해 그것을 계발하는 게 좋을 것이다. 그래야 맡은 일을 할 수 있고 또 잘해낼 수 있을 테니까. 역량을 높이려면 다음과 같이 해보라.

전문성에 초점을 맞춰라. 모든 것을 하려고 들면 역량을 키우기 힘들다. 특화시킬 분야를 찾아내라. 자신의 능력과 관심사, 주어진 기회 등을 모두 아우르는 한 가지 일을 찾아내어 그것에 몰두하라.

작은 것들에 전력을 다하라. 자신이 맡은 일에 최선을 다하지 않는 사람들이 너무나 많다. 세세한 부분까지 모두 제대로 할 수 있는 능력을 키워야 한다. 사소한 일까지 병적으로 집착하라는 말이 아니다. 무슨 일을 하든지 마지막 10퍼센트까지 제대로 하라는 의미이다. 나중에 어떤 프로젝트나 중요한 업무의 책임을 맡게 되면 이를 실천해보라.

실행에 더욱 주의를 기울이라. 어떤 일이든 실행에 옮기는 것이 가장 어려운 법이다. 그렇기 때문에 계획보다는 실행에 훨씬 더 많은 주의를 기울여야 한다. 아이디어를 생각해내는 것과 그것을 실행에 옮기는 일 사이의 간극을 어떻게 좁힐 것인가? 팀원들과 함께 이런 과정을 어떻게 개선시킬지 논의해보라.

책임을 받아들여라

리더는 다른 것은 위임할 수 있어도 책임을 위임해서는 안 된다.

훌륭한 리더는 결코 자신이 희생자라고 생각하지 않는다. 그들은 책임을 어디에, 누구에게 돌려야 할지 알고 있다. 부모나 배우자, 자녀, 정부나 상사 혹은 동료들이 아니다. 훌륭한 리더는 살아가면서 어떤 일이 닥치더라도 정면으로 부딪혀 최선을 다한다. 리더 자신이 모든 책임을 지고 간다는 것을 입증해야만 팀을 리드할 기회가 생긴다는 사실도 잘 알고 있다.

길버트 알랜드는 이렇게 조언한다. "궁수는 화살이 빗나가면 자신을 돌아보고 자기 안에서 문제를 찾는다. 화살을 명중시키지 못한 것은 결코 과녁의 탓이 아니다. 제대로 맞히고 싶으면 실력을 쌓아야 한다."

당신은 책임 소재를 명확하게 하는가? 사람들이 당신을 마지막 주자라고 여기는가? 압박이 심한 상황에 처했을 때 당신이 그 상황을 해결해주기를 원하는가? 사람들이 당신의 우수성을 인정하는가? 지금까지 최고의 성과를 이루지 못했다면, 더욱 강한 책임의식을 키워야 할 것이다.

관점이 중요하다

누군가를 리드하기 전에 먼저 그 사람의 입장이 되어보자.

성공은 권력, 특권, 명성, 부와 같은 많은 것을 가져다준다. 그러나 성공으로 얻게 되는 것이 무엇이든 거기에는 항상 선택이 요구된다. 그리고 그 선택에 따라 그 사람의 인격이 드러난다. 부유한 사람은 자신의 부를 다른 사람을 돕는 데 쓸 수도 있고, 온전히 혼자 누릴 수도 있다. 명망 있는 사람은 명성을 훌륭한 인격의 본보기로 이용할 수도 있고, 자기 자신만을 위해 이기적으로 사용할 수도 있다. 리더는 사람들에게 긍정적인 영향을 주는 결정을 내릴 수도 있고, 부정적인 영향을 주는 결정을 내릴 수도 있다. 모두가 리더 자신에게 달려 있다.

문제의 핵심은 자기가 가진 힘을 남들이 자기 편에 서게 하는 데쓸 것인지, 아니면 자기가 남들 편에 서는 데 쓸 것인지에 달려 있다. 교육자이자 농화학자인 조지 워싱턴 카버는 다음과 같은 멋진 이야기를 남겼다. "얼마나 깊이 있게 살 것인가는 어린아이들을 예뻐하고, 나이 든 사람에게 연민을 느끼며, 힘겹게 살아가는 이들을 동정하고, 강자와 약자 모두를 포용하는 데 달려 있다. 누구나 살아가는 동안 그런 시기들을 겪기 때문이다." 사람을 대하는 태도는 그들을 보는 관점에서 비롯된다.

건전한 자아상

나를 존중하고 사랑하는 법을 익혀
건전한 자아상을 형성하는 데 필요한 노력과 시간을 투자하자.

미국의 작가 시드니 해리스는 "자신을 편하게 대하지 못한다면 다른 사람도 편하게 대할 수 없다"라고 했다. 나는 여기에서 한 걸음 더 나아가 "자신을 믿지 못하면 관계에 장애가 된다"고 말하고 싶다.

나는 《리더의 조건》에서 언급했던 '한계의 법칙'에 대해 오랫동안 가르쳐왔다. "리더십의 수준이 그 사람의 효율성을 결정한다." 이 말은 역량이 부족한 리더는 일을 아무리 열심히 해도 평범한 직장인 수준을 벗어나지 못한다는 의미이다. 회사든, 부서든 아니면 더 작은 단위의 팀이든 리더의 자질이 부족하면 퇴보할 수밖에 없다.

관계에 대해서 얘기할 때는 자아상이 그와 비슷한 역할을 한다. 자아상이 다른 사람과 맺을 수 있는 관계의 한계가 된다. 부정적인 자아상은 건강한 관계 수립에 장애가 될 뿐 아니라 성공을 가로막기까지 한다. 좋지 않은 자아상을 가진 사람이 어느 정도 성공했다 하더라도 그 성공은 오래 지속되지 않는다. 궁극적으로 스스로를 자기가 생각하는 수준으로 끌어내리기 때문이다.

심리학자이자 《뉴욕 타임스》 베스트셀러 작가인 필 맥그로우는 이렇게 말했다. "나는 늘 가장 중요한 관계는 바로 자신과의 관계라고 말한다. 먼저 자신과 가장 친한 친구가 되어야 한다." 자기가 알지 못하는 사람, 좋아하지 않는 사람과 어떻게 '가장 친한 친구'가 될 수 있겠는가? 그럴 수는 없다. 이것이 자신에 대해 알고, 자신을 좋아하고 존중할 수 있는 사람이 되기 위해 노력해야 하는 이유다.

자신을 따르는 사람들의 욕구를 파악하라

장래의 리더가 될 재목들의 욕구와 꿈, 열망에 대해 깊이 관심을 가지자.

사람들은 위대한 업적을 종종 행운이나 타이밍, 타고난 환경, 재능과 연관시킨다. 이 때문에 진정한 성공의 비밀이 마치 베일에 가린 자질처럼 보이는 경우도 있다. 시카고 대학의 연구진들이 5년에 걸쳐 우수한 예술가와 운동선수, 학자들을 연구한 결과 그들을 성공으로 이끈 원인들에 대해 정의를 내렸다. 벤저민 블룸 박사를 포함한 연구진들은 다양한 분야에서 최고의 성취를 이룬 20인의 명사들과 익명으로 인터뷰했다. 여기에는 피아니스트, 올림픽 수영 선수, 테니스 선수, 조각가, 수학자 그리고 신경과 전문의 등이 포함되어 있었다. 블룸 박사와 그의 연구진은 이런 고도의 성취를 이룬 사람들이 발전해 온 과정에 대한 단서를 면밀히 조사했다. 연구팀은 더욱 완벽한 그림을 얻어내기 위해 성공한 사람들의 가족과 교사들을 추가로 인터뷰했다. 그리고 이들이 특별한 성취를 이뤄낼 수 있었던 데에는 타고난 재능이 아니라 욕구, 투지, 열망 등이 작용했다는 결론에 이르렀다.

위대한 리더들이 지닌 특출한 점은 자신을 따르는 사람들이 원하는 바를 정확히 파악하고 있다는 사실이다. 물론 본인의 능력과 지식으로 장래의 리더들로부터 존경 받는 일도 중요하다. 그러나 그것은 이차적인 문제이다. 잠재적 리더들은 그들의 리더가 자신들의 욕구와 꿈, 열망에 얼마나 관심을 기울이는지 알고 난 다음에야 비로소 그 리더가 가진 지식의 정도에 관심을 가진다. 리더가 자신을 따르는 사람들의 삶의 질에 진정으로 관심을 기울일 때 그들의 욕구와 투지는 눈에 띄게 활성화된다. 모든 성취의 출발점은 욕구와 투지 그리고 열망이다.

재능이 전부가 아니다

잠재된 재능까지 완전히 발휘하려면 어느 부분에서 희생은 감수하자.

당연히 정상에 올라야 하는데 그러지 못한 사람을 본 적이 있는가? 필요한 재능을 완벽히 갖췄음에도 성공하지 못한 사람이 의외로 많다. 철학자 랄프 왈도 에머슨 역시 그러한 사람들을 알고 있었던 모양이다.

"단지 보여주기 위한 재능은 빛 좋은 개살구이고, 전시용일 뿐이다. 재능은 보편적 진리라는 명분을 좇아서 기쁜 마음으로 사용할 때만 그 소유자를 새로운 강자로 만드는 힘이 된다. 그렇다면 재능만으로 충분할까? 소설가 찰스 월슨은 "그릇의 크기에 상관없이 크림은 항상 위로 떠오른다"라고 했다. 재능은 눈에 띄고 사람들의 주목을 받는다. 초기에는 재능을 지닌 사람들이 그렇지 않은 사람들과 구별된다. 경주를 할 때 남들보다 앞서 출발하는 것과 같은 이치이다. 이러한 이유에서 타고난 재능은 삶이 주는 최고의 선물이다. 그러나 재능만으로는 그리 오래가지 않는다. 작곡가 어빙 베를린은 이러한 진실을 잘 알고 있었다. "성공이 어려운 점은 그 성공을 계속 유지해야 한다는 사실 때문이다. 재능은 단지 출발점일 뿐이다. 그 재능을 지속적으로 갈고 닦는 것이 관건이다."

타고난 재능으로 누구보다 유리한 출발점에 서긴 했지만 그 자리에 눌러앉아 결국 그 혜택을 잃어버리는 사람들이 수없이 많다. 재능을 키우기보다는 가지고 있는 재능에 안주했기 때문이다.

재능은 사람들의 생각보다 훨씬 더 쉽게 찾아낼 수 있다. 작가 스티븐 킹은 "재능은 식탁 위의 소금보다 흔하다. 재능 있는 사람과 성공한 사람을 구분하는 기준은 오로지 엄청난 노력뿐이다"라고 말했다. 성공을 이루고 싶은 사람에게는 분명 재능 이상의 것이 필요하다.

신뢰도를 높여라

신뢰도를 높일 수 있는 방법을 강구하고 책임을 물어줄 수 있는 사람을 찾자.

당신은 팀원들이 믿고 의지할 수 있는 사람인가? 그들이 당신의 동기를 순수하게 믿어도 되는가? 또한 팀원들이 신뢰할 수 있는 올바른 결정을 내리는가? 하고 싶지 않은 일을 할 때에도 한결같이 그 일을 수행하는가? 팀원들이 도움과 조언을 필요로 할 때 가장 먼저 찾는 사람이 당신인가? 중대한 상황이 발생했을 때 주위 사람들이 당신을 중심으로 움직이는가? 다음은 신뢰도를 높이는 방법들이다.

동기를 점검하라. 목표를 세우지 않았다면, 이 책을 내려놓고 우선 자신의 목표부터 적어보라. 그리고 적어놓은 목표들을 읽어보라. 그 중 몇 가지가 자신이 속한 집단, 다시 말해 가족이나 회사, 자원봉사 동료, 같은 팀 선수 등의 사람들에게 이득이 되는 것인가? 자기 개인적으로 이득이 되는 것은 몇 가지나 되는가? 팀의 우선순위를 개인적 우선순위보다 앞에 둬야 한다.

당신이 하는 말이 얼마나 가치 있는지 알아보라. 다섯 명 정도의 팀원들에게 이런 질문을 해보라. "내가 무슨 일을 하겠다고 말할 때, 내 말을 얼마나 믿을 수 있습니까? 1점부터 10점 사이에서 점수를 매겨보세요." 가능하면 상사부터 부하 직원까지 이 조사에 동참시켜라. 대답이 자신의 기대치에 못 미치더라도 자기방어는 하지 마라. 조심스럽게, 예를 좀 들어달라고 부탁하라. 조사 결과 평균이 9점이나 10점보다 낮다면, 앞으로 자신이 약속하는 일들을 적어두고 한 달 동안 그 약속을 잘 이행하고 있는지 확인하라.

책임을 물어줄 사람을 찾아라. 옆에서 도와주는 사람이 있으면 자기가 한 약속을 이행하고 신뢰도를 높일 가능성이 높아진다. 존경할 만한 사람을 찾아서 자신이 정한 약속을 지킬 수 있도록 도움을 받아라.

변화를 위한 체크리스트

변화의 성공적 실행을 위해 노력하기에 앞서 필요한 조치를 취하자.

다음은 조직 내에서 변화를 시도하기 전에 검토해야 할 사항들이다.

그렇다 아니다

_____ _____ 이 변화가 자신을 따르는 사람들에게 이득인가?

_____ _____ 이 변화가 조직의 목적에 부합하는가?

_____ _____ 이 변화는 구체적이고 명확한가?

_____ _____ 영향력 면에서 상위 20%의 사람들이 이 변화에 찬성하는가?

_____ _____ 이 변화를 본격적으로 실행하기 전에 테스트가 가능한가?

_____ _____ 물리적, 재정적, 인적 자원 측면에서 실행이 가능한가?

_____ _____ 이 변화는 돌이킬 수 있는 성질의 것인가?

_____ _____ 이 변화가 다음 단계임이 확실한가?

_____ _____ 이 변화로 장단기적 혜택 모두를 기대할 수 있는가?

_____ _____ 리더가 이 변화에 따르는 결과를 감당할 역량을 지녔는가?

_____ _____ 지금이 변화에 적합한 타이밍인가?

변화를 시행함에 앞서 고려해야 할 가장 중대한 문제는 마지막 질문이다. 적합한 타이밍은 성공적인 변화를 이루는 데 있어서 가장 중요한 항목이다.

효과적인 동기 부여

오늘, 팀원들에게 동기를 부여하는 것이 무엇인지 찾아보자.

모든 일의 성패는 리더십에 달려 있다. 본인이 원하는 대로 사람들을 움직이는 방법은 두 가지, 강요 아니면 설득이다. 강요는 노예를 다루는 방식이고 설득은 자유인을 다루는 방식이다.

설득을 하려면 사람들을 움직이는 것이 무엇이며, 무엇이 사람들에게 동기 부여를 하는지 이해해야 한다. 이는 인간의 본성을 이해하는 것과 같은 말이다. 위대한 리더는 인간 본성에 대해 잘 알고 있다.

최근 이루어진 한 연구에서 70명의 심리학자들에게 다음과 같은 질문을 던졌다. "상사가 알아야 할 가장 근본적인 인간의 본성은 무엇인가?" 학자들 3분의 2가 '동기'를 가장 중요한 것으로 꼽았다. 다시 말해 리더는 사람들이 생각하고, 느끼고, 행동하게 만드는 것이 무엇인지 알아야 한다는 말이다.

무엇이 사람들을 움직이는지 알고 있다면 그들을 다루는 가장 강력한 수단을 손에 쥐고 있는 것이나 다름없다.

실패는 한순간일 뿐이다

실수와 실패를 넓은 관점에서 보고 계속 전진하자.

《살며 사랑하며 배우며》의 작가 레오 버스커글리아는 요리 전문가 줄리아 차일드를 흠모했다. "저는 줄리아의 태도가 너무 좋아요. 그녀는 '오늘 저녁에는 수플레를 만들어볼까요?'라고 하고는, 이것저것 휘저어 거품을 내고 바닥에 떨어뜨리기도 하지요. 그녀의 행동 하나하나가 얼마나 인간적인지! 그리고 수플레를 오븐 안에 넣고 다 될 때까지 기다리는 동안 시청자들에게 이런저런 얘기를 들려줍니다. 마지막으로 '이제 꺼내볼까요?'라고 하죠. 그런데 오븐을 열었을 때 수플레가 팬케이크처럼 납작해진 채로 있어도 줄리아는 당황하거나 울음을 터뜨리지 않아요! 그저 빙긋 웃으며 '음, 항상 잘할 순 없잖아요. 맛있게 드세요!'라고 하죠."

성공한 사람들은 실패를 한순간 지나가는 일로 생각할 뿐 평생 영향을 미치는 대단한 사건으로 여기지 않는다. 인생의 실패로 받아들이지 않는다는 말이다. 성공하고 싶다면, 자신의 관점에 색안경을 씌우는 일은 결코 하지 말아야 한다.

안정적인 리더

리더로서 혹평을 침착하게 받아넘길 수 있을 만큼 자신에 대한 확신이 있는가?

로널드 레이건 대통령 시절, 서방 7개국 정상회담 참석차 백악관을 방문한 각국의 정상들이 모여 경제 정책에 대해 논의했다. 회의 도중 캐나다의 피에르 트뤼도 수상이 영국 수상 마거릿 대처에게 당신의 생각은 완전히 잘못된 것이며, 추진 중인 정책 또한 전혀 효과가 없을 것이라고 비난했다. 이에 대처 수상은 트뤼도 수상 앞에 고개를 꼿꼿이 세우고 서서 그의 말이 끝날 때까지 경청한 다음 회의장을 나가버렸다.

레이건 대통령이 대처 수상을 뒤따라 그녀가 묵고 있던 방으로 올라가 위로의 말을 건넸다. "매기, 트뤼도 수상이 해서는 안 될 말을 했어요. 완전히 선을 넘었더군요, 그것도 많이 넘어갔어요. 그런데 그때 왜 가만히 있었던 거요?" 대처 수상이 레이건 대통령을 바라보며 대답했다. "여자들은 남자들이 언제 어린아이같이 구는지 알고 있거든요."

이 일화는 대처 수상의 전형적인 태도를 보여준다. 그녀는 언제나 자신과 자신의 믿음에 추호의 의심도 갖지 않았고, 그 결과 안정적인 리더십을 발휘할 수 있었다. 위대한 리더들은 모두 이러한 특징을 지니고 있다.

안정적인 리더는 다른 사람을 믿는다. 자기 자신을 믿기 때문이다. 그들은 오만하지 않으며 자신의 강점과 약점을 알고 스스로를 존중한다. 아랫사람의 능력이 뛰어나다고 해서 자기 자리를 빼앗길 것이라고는 생각하지 않는다. 그들은 자신만의 방식으로 최고의 인재를 끌어들이고, 그들을 성장시켜 최고의 업무 수행 능력을 발휘할 수 있게 한다. 안정감 있는 리더는 자신이 이끄는 팀이 성공했을 때 가장 크게 기뻐하고, 그것을 자신이 받을 수 있는 최고의 찬사로 여긴다.

인격 중심의 리더 vs 감정 중심의 리더

리더로서 어려운 임무를 맡았을 때 감정이 아니라 인격에 의존하자.

성공한 사람들은 성공하지 못한 사람들이 하지 않는 일을 기꺼이 한다. 내가 관찰한 바에 따르면 성공하는 사람들이 지닌 특별한 점 중 하나는 그들이 감정 중심이 아닌 인격 중심으로 움직인다는 것이다. 이 두 부류의 차이점은 다음과 같다.

인격 중심적인 사람	감정 중심적인 사람
· 일을 제대로 해야 기분이 좋아진다.	· 기분이 좋아야 일을 제대로 한다.
· 약속에 따라 움직인다.	· 편의에 따라 움직인다.
· 원칙에 따라 결정을 내린다.	· 선호도에 따라 결정을 내린다.
· 행동이 태도를 반영한다.	· 태도가 행동에 반영된다.
· 눈으로 보기 전에 믿는다.	· 눈으로 본 후에야 믿는다.
· 가속도를 창출한다.	· 가속도가 붙을 때까지 기다린다.
· "내가 책임져야 할 것은 무엇인가?"를 생각한다.	· "나의 권한은 무엇인가?"를 생각한다.
· 문제가 생겨도 계속한다.	· 문제가 생기면 중단한다.
· 한결같다.	· 감정의 기복이 크다.
· 리더이다.	· 추종자이다.

미국의 소설가 루이스 라무르는 시대를 초월한 베스트셀러 작가이다. 그의 책은 전 세계에 2억 3,000만 부 가까이 팔려나갔고 지금까지 모두 100편이 넘는 소설들이 출간되었다. 그는 자신의 집필 스타일을 묻는 질문에 이렇게 대답했다. "무엇이든 쓰기 시작해야 합니다. 수도꼭지를 틀어야 물이 나오지요."

성장은 선택이다

최근, 잠재력의 한계에 도달하기 위해 어떤 구체적인 변화를 꾀했는가?

많은 사람들이 변화에 저항한다. 특히 개인적인 삶에 영향을 미칠 때 더욱 그렇다. 레프 니콜라예비치 톨스토이는 "누구나 세상을 변화시키려는 생각을 하지만 자신의 변화에 대해 생각하는 사람은 아무도 없다"라고 말했다. 그러나 변화는 불가피하며 그 누구도 피해 갈 수 없다. 반면, 성장은 선택이다. 스스로 성장을 선택할 수도 있고, 거부할수도 있다. 그러나 이것만은 알아두자. 성장을 꺼리는 사람은 결코 잠재력을 최대한 발휘할 수 없다.

내 친구이자 작가인 하워드 헨드릭은 자신의 책에서 이런 질문을 던졌다. "당신은 최근 어떤 변화를 겪었는가? 지난주에? 아니면 지난달? 그것도 아니면 지난해? 그 변화를 구체적으로 설명할 수 있는가?" 그는 성장과 변화의 때가 왔을 때 사람들이 얼마나 판에 박힌 일상 속으로 숨어드는지 알고 있었다. 성장은 선택이며 한 사람의 인생을 변화시킬 수 있는 결정이다.

성공하는 사람과 그렇지 못한 사람이 가진 능력의 차이는 크지 않다. 단지 자신의 잠재력을 최대한 발휘하고자 하는 열망의 차이가 있을 뿐이다. 개인적 성장을 위해 전력투구하는 것은 잠재력을 최대한 발휘할 수 있는 가장 효율적인 방법이다.

단순한 관리자에 만족하지 마라

나는 팀을 리드하고 있는가, 아니면 단순히 관리만 하고 있는가?

리더십에서 가장 중요한 점 중 하나는 비전을 창출하는 것이다. 어떤 리더들은 관리 업무에만 매달리느라 팀원들에게 비전을 제시하는 일을 잊어버린다. 진정한 리더는 단순 관리자와 리더의 차이점을 알고 있다. 관리자는 시스템과 통제에 의존하는 성향을 지닌 유지보수자 정도이다. 한편 리더는 사람에게 의존하는 혁신자이며 창조자이다. 창의적 아이디어는 그것을 실행할 수 있는 역량이 있는 사람들이 혁신적인 리더의 비전을 알아차릴 때 비로소 실현된다.

효과적인 비전은 좋은 길잡이가 되며, 규정이나 규율로는 얻지 못한다. 따라서 조직이 진정으로 나아가야 할 방향은 비전에서 탄생하고 리더가 그 비전을 받아들이면서 시작된다. 그리고 리더가 비전의 본보기를 보일 때 그 조직이 비전을 수용할 수 있으며, 조직원들이 반응을 보일 때 비로소 그 비전은 실현된다.

자부심을 심어주라

오늘, 누군가에게 지켜야 할 자부심을 심어주라.

사람들을 고무시키고 스스로에게 만족하도록 만드는 가장 좋은 방법은 그가 무엇이 될 수 있는지 알려주는 것이다. 수년 전 뉴욕 양키스의 한 매니저가 갓 입단한 신인 선수들에게 양키스 팀 소속 선수가 지니는 특권에 대해 알려주었다. "제군들, 양키스 유니폼을 입는 것만으로도 큰 영광이다. 그러니 그 유니폼을 입고 있는 한 세계 챔피언답게 경기를 하기 바란다. 양키스답게, 자부심을 가지고 경기를 하라는 말이다."

누군가에게 기댈 수 있는 명성을 만들어주는 일은 그 사람에게 추구할 가치가 있는 소중한 것을 주는 것이며, 그 사람의 능력 밖에 있는 것을 손에 쥐어주는 일이다. 주변 사람들의 잠재력을 일깨워 양키스처럼 '자부심을 가지고 뛸 수 있도록' 해주는 것이다. 이것이 왜 그토록 중요할까? 사람들은 자기가 존경하는 사람이 할 수 있다고 하면 자기가 생각하는 것 이상의 일을 해낼 수 있기 때문이다.

격려는 영혼에 주는 산소

오늘, 팀원들에게 확신과 격려를 주자.

확신이란 확고해지는 것이다. 남들에게 확신을 주는 것은 대화를 통해 그의 마음을 확고하게 만드는 것이다. 예를 들어 누군가의 태도를 칭찬하면, 그 사람은 그 태도를 더욱 강화하고 오래 지속하려고 할 것이다. 내가 그의 태도에 긍정적인 반응을 보였기 때문에 그가 똑같은 태도를 보일 가능성이 더욱 높아지는 것이다.

마찬가지로 당신이 누군가의 가슴에 품고 있는 꿈을 인정해주면 그는 자신의 꿈을 의심하기보다 실현가능한 것으로 여기게 된다. 반복적인 운동이 근육을 발달시키듯 일상적인 칭찬은 사람들의 자질과 인성을 강화시킨다.

작가 조지 매튜 애덤스가 했던 말을 들어보자. "누구나 살아가다 보면 최고의 순간을 맞이한다. 그 순간은 바로 누군가에게 격려를 받을 때이다. 아무리 위대하고, 유명하고, 성공했다 할지라도 누구나 찬사에 굶주려 있다. 격려는 영혼에 주는 산소와 같다. 격려받지 못하는 사람에게는 훌륭한 일을 해내리라고 기대할 수 없다. 어느 누구도 칭찬 없이 살아갈 수 없다."

감정을 절제하라

나는 감정을 지배하는가, 아니면 감정의 지배를 받는가?

감정에는 단 두 가지 선택만이 존재한다. 자신의 감정을 완전히 통제하는 것과 감정에 완전히 지배당하는 것. 그렇다고 좋은 팀플레이어가 되기 위해 자신의 감정을 완전히 끊어내야 한다는 말은 아니다. 단지 감정 때문에 해야 할 일을 하지 않거나, 해서는 안 될 일을 하면 안 된다는 말이다.

감정을 제대로 다스리지 못했을 때 생길 수 있는 일에 관한 일화가 있다. 전설의 골퍼 바비 존스는 오늘날의 타이거 우즈처럼 골프 신동이었다. 그는 다섯 살이던 1907년에 골프를 시작해서 열두 살에 언더파를 기록했다. 일반인들이라면 평생 골프를 쳐도 낼 수 없는 스코어다. 열네 살에는 US 아마추어 챔피언십 출전 자격을 얻었으나 우승하지는 못했다. 그는 '골프채 집어 던지는 선수'라는 별명처럼 종종 냉정을 잃고 경기 감각을 상실했다. 어느 날, 존스가 '바르트 할아버지'라고 불렀던 한 나이 많은 골퍼가 젊은 존스에게 이렇게 조언했다. "성질을 다스리지 못한다면 자네는 결코 우승할 수 없을 걸세." 존스는 그의 조언을 받아들였고 감정을 통제하는 훈련을 시작했다.

스물한 살에 존스는 전성기를 구가했으며 그랜드 슬램(마스터즈, 브리티시 오픈, US 오픈, US PGA 등 네 개의 메이저 대회에서 우승_옮긴이)까지 달성했다. 그는 스물여덟 살에 은퇴하여 역사상 가장 위대한 골퍼 중 한 사람으로 기록되었다. 바르트 할아버지가 했던 말은 바비의 상황을 잘 요약해준다. "바비가 골프에 통달한 것은 열네 살 때였다. 그러나 자기 자신을 통달한 것은 스물한 살 때였다."

가지고 있는 재능을 계발하라

자신의 강점을 찾아내어 그것을 살릴 수 있는 분야에서 일하자.

강연을 통해 내가 사람들에게 가르치는 것 중 하나는 자신의 약점을 고치려 애쓰지 말고 강점을 발전시키라는 것이다(이는 능력의 문제로, 태도나 인격과는 전혀 관계없다는 점을 분명히 밝혀둔다). 내가 그동안 관찰해온 결과, 사람들은 어느 분야에서 일하든 자신이 가진 능력을 10점 만점으로 볼 때 2점밖에 계발하지 못한다. 예를 들어, 어떤 분야에서 당신의 타고난 재능이 4점이라면, 열심히 노력해도 6점이 되는 것이다. 다시 말하면 평균보다 다소 아래에서 평균보다 다소 위의 수준까지 갈 수 있다는 말이다.

그러나 당신의 재능이 7점인 분야를 발견했다고 해보자. 그 분야에서 당신의 잠재력은 9점까지 올라간다. 자신이 가장 강한 분야에서 있는 힘을 다해 열심히 일하면 10점이 될 수도 있다. 이 말은 자신의 재능을 1만 명 중 한 명에서 10만 명 중 한 명의 수준으로 끌어올릴 수 있다는 의미다. 다만 재능을 극대화하는 데 필요한 다른 일들도 한다는 조건하에서만 가능하다.

노력하는 리더

평생 배우기 위해 노력하자.

성공은 언제나 비용을 동반한다. 오래전 아버지의 가르침은 지금 비용을 지불하고 게임을 즐기거나, 지금 게임을 즐기고 나중에 비용을 지불하든가 둘 중의 하나라는 것이었다. 어느 쪽이든 결국은 비용을 지불해야 한다.

장래의 리더를 키우는 환경을 조성하는 데도 비용을 지불해야 한다. 그것은 자신의 개인적인 성장에서 시작된다. 리더는 스스로를 분석하고 자신에게 어려운 질문을 던지고, 분위기나 환경에 상관하지 않고 옳은 일을 한다는 결의가 있어야 한다. 이상적이고 여유로운 환경에서 성장을 위한 훈련을 하는 경우는 극히 드물다. 감정에 기반을 둔 회사에서는 분위기가 행동을 결정하지만, 인격에 기반을 둔 회사는 행동이 분위기를 결정한다.

성공한 리더들은 개인적 성장과 리더십 기술의 개발이 일생 동안 추구해야 할 과제라고 알고 있다. 리더십 전문가 워렌 베니스와 경제학자 버트 나누스가 각 분야의 최고 리더 90명에 대해 연구한 결과를 토대로 저술한 공저 《리더들Leaders: the Strategies for Taking Charge》에서 다음과 같은 사실을 알아냈다. "리더들이 다른 사람들과 큰 차이를 보이는 부분은 능력을 계발하고 발전시키는 역량이다. 리더들은 끊임없이 배우는 사람들이다."

태도

오늘, 긍정적인 태도를 지니자.

'태도'라는 말을 들으면 어떤 생각이 드는가? 나는 태도란 내면의 감정이 외적 행동으로 표현되는 것이라고 생각한다. 사람들은 항상 내면의 감정을 행동으로 표출한다. 가식적인 태도를 보이는 사람들도 있지만, 눈가림은 잠시일 뿐 오래가지 않는다. 감정은 늘 밖으로 비집고 나올 방법을 찾기 때문이다. 태도는 인생의 모든 측면에 영향을 미친다. 그것은 마음을 칠하는 붓과 같아서 모든 것을 밝고 활기찬 색으로 채색된 걸작을 만들 수 있는 반면, 모든 것을 어둡고 음울하게 만들 수도 있다. 태도는 너무나 중요하며 우리의 행동 구석구석에 배어 있다. 그래서 나는 태도에 대해 다음과 같이 정의를 내렸다.

진정한 자아의 선봉

뿌리는 내면에 두고 있지만 그 열매는 외부에 맺는 것

최고의 친구가 될 수도 있고, 최악의 적이 될 수도 있는 것

말보다 훨씬 더 정직하고 일관성 있게 나 자신을 드러내는 것

과거의 경험을 기반으로 한 나의 외면

사람들을 매료시킬 수도 있고, 그들을 쫓아버릴 수도 있는 것

결코 숨길 수 없어 결국 표출되고 마는 것

나의 과거를 보여주는 도서관

나의 현재를 말해주는 대변인

나의 미래를 보여주는 예언자

현재 자신의 삶에서 태도의 영향을 받지 않는 것은 단 하나도 없으며, 앞으로의 태도가 자신의 미래에 절대적으로 영향을 미칠 것이다.

용기는 한계를 없애준다

팀의 이익을 위해서 두려워했던 일을 시도해보자.

래리 오스본 목사는 이런 말을 했다. "매우 유능한 리더들에게서 공통점을 거의 발견할 수 없다는 사실은 너무나 놀라운 일입니다. 어떤 리더가 신봉하는 법칙을 어떤 리더는 경계합니다. 단 한 가지 두드러지는 공통점이라면 기꺼이 위험을 감수한다는 것뿐이지요."

두려움은 한계를 만든다. 로마의 역사가 타키투스는 이렇게 썼다. "안전성에 대한 욕구는 모든 위대하고 고귀한 대업에 장애가 된다." 그러나 용기는 반대의 결과를 낳는다. 용기는 한계를 없애준다. 이것이야말로 용기가 주는 가장 큰 혜택이다. 영국의 신학자 존 헨리 뉴먼의 말을 들어보자. "인생의 종말에 이를까 두려워하지 마라. 다만 인생을 시작하지도 않았을까 두려워하라." 용기는 당신에게 좋은 시작뿐 아니라 더 나은 미래를 약속할 것이다.

역설적인 것은, 위험을 감수할 용기가 없는 사람이든 있는 사람이든 모두 살아가면서 비슷한 수준의 두려움을 경험한다는 사실이다. 한 가지 차이는 위험을 감수하지 않는 사람들은 사소한 일에 연연한다는 것이다. 두려움이나 회의를 어떤 식으로든 극복해야 한다면, 일단 부딪쳐보는 것이 가장 좋은 방법이다.

미국 인권 운동가이자 프랭클린 루스벨트 전 대통령의 영부인인 엘리너 루스벨트는 이런 말을 했다. "멈춰 서서 두려움에 진실로 직면할 때, 우리는 힘과 용기와 자신감을 얻을 수 있다. 스스로에게 '나는 공포감을 겪으며 살아왔어. 또다시 공포감이 찾아온다 해도 난 견뎌낼 수 있어'라고 말할 수 있을 것이다. 스스로 할 수 없다고 생각하는 일들을 해내야만 한다."

잠재력에 대한 잘못된 통념

조직 내 어느 위치에 있든 영향력을 미치는 법을 터득하자.

"나는 커서 미국의 부통령이 될 거야"라고 하는 아이가 몇이나 될까? 한 명도 없을 것이다. 어떤 아이가 정치가를 꿈꾼다면 그 아이는 대통령을 꿈꾼다. 사업에 관심이 있다면 그 아이는 자기 회사를 운영하거나 큰 회사의 최고경영자가 되기를 원한다. 중간을 꿈꾸는 이들은 극히 드물다. 그렇지만 대부분은 조직의 최고 지도자가 될 수 없는 것이 현실이다. 그들은 직장 생활의 대부분을 조직의 중간 어디쯤에서 보내게 된다. 그 정도면 괜찮은 것일까? 아니면 모든 사람들이 '골목대장' 놀이하듯 정상에 오르기 위해 노력해야 할까?

나는 모두가 조직의 정상에 오르기보다는 각자의 위치에서 최고가 되어야 한다고 믿는다. 딕 체니 부통령이 아주 훌륭한 예다. 그는 정치 분야에서 뛰어난 경력을 쌓았다. 제럴드 포드 대통령의 백악관 수석 보좌관이었고, 여섯 번이나 와이오밍주 상원의원을 지냈으며, 조지 H. W. 부시 대통령 시절에는 국방장관을, 그 아들 부시 대통령 시절에는 부통령을 역임했다. 그는 미국 대통령에 출마할 자격을 완벽히 갖춘 사람이었다. 그러나 그는 정상의 자리가 자신이 가장 잘할 수 있는 역할이 아님을 알고 있었다. 와이오밍주의 상원의원을 지냈던 앨런 심슨을 오랫동안 보좌했고, 국회에서 딕 체니와 함께 일했던 마리 케이 힐은 그를 이렇게 평했다. "그분은 어느 자리에 있어도 일할 수 있는 분입니다. 어떤 환경이라도 거기에 자신을 맞추고, 그 환경을 자기 것으로 만드는 데 정말 뛰어난 분이지요." 체니는 조직 내에서 직급에 상관없이 상하좌우 어느 방향으로나 리더십을 발휘하는, 이른바 '360도 리더'의 가장 훌륭한 예일 것이다. 그는 어떤 자리에 있든 다른 사람들에게 영향을 미치는 방법을 아는 사람이다.

05

May

행동으로 옮겨라

오늘, 중요한 목표를 향해 단호히 한 걸음을 내디디자.

독일의 대문호 요한 볼프강 폰 괴테는 "생각은 쉽고 행동은 어렵다. 그런데 생각을 행동으로 옮기는 일은 세상에서 가장 어려운 일이다"라고 말했다. 그래서 목표를 세우고 행동으로 옮기는 사람이 그렇게 적은지도 모른다. 그레그 헤리스 목사가 이런 사실을 조사한 적이 있다. 조사 대상의 3분의 2에 달하는 100명 중 67명이 스스로 목표를 세우긴 했지만 67명 중에서 10명만이 목표 달성에 필요한 현실적인 계획을 세웠다. 그리고 그 10명 중에서 단 2명만이 중도에서 포기하지 않고 끝까지 목표를 달성했다고 한다.

목표를 행동에 옮기는 요령은 일단 시작하는 것이다. 프랭클린 루스벨트 대통령은 이 점에 대해 좋은 조언을 했다. "방법을 찾아서 노력하는 것은 일반 상식이다. 그리고 실패하면 솔직히 인정하고 다른 방법을 찾아야 한다. 그러나 무엇보다 일단 뭔가 시도하라." 완벽해질 필요는 없다. 그저 앞으로 나아가기만 하면 된다. 중국 속담에도 있다. "천천히 가는 것을 걱정하지 말고 제자리 서 있는 것을 걱정하라."

잠재적 리더를 발굴하라

나는 미래의 리더를 찾아 육성하는 일을 최우선으로 삼고 있는가?

그 어떤 능력보다 중요하고 보기 드문 자질이 있다. 바로 '능력을 알아보는' 능력이다. 성공하는 리더의 주요 의무 중 하나는 장래의 리더를 발굴하는 일이다. 결코 쉽지 않지만, 매우 중대한 임무이다.

한 시대를 풍미했던 미국의 철강왕 앤드류 카네기는 잠재적 리더를 알아보는 능력이 탁월했다. 한 기자가 그에게 어떻게 직원들 중 백만장자가 43명이나 되냐고 묻자, 그는 처음 자기 밑에서 일을 시작했을 때는 그 누구도 백만장자가 아니었다고 말했다. 그들이 백만장자가 된 것은 그들이 일궈낸 결과다. 기자가 다시 카네기에게 어떻게 그 사람들을 가치 있는 리더로 키울 수 있었는지 물었다. 카네기는 대답했다. "인재를 얻는 것도 금광에서 금을 캐는 것과 같습니다. 몇 톤의 흙더미를 파헤쳐야 1온스의 금을 얻을 수 있지요. 누가 흙더미를 찾으러 금광에 들어가겠어요. 금을 찾으려고 들어가는 거지요." 이것이 확실하게 성공할 사람들을 길러내는 방식이다. 흙을 찾지 말고 금을 찾아라. 나쁜 점을 보지 말고 좋은 점을 보라. 긍정적인 자질을 더 많이 찾아다닐수록 더 많이 발굴해낼 수 있을 것이다.

팀원에게 맞는 리더십을 찾아라

나의 리더십에서 부족한 부분은 어디인가?
팀을 최대한 활용하기 위해 어떻게 변화할 것인가?

초보 리더가 흔히 저지르는 실수는 모든 사람을 똑같은 방식으로 이끌려고 하는 것이다. 그러나 잘 생각해보라. 같은 리더십에 모두가 똑같이 반응하지는 않는다. 물론 모두를 일관성 있게 대하고, 모두를 존중하고, 모두에게 친절해야 한다. 그러나 모두에게 같은 전략과 방식을 사용해서는 안 된다.

　팀 구성원 각자에게 어떤 리더십이 통하는지 찾아내라. 어떤 사람은 도전받는 일을 좋아할 것이고, 어떤 사람은 성숙해지기를 바랄 것이다. 리더가 명확한 전략을 제시해주길 원하는 사람도 있을 것이고, 자기 스스로 전략을 짤 때 더욱 열정이 타오르는 사람도 있을 것이다. 어떤 사람은 자주, 지속적인 평가를 바랄 것이고, 또 어떤 사람은 숨 돌릴 틈을 원할 것이다. 효율적인 리더가 되고 싶다면 자신이 거느리고 있는 사람들이 원하는 타입의 리더가 되어야 한다. 그것이 리더의 의무이다. 사람들이 자신에게 맞춰주기를 기대하지 마라.

사람들을 돕는 일에 앞장서라

항상 팀원들을 주시하고 도움이 필요해보이면 가장 먼저 도움의 손길을 내밀자.

유명한 대중 연설가이며 내 친구이기도 한 지그 지글러는 "다른 사람들이 원하는 것을 얻을 수 있도록 끝까지 도움을 준다면 자신이 원하는 모든 것을 얻을 수 있다"라고 말했다. 그는 이 말의 산증인으로, 많은 사람들에게 도움을 주었고 결과적으로 성공했다.

　나는 사람들을 돕는 일을 좋아한다. 또한 그것이 하느님이 우리를 이 땅에 보낸 이유라고 생각한다. 도움을 주는 것은 다른 사람에게 혜택을 주는 것 이상의 효과가 있다. 결국 도움을 받는 사람이나 도움을 주는 사람 모두 함께 성공하는 길이다. 누군가를 돕는 일에 선뜻 나서는 것은, 당신이 어떤 사람인지 알리는 것이며 상대에게 결코 잊지 못할 명함을 남기는 것과 같다.

중간 리더의 자리

현재의 위치에 만족하고 주어진 일에 최선을 다하자.

최정상에 오르면 리더십을 발휘하기 쉬울 거라고 생각하는 경우가 많다. 그러나 자기 위에 정말 훌륭한 리더가 있다면, 중간 리더의 자리가 리더십을 발휘하기에 훨씬 더 수월하다. 훌륭한 최정상의 리더들은 아랫사람들이 일할 수 있는 기반을 마련해주고 조직 전체에 활력을 불어넣는다. 최정상의 리더가 모든 면에서 탁월한 리더십을 발휘하고 있는 조직에 속해 있는 덕분에 평균 또는 그 이하 수준의 리더십을 지닌 사람들이 성공한 경우를 본 적이 있을 것이다.

자기 위에 훌륭한 리더가 있으면, 대단한 기술이나 에너지가 없어도 일을 해낼 수 있다. 자신의 리더가 하는 모든 것을 통해 혜택을 입을 수 있다. 왜 그런 혜택을 누리지 못하고, 왜 그들로부터 배우려 하지 않는가? 나는 헬렌 로리가 쓴 다음의 시를 무척 좋아한다.

차선에서 최선을 끌어내보겠다는
시험에 들었던 적이 얼마나 많았던가?
어느 날, 문득 깨달아 알게 되었네
차선이 나에게는 최선이었다고

자신의 리더를 믿고 그의 비전을 받아들일 수 있다면 중간 리더의 자리에 있는 것이 최선이 될 수 있다. 어떻게 하면 중간 리더의 위치에 만족할 수 있을까? 사실 만족감은 기대치가 부리는 장난이다. 생각과 현실 사이의 격차가 클수록 실망도 큰 법. 상사와 허심탄회하게 대화를 나누어라. 자신에 대한 기대치, 조직 내의 표준치, 자신에게 주어진 권한이 얼마나 되는지 알게 되면 훨씬 편안해질 것이다.

자기 단련

정기적으로 자기 단련 계획들을 실천에 옮기자.

H. 잭슨 브라운 주니어는 《삶의 작은 교훈서Life's Little Instruction》에서 "단련되지 않은 재능은 롤러스케이트를 탄 문어와 같다. 열심히 움직이지만 앞으로 갈지 뒤로 갈지 옆으로 갈지 전혀 예측할 수 없다"라고 말했다. 재능도 있고, 많은 시도도 해보았지만 이렇다 할 결과가 없다면 그것은 자기 단련이 부족했기 때문이다.

우선순위를 정리하라. 자기 인생에서 가장 중요한 분야 두세 가지를 찾아내서 목록을 작성하라. 그리고 목록 안에 자신을 발전시키고 지속적으로 성장시키기 위해 배워야 할 단련법들도 함께 적어보라. 그리고 매일 혹은 매주 단위로 실천 계획을 세워보라.

해야 할 이유에 대한 목록을 작성하라. 시간을 내서 앞서 작성한 단련 계획을 실천하는 데 따라올 혜택을 적어보라. 매일 볼 수 있는 곳에 그 목록을 붙여두고 계획을 포기하고 싶을 때마다 다시 읽어보라.

변명거리를 제거하라. 단련 계획을 끝까지 완수하지 못할 수도 있는 이유를 모두 적어보라. 그리고 처음부터 끝까지 꼼꼼히 읽은 다음 모두 핑계에 불과하다고 묵살해버리려. 이유가 정당해보이더라도 극복할 수 있는 해결책을 찾아라. 단련을 중단할 어떤 핑곗거리도 남겨 두지마라. 단련하는 순간만큼은 자신의 꿈을 성취할 수 있는 힘을 얻는 시간임을 기억하라.

캐나다에 있는 한 유치원 벽에는 이런 글이 붙어 있다. "나무를 심기에 가장 좋은 때는 지금부터 25년 전이다. 그리고 그다음으로 좋은 때가 바로 오늘이다." 오늘 자신의 삶에 자기 단련을 위한 나무를 심어라.

내 사전에 '실패'는 없다

실패했다고 해서 그 사람 자체가 실패는 아니라는 사실을 기억하자.

한 번이라도 자신이 실패한 사람이라고 생각했다면 그런 부정적인 사고방식부터 버려라. 반복해서 실패하는 분야를 찾아내어 다음 사항을 적용해보라.

실패하는 분야에 대한 자신의 기대치를 면밀히 검토하라. 그리고 글로 적어보라. 현실적으로 가능한 일들인가? 그 모든 것을 완벽하게 하길 바라는 것은 아닌가? 처음 시도에서 성공해야 한다고 생각하는가? 성공하기 전에 몇 번이나 실수할 것으로 기대하는가? 자신의 기대치를 조정해보라.

새로운 업무 방식을 찾아라. 최소한 20가지의 새로운 접근 방식을 찾아낸 다음, 적어도 그중 절반은 실제로 시도해보라.

자신의 강점에 집중하라. 자신이 기울인 노력을 극대화하기 위해 자기가 가장 잘하는 기술과 개인적 장점을 어떻게 활용할 것인가?

오뚝이가 되라. 몇 번을 넘어져도 다시 일어나 계속 전진하라.

앞으로 나갈 자신감이 생길 때까지 기다리지 말고 행동을 통해 자신감을 얻어라. 그것만이 자신에 대해 더욱 긍정적으로 생각할 수 있는 유일한 길이다.

열의

오늘, 기분과 상관없이 열의를 가지고 행동하자.

그 무엇도 열의를 대체할 수 없다. 팀원들에게 열의가 있다면 팀 전체가 에너지로 넘칠 것이다. 미국 최대 증권거래업체 창립자인 찰스 슈왑은 "열의가 있으면 거의 모든 일에 성공할 수 있다"라고 말했다. 시작하지 않으면 결코 원하는 것을 얻을 수 없다. 그것이 행동이 먼저고 감정은 나중이라고 말하는 이유다. 하고 싶은 기분이 들 때까지 기다려서는 무관심의 악순환을 끊을 수 없다. 나는 《인생 성공의 법칙》에서 이와 비슷한 주제를 다룬 적이 있다.

두려움의 악순환에서 벗어나고자 하는 사람들은 …… 두려움을 없애기 위해 악순환의 고리부터 깨야 한다고 생각한다. 그러나 …… 동기가 생길 때까지 기다리다가는 한 발짝도 움직이지 못한다. 악순환을 깨는 단한 가지 방법은 두려움과 맞서 행동하는 것이다. 그 행동이 아주 작고 보잘것없어 보여도 상관없다. 두려움을 극복하려면 먼저 행동으로 옮겨야 한다.

열의를 지니고 싶다면 먼저 열의 있게 행동해야 한다. 마음이 동할 때까지 기다렸다가 행동한다면 결코 열의가 생기지 않을지도 모른다.

하향 평준화에 맞서 싸워라

최고의 리더가 다른 리더의 채용을 책임져야 한다는 사실을 명심하자.

마케팅 전문가 I. 마틴 젠킨스는 경제 전문 월간지 《잉크Inc.》지에서 자신이 보았던 고용 트렌드에 대해 정의를 내렸다. 젠킨스가 '전문성 감소의 법칙'이라고 표현한 이 트렌드는 리더들이 자기보다 능력이나 전문 기술이 부족한 사람들을 고용하는 경향이 있다는 것이다. 따라서 조직이 커지고 고용자 수가 증가하면, 전문성이 부족한 사람들이 뛰어난 전문성을 지닌 리더의 수를 훨씬 능가하게 된다.

다행히 하향 평준화를 지향하는 트렌드에 맞서 싸울 방법이 있다.

1. 인재 채용을 탁월한 능력을 지닌 리더에게 맡겨라.
2. 가능한 한 가장 탁월한 능력을 지닌 리더를 채용하라.
3. 리더십의 본보기가 되기 위해 노력하라.
4. 주위 사람들의 계발을 위해 노력하라.

데니스 웨이틀리의 저서 《새로운 승리 역학New Dynamics of Winning》에서 대형 광고대행사인 '오길비 앤 매더'의 창립자 데이비드 오길비와 관련된 일화를 소개했다. 오길비는 '전문성 감소의 법칙'을 이해하고 있었던 모양이다. 그는 새로 간부로 임명되는 사람들에게 러시아 전통 인형 마트료시카를 선물했다고 한다. 하나의 인형 안에 크기순으로 똑같은 인형 다섯 개가 차례로 들어 있었다. 가장 안에 들어 있는 인형에는 "우리가 각자 자신보다 작은 사람을 고용한다면 우리 회사는 난쟁이가 되고 말 것이다. 그러나 자신보다 큰 사람을 고용한다면 오길비 앤 매더는 거인들이 일하는 회사가 될 것이다"라고 쓰여 있었다. 거인을 찾아내고, 고용하고, 키우는 데 전력을 기울여라.

'모' 아니면 '도'

조직 내에서 현재 내가 앉아 있는 자리의 가치를 인식하자.

조직에서 최고의 리더가 될 전망은 어느 정도인가? 현실적으로 대부분은 최고경영자가 될 수 없다. 그렇다고 리더가 되기를 포기해야 할까? 물론 그런 사람도 있다. 그들은 조직의 구조를 파악하고 정상에 오를 수 없다는 사실을 깨달으면 곧바로 포기한다. 그런 태도는 "팀의 주장이 될 수 없다면 공이나 챙겨서 집에 가야지"라는 것과 다름없다.

리더가 되는 과정에 들어섰음에도 조직 내에서 자신의 위치에 실망하는 사람도 있다. 왜 그럴까? 그들은 '최고의 자리'에 오르는 것이 '성공'이라고 규정하고 정상에 오르지 못하면 성공이 아니라고 생각한다. 그런 실망감이 지속되면 자신의 위치에 환멸을 느끼고, 억울해하고, 부정적이 될 수도 있다. 그런 상태에 이르면 이미 조직이나 자신에게 도움이 되기는커녕 방해가 될 뿐이다. 그렇다면 주전 선수가 아닌 후보 선수들이 할 수 있는 좋은 일은 없을까?

정상의 자리에 있어야만 변화를 일으키는 것은 아니다. 특히 리더십은 '모' 아니면 '도'의 문제가 아니다. 최고 자리에 오르지 못한 것 때문에 심한 좌절감을 느끼더라도 포기하지 마라. 조직의 어디에 있든 그곳에서 영향력을 발휘할 수 있기 때문이다.

나는 누구나 자신의 현재 위치에서 더 나은 리더가 될 수 있다고 생각한다. 자신의 리더십을 향상시켜라. 그러면 조직에 영향을 미칠 수 있고 사람들의 삶을 변화시킬 수 있다. 가치를 높여가는 사람이 될 수도 있고 정상에는 오르지 못하더라도 조직 내의 모든 사람들에게 영향을 미치는 법을 알아낼 수도 있다. 다른 사람에게 도움을 줌으로써 스스로에게도 도움이 될 수 있다는 사실을 기억하라.

대가를 먼저 지불하라

나는 성공에 필요한 대가를 먼저 지불하는 것으로 인생에 투자하고 있는가?

우리가 택할 수 있는 방법은 두 가지다. 게임을 먼저 즐기고 비용을 나중에 지불하거나, 아니면 비용을 먼저 지불하고 게임을 즐기는 방법이다. 어떤 방법을 선택하든 삶에는 비용이 요구된다는 것만은 확실하다. 앞서 말했듯이 나는 이 중요한 원칙을 아버지에게 배웠다. 아버지는 매주 그다음 7일 동안 할 일을 정해주셨다. 대부분은 주중에 아무 때나 끝내면 되는 것들이었고, 그 주 토요일 정오까지 모두 끝내는 게 목표였다. 그리고 목표를 완수하면 가족들과 함께 재미있게 놀 수 있었다. 그러나 목표를 완수하지 못하면 놀이에 끼지 못하고 집에 남아서 주어진 일을 끝내야 했다. 나는 단 두 번 목표 달성에 실패했는데, 그때 깨달았다. 대가를 '먼저' 지불해야 한다는 사실과 주어진 일은 기한 내에 끝내야 한다는 사실을 말이다.

그것은 내게 아주 소중한 교훈이었다. 나 역시 내 자식들이 자라는 동안 그 교훈을 가르쳤다. 나는 아이들이 세상에는 '공짜'가 없으며, 인생은 거저 얻는 선물이 아니라 투자임을 깨닫기를 바랐다. 욕망을 스스로 통제하고, 삶이 요구하는 것을 달게 받을수록 큰 성공을 이룰 가능성이 높아지기 때문이다.

영화배우 존 포스터는 이런 말을 했다. "자신의 인격을 결정하지 못하는 사람은 결코 자기 인생의 주인이 될 수 없다. 인생의 포로가 될 뿐이다." 내 친구 빌 클라센은 "지불이 늦어질수록 그 비용은 눈덩이처럼 불어난다"는 사실을 내게 일깨워주었다.

"길게 보면 세상의 소금 역할을 하는 사람들은 시련과 단련을 가슴 깊이 감사한다." 이것은 '기적의 승부사'라는 별명을 얻은 미국 역사상 최고의 스포츠 지도자 빈스 롬바르디가 했던 말이다. 그는 여기에

이 말을 덧붙였다. "누구에게나 최고의 순간, 자신이 소중하게 여겼던 모든 것을 성취해낸 위대한 순간은 대의명분을 위해 혼신의 힘을 다해 싸운 뒤 기진맥진한 몸으로 전장, 승리를 이룬 전장에 눕는 순간이다."

인재 관리법

나는 핵심 팀원들에게 그들이 지닌 가치에 걸맞은 대우를 하고 있는가?

조직을 회전문에 비유해보자. 리더는 팀을 떠나는 사람들보다 더 나은 인재들이 팀으로 유입되도록 회전시켜야 할 책임이 있다. 한 가지 방법은 기존의 우수한 직원들의 가치를 높이 평가하는 것이다.

모든 팀의 구성원은 세 부류로 나눌 수 있다. 첫 번째는 '선발조'이다. 그들은 직접적으로 조직의 가치를 높이거나 조직이 움직이는 방향에 영향을 미치는 사람들이다. 두 번째는 '대기조'로, 간접적으로 조직의 가치를 높이거나 선발조를 돕는 역할을 한다. 세 번째는 선발조 중에서 가장 중요한 인물들로 구성된 '핵심조'이다. 이들이 없으면 팀은 붕괴된다. 리더가 해야 할 일은 각 집단을 지속적으로 성장시켜 대기조는 선발조가, 선발조는 핵심조가 될 수 있게 만드는 것이다.

누가 핵심조에 속하는지 모를 때는 선발조의 명단을 작성해서 그들 중에서 없어도 될 만한 사람 한 명을 선택하라. 이런 식으로 그 사람이 없어도 팀이 타격을 입는 정도가 크지 않은 사람순으로 하나씩 지워나가는 거다. 어느 순간 그 사람이 없다면 팀이 완전히 무너지게 될 극소수만 남을 것이다. 그들이 바로 당신의 핵심조이다.

이는 팀원들의 가치를 일깨워주는 좋은 방법이다. 따라서 그 가치에 합당한 대우를 하지 않는다면 사람을 잃게 될 뿐 아니라 리더가 관리해야 할 회전문이 역방향으로 돌아갈 위험도 생긴다.

자기 자리를 찾아라

나에게 적합한 자리를 찾아 그곳에서 성장하자.

당신은 자기가 있어야 할 자리를 찾았는가? 주어진 임무를 성취해가는 동안 "이런 곳은 세상 어디에도 없어. 여기가 내가 있어야 할 자리일 거야"라고 생각한 적이 있는가? 그렇다면 자신의 전문성을 발휘할 수 있는 그곳에 남아 계속 배우고 성장하라. 그게 아니라면 다른 길을 모색해야 한다.

자신에게 적합한 곳이 어딘지 알면서도 그곳에서 일하고 있지 않다면 옮겨갈 계획을 세워보라. 업무를 바꾸는 정도의 간단한 일일 수도 있고 새로운 경력을 쌓아야 하는 어려운 일일 수도 있다. 그러나 가야 할 길이라는 확신이 들면 시간이 얼마가 걸리든 계획을 완수하기 위한 일정표를 짜야 한다. 어떻게 할지 전혀 모르겠다면 배우자나 친구들에게 당신의 강점과 약점을 물어보고 상사의 평가도 받아보라. 성격이나 적성 테스트도 좋다. 살면서 반복적으로 부딪혀왔던 문제를 찾아보고 인생의 목적을 명확히 설정해보라.

자신이 있어야 할 곳이 어디인지 단서를 찾을 수 있는 것이면 무엇이든 해보라. 단서를 찾았다면 그와 연관된 새로운 일들을 시도해보라. 당신이 있어야 할 자리를 찾는 유일한 방법은 경험을 늘리는 방법밖에 없다.

다른 사람들의 가치를 높이 평가하라

오늘, 주변 사람들의 가치와 잠재력을 찾아내자.

우리가 어떤 사람에 대해 가지고 있는 견해는 그들에게 깊은 영향을 준다. 하버드 경영대학원의 교수를 역임했고, '스털링 인스티튜트' 경영 컨설팅 회사를 설립한 J. 스털링 리빙스톤 박사의 말을 새겨들을 만하다. "사람들은 언제나 당신이 기대하는 만큼만 성과를 낸다."

많은 사람들이 평판에 걸맞게 행동하거나, 아니면 평판을 만회하기 위해 평생을 바친다. 그렇다면 상대를 높이면 높였지 깎아내릴 이유가 없지 않은가? 모든 사람은 가치와 잠재력을 지니고 있다. 우리가 마음만 먹으면 누구에게서나 그것을 발견할 수 있다.

무능한 상사를 탓하지 마라

부정적인 상황에서도 팀워크와 협동심을 놓치지 말자.

무능한 리더 밑에서 일하는 것만큼 유능한 중간 관리자를 미치게 만드는 일도 없을 것이다. 이를 극복하기 위해서는 리더의 태도를 고치거나 리더를 바꿔야 하지만, 일반적으로 중간 관리자들에게는 선택권이 없다. 선택권이 있다 해도 그것은 적절한 방법이 아니다. 어떤 환경에 있든 우리에게 가장 큰 제약이 되는 것은 상사가 아니라 내면에 깃든 정신이기 때문이다.

무능한 상사 밑에서 일한다면 어떻게 할까? 쉽진 않겠지만 살아남을 방법은 분명히 있다. 오히려 자신이 더욱 빛날 수도 있다. 다음 방법들을 시도해보라.

1. 상사와 돈독한 인간관계를 구축하라.
2. 상사의 강점을 파악하고 인정하라.
3. 상사의 강점을 높여주기 위해 노력하라.
4. 상사의 허락하에 그의 약점을 보완할 전략을 세워라.
5. 훌륭한 리더십을 계발하는 데 필요한 자료들을 상사에게 제공하라.
6. 공개석상에서 상사의 능력을 인정하라.

장기적 관점으로 볼 때, 상사와 조직의 가치를 높이는 일은 결코 나에게 불리하게 작용하지 않는다. 시간이 지나면 사람들이 나의 재능을 알아볼 것이고, 내가 기여한 일의 가치를 깨닫게 될 것이다. 그들은 내가 성공할 수 있는 능력뿐 아니라 다른 사람, 그것도 자신보다 능력이 떨어지는 사람들의 성공에도 도움을 주는 능력을 지녔다는 사실에 찬사를 보낼 것이다.

실패했다고 상심하지 마라

경험을 늘리고 자신감을 높이기 위해 실패라는 대가를 치르자.

진실을 직시해보자. 실패는 매우 고통스럽다. 그 고통은 육체적이기보다는 감정적일 때가 대부분이다. 비전이 완전히 엎어지는 것을 보고 있으면 정말 가슴 아프다. 상처받은 감정 위에 사람들의 조롱까지 더해진다면 감정은 더욱 악화될 것이다.

실패를 극복하는 첫 단계는 실패를 개인적으로 받아들이지 않는 것이다. 실패가 인생의 패배는 아니다. 이 점을 분명히 알아야 한다. 그러나 안타깝게도 많은 사람들이 실패의 아픔을 실패에 대한 두려움으로 받아들인다. 이때가 많은 사람들이 두려움의 악순환에 빠져드는 때다. 두려움에 압도당하면 실패를 딛고 앞으로 나아가기가 거의 불가능하다.

극작가 조지 버나드 쇼의 말도 새겨들을 만하다. "실수로 점철된 인생이 아무것도 하지 않고 보낸 인생보다 존경받을 만할 뿐 아니라 유용하기까지 하다." 두려움을 극복하고 실패의 악순환을 끊어버리고 싶다면 앞으로 살아가는 동안 더 많은 실패를 겪을 수 있다는 사실을 받아들여라. 오랫동안 아무것도 하지 않고 살아왔다면, 시작하는 것조차 어려울 수 있다. 하지만 일단 시작하면 그다음부터는 쉬워진다.

행동하고 실수를 반복하는 동안 경험이 축적된다. 반복된 실패의 경험은 당신의 능력을 키워줄 것이고, 점차 실패하는 일도 줄어들 것이다. 두려움은 더 이상 당신을 위축시키지 못한다. 그러나 두려움의 악순환을 끊는 과정은 모두 행동에서 시작된다는 점을 기억하라. 앞으로 나아가게 해줄 긍정적인 감정이 우러날 때까지 기다리지 마라. 행동을 통해 긍정적인 감정을 끌어내야 한다.

학습 능력

자기 계발에 더 많은 시간을 투자하자.

리더는 현재 상태에 만족해서는 안 된다. 그런데 이미 영향력 있고, 존경받는 리더가 되었는데, 왜 계속 성장해야 하는 것일까? 다음이 그 이유다.

- 리더의 성장은 그의 사람 됨됨이를 결정한다.
- 리더의 사람 됨됨이가 그를 따르는 사람들을 결정한다.
- 리더의 주변에 있는 사람들이 그 조직의 성공을 결정한다.

조직을 성장시키고 싶다면 계속 배워야 한다. 나는 어린 시절, 종묘상에 갔다가 "수확한 농작물이 마음에 들지 않으면 종자를 확인하세요"라는 종자 광고 문구를 보고, 여기에 매우 중요한 원칙이 담겨 있다고 생각했다.

당신은 지금 어떤 수확물을 거두고 있는가? 당신의 인생과 리더십이 매일, 매달, 매년 개선되고 있는가? 아니면 지금 앉아 있는 자리를 지키기에 급급한가? 그 자리가 원했던 자리가 아니라면 자신의 학습 능력에 문제가 있는 것이다. 무슨 일이든 처음 시도해본 게 언제인가? 마지막으로 자신의 전문 분야 밖의 일에 뛰어드는 무모한 일을 시도했던 적이 언제인가?

팀원들의 역량을 향상시켜라

오늘, 팀원들의 능력을 향상시키는 일을 최우선 과제로 삼자.

팀원들은 당신을 어떻게 보고 있는가? 능력을 확장시키는 리더인가? 당신이 그들에게 준 영감과 헌신을 통해 팀원들의 능력이 혼자일 때보다 향상되었는가? 당신은 팀원들이 가치 있게 여기는 일이 무엇인지 알고 있는가? 그리고 특히 그 분야에서 팀원들의 가치를 높여줌으로써 그 일이 잘 돌아가게 하고 있는가?

　다른 사람의 역량을 향상시키는 일은 쉽지 않다. 다른 사람의 가치를 높이려면 먼저 자신에 대한 확신이 있어야 한다. 마음 깊은 곳에서 남을 돕는 일이 조금이라도 자신에게 해가 되거나 성공의 기회를 가로막는다고 생각한다면, 상대방의 능력을 향상시키는 일을 주저할수밖에 없다. 헨리 워드 비처 목사는 "이기적인 사람보다 더 비열한 사람은 없다"라고 주장했다. 팀원들이 이기심을 버리고 서로의 능력을 확장시킬 때, 자신 또한 발전할 것이다.

현재 상태에 만족하지 마라

나는 현 상태에 만족하고 있는가,
아니면 더 큰 성취를 이루기 위해 위험을 감수할 것인가?

영어에서 '현 상태'라는 의미의 'status quo'는 라틴어로, 원래 뜻은 '현재 처해 있는 정신 없는 상황'이다. 리더는 현재의 상태를 본다. 하지만 더 중요한 사실은 어떤 상태로 만들어갈 것인가에 대한 비전이 있어야 한다. 리더는 현재의 상태에 만족해서는 안 된다. '리드하다lead'의 사전적 의미는 '현 상태status quo'에서 벗어나 최전방에서 새로운 터를 닦고 신세계를 정복하는 것이다.

'현 상태에 만족하지 않는 것'을 부정적 태도나 불평불만을 가지라는 의미로 해석하면 곤란하다. 변화를 기꺼이 받아들이고, 위험을 감수하라는 의미다. 변화에 따른 위험을 거부하는 사람은 성장할 수 없다. 현재 상태에 안주하는 리더는 머지않아 다른 리더 밑으로 들어가게 될 것이다. 벨 애틀랜틱사의 최고경영자였던 레이먼드 스미스는 말했다. "안전한 길을 택하고 맡은 일에 충실하지만, 변화의 물결을 만들어내지 못한다는 이유로 지금 당장 해고되지는 않는다. 그러나 장기적으로 보면 그런 사람은 회사뿐 아니라 자신의 경력에도 도움이 안된다. 사람들은 바보가 아니다. 단순 관리자는 구하기도 쉽고, 비용도 적게 든다는 사실을 잘 알고 있다. 하지만 위험을 감수하는 리더는 찾기 어렵다. 거기에 비전까지 지닌 리더는 순금과 같은 존재다."

새로운 해결책을 찾기보다 오래된 문제를 덮어두는 게 더 편안한 사람들에게 변화는 위험하게 느껴질 수 있다. 우리의 시간과 에너지를 해묵은 문제와 씨름하는 데 사용할 수도 있고 새로운 해결책을 강구하는 데 사용할 수도 있다. 그러나 그 둘의 차이는 놀랍게도 아주 미미하다. 그것은 바로 '태도'이다.

태도가 좋은 사람

조직에 태도가 나아져야 할 사람이 있다면 잘 지도해주자.
태도의 성장 잠재력은 무한하기 때문이다.

예전에 직원들의 태도를 우선시했을 때는 일단 태도가 가장 좋은 사람을 고용해서 업무에 관한 기술을 원하는 수준까지 끌어올리겠다고 생각했다. 그러나 나이가 들고 경험이 많아지니 내가 거꾸로 생각했었다는 사실을 깨닫게 되었다. 지금 나는 직원을 채용할 때 기술과 경험을 최우선 순위에 놓는다.

여기에는 이유가 있다. 재능과 기술에 관한 한, 사람은 일정 수준까지밖에 성장할 수 없다. 10점이 만점이라면 대부분의 사람들은 기술적 측면에서 자신의 수준보다 2점 정도 끌어올릴 수 있다. 만약 당신이 리더로서 타고난 재능이 6점이라면, 리더로서 8점까지 성장할 수 있다. 그러나 2점 수준의 재능을 타고났다면, 아무리 노력해도 평균 수준에도 미치지 못할 것이다. 어떤 농구 감독이 "하늘에서 내린 재능이 없다면 코트를 떠날 수밖에 없다"라고 말했는데, 안타깝게도 이는 진실이다.

그러나 태도는 전혀 다른 문제이다. 태도의 발전 가능성은 무한하다. 태도 점수가 2점이어도 10점까지 발전할 수 있다. 따라서 태도가 아주 좋지 않아도 완전히 변할 수 있다. 내가 우리 회사의 중요한 자리에 경력이 뛰어난 사람들만 채용하기로 작정한 그날부터 회사가 완전히 달라졌다. 팀 전체의 생산성이 향상되기 시작하고 회사는 한 단계 업그레이드되었다. 그렇다고 내가 태도가 나쁜 사람들을 고용하기로 했다는 말은 아니다. 그랬을 리가 있겠는가? 둘 중에 하나를 선택하는 결정이 아니라 '둘 다'를 선택하는 결정이었다. 능력, 경험, 그리고 긍정적인 태도는 성공으로 이끄는 필수 조합이다.

먼저 자신의 모습을 살펴라

거울에 비친 내 모습을 꼼꼼히 살펴보자.

몇 년 전 컨퍼런스 참석차 뉴질랜드에 갔을 때, 크라이스트처치에 있는 한 호텔에 묵은 적이 있었다. 하루는 저녁에 목이 말라서 음료자판기를 찾아나섰는데 자판기는 보이지 않고 '직원 전용'이라는 팻말이 붙은 방이 눈에 띄었다. 나는 누군가 도와줄 사람이 있을까 해서 그 방으로 들어갔다. 방에는 호텔 직원도, 음료자판기도 없었지만 흥미로운 점이 하나 눈에 띄었다. 다시 복도로 나오려고 방문 쪽을 향했는데 방문 안쪽에 전신 거울이 있는 것이었다. 거울 위에는 "자신의 용모를 꼼꼼히 살펴라. 이 모습이 바로 고객의 눈에 비칠 내 모습이다"라는 메시지가 붙어 있었다. 호텔의 경영진은 직원들에게 원하는 것을 이루기 위해서는 자신의 모습을 살펴야 한다는 사실을 상기시켜주고 있었다.

그 말은 리더뿐만 아니라 모든 사람에게 적용될 수 있다. 심리 치료사 셸던 코프는 "살아가면서 치러야 할 큰 전쟁은 모두 자기 안에서 벌어진다"라고 말했다. 자기 자신을 점검하는 동안 그 전쟁의 정체가 드러나고, 우리에게 주어지는 선택은 두 가지다.

하나는, 어떤 사람이 병원에 갔다가 건강에 심각한 문제가 생겼다는 사실을 알게 되었다. 의사가 엑스레이 필름을 보여주면서 고통스럽고, 비용이 많이 드는 수술을 하라고 하는데, "좋아요, 그런데 엑스레이를 살짝 손보는 데는 비용이 얼마나 들까요?" 하는 것과 같다.

또 다른 선택은 남을 비난하는 일을 멈추고, 자신의 모습을 살펴보고, 문제를 일으킨 근본 원인을 찾아, 최선을 다해 해결하는 것이다. 더 어려운 길이지만 옳은 길이다. 사람들과 더 나은 관계를 맺고 싶다면, 멈춰 서서 거울을 보고 스스로를 점검하라.

작은 것에서 시작하라

오늘, 내가 작성한 목록 중 한 가지를 선택해서 수련을 시작하자.

내일의 내 모습은 오늘 만들어진다. 내일 큰 수련을 계획하고 있다면, 오늘 작은 수련부터 시작하는 것이 매우 중요하다.

1. 자신의 삶에서 수련이 부족한 다섯 가지 분야에 대한 목록을 작성하라.
2. 그 분야들을 공략하기 위해 우선순위를 매겨보라.
3. 한 번에 하나씩 공략하라.
4. 각 분야를 정복하는 데 필요한 교육이나 동기를 부여해줄 책이나 강연, 동영상 등의 자료를 확보하라.
5. 자신이 얻고 싶은 자질에 대한 롤 모델이 될 만한 사람에게 수련을 계속할 수 있도록 도움을 청하라.
6. 매일 아침 15분 정도 취약한 분야를 관리하는 데 집중하라.
7. 정오에 5분 정도 자기 점검을 하라.
8. 저녁에 5분 정도 진전 상황을 평가하라.
9. 한 분야에 60일씩 투자하라. 그러고 나서 다음 분야로 넘어가라.
10. 수련을 성공적으로 마칠 때마다 수련을 계속할 수 있게 도와준 사람과 함께 성공을 축하하라.

기억하라. 모든 것을 가진다는 것이 한꺼번에 모든 것을 얻는다는 의미는 아니다. 시간이 필요하다. 작은 것에서 시작하고, 오늘에 집중하라. 서서히 쌓아올린 것들이 언젠가는 큰 차이를 만든다.

최고를 기대하라

최선의 결과만을 기대하며 오늘을 시작하자.

인생이 우리를 대하는 태도는 내가 인생을 대하는 태도에 달려 있다. 생각하는 방식이 성공의 여정에 들어서는 데 지대한 영향을 미치기 때문이다.

> 인생에 대한 생각이 인생을 보는 관점을 결정하고
> 그 관점이 인생에서 얻을 수 있는 것을 결정한다.

최악의 결과를 예상한다면 반드시 그런 결과를 얻게 된다. 그러나 부정적인 상황이 앞을 가로막는다 하더라도 (아무리 긍정적인 태도를 갖고 있다 하더라도 그런 상황을 막을 수는 없다) 최선의 것을 기대한다면, 그 안에서 최선의 결과를 이루며 계속 앞으로 나아갈 수 있다.

전국 상위권에 드는 회사에서 일하는 사람들과 얘기해보라. 회사의 순위가 올라갈수록 사람들의 태도가 좋아진다는 사실을 알게 될 것이다. 포춘 500대 기업의 최고경영자를 대상으로 실시한 조사에서 94퍼센트가 자신의 성공에 기여했던 요소가 태도라고 말했다. 크게 성공하고 싶다면 좋은 태도를 지녀라.

긍정적인 태도는 성공을 보장해준다. 태도는 목표를 추구하고, 잠재력을 발휘하고, 남들에게 혜택을 줄 씨앗을 뿌리는 원동력이 된다. 또한 발전할 수 있는 지구력을 길러준다. 그러나 무엇보다 어디를 향해 가고 있든 성공으로 가는 여정을 더욱 즐겁게 해준다. UCLA 농구팀 전 감독인 존 우든은 "어떤 상황에서도 그 안에서 최선을 얻어내는 사람들은 언제나 최선의 결과를 얻는다"라고 말했다.

실패의 고리를 끊어라

실패의 길만 달려왔다면 새로운 시도를 통해 그 길에서 벗어나자.

경영학 교수 게리 하멜과 C. K. 프라할라드는 원숭이들을 대상으로 한 실험 결과를 토대로 논문을 발표했다.

네 마리의 원숭이를 한 방에 가두고, 방 가운데에는 높은 막대를 세웠다. 그리고 막대 맨 꼭대기에는 바나나 한 다발을 매달아놓았다. 굶주린 원숭이들 중 한 마리가 먹을 것을 향해 막대를 오르기 시작했다. 바나나에 손을 뻗은 순간, 원숭이는 찬물을 뒤집어썼다. 끽끽 소리를 지르며 잽싸게 막대에서 내려온 원숭이는 그 후 바나나를 먹으려는 시도를 그만두었다. 모든 원숭이가 유사한 시도를 했고, 모두 찬물 세례를 받았다. 원숭이들은 결국 그 일을 포기했다.

잠시 후 연구자들은 방 안에 있던 원숭이 한 마리를 꺼내고 대신 다른 원숭이를 집어넣었다. 새로 온 원숭이가 막대기에 오르기 시작하자 나머지 원숭이 세 마리가 새로 온 원숭이를 아래로 끌어내렸다. 그 원숭이는 몇 번 막대기에 오르려고 시도했으나 번번이 끌어내려지자 결국 바나나를 포기하고 말았다.

연구자들은 처음에 집어넣었던 원숭이들을 차례로 꺼내고 다른 원숭이로 대체했다. 새로 온 원숭이는 매번 막대기에 오르려 했지만, 역시나 바나나가 손이 닿기도 전에 다른 원숭이들의 손에 끌어내려졌다. 결국 방 안에는 찬물 세례를 받은 원숭이는 한 마리도 남지 않았지만, 어느 원숭이도 막대에 오르려고 하지 않았다. 그러나 그 이유는 아무도 몰랐다.

실패를 겪은 사람은 불행하게도 이 원숭이들처럼 행동한다. 그들은 같은 실수를 반복하면서도 그 이유를 전혀 알지 못한다.

리더십 모델을 선택하라

본받을 만한 멘토가 있는가?

어떤 리더를 따를 것인지는 아주 신중하게 판단해야 한다. 그가 나의 진로를 결정하기 때문이다. 나는 본받을 만한 롤 모델을 선택하기 전에 다음 여섯 가지 질문을 해본다.

내가 선택한 리더의 삶이 따를 만한 가치가 있는가? 이 질문은 인격적 자질과 관련 있다. 사람은 자신이 추종하는 사람을 닮기 때문이다. 나는 인격적으로 흠이 있는 사람을 따르고 싶진 않다.

그를 따르는 사람들이 있는가? 신뢰도에 관한 질문이다. 따르는 사람이 한 사람도 없다면 따를 가치가 없는 사람일 수도 있다.

내가 선택한 리더를 따를 때, 다른 사람에게 영향을 미칠 수 있는 주된 강점은 무엇인가? 그가 나에게 줄 수 있는 것은 무엇인가? 그가 가장 잘하는 건 무엇인가? 강한 리더들은 강점만큼 약점도 갖고 있다는 사실을 염두에 두어야 한다. 무심코 약점을 모방해서는 안 될 것이다.

내가 선택한 리더가 또 다른 리더를 육성하고 있는가? 나는 리더란 새로운 리더를 육성해야 한다고 생각한다. 이 질문은 내가 선택한 리더와 내가 우선순위에 대한 생각이 같은지 알아보려는 것이다.

내가 선택한 리더가 지닌 강점을 내 삶에 적용할 수 있는가? 그의 강점을 내 삶에 적용할 수 없다면, 그를 본보기로 삼는 일은 아무런 도움이 되지 않는다. 그러나 적용할 수 없다고 속단하지 마라. 대부분은 가능하니까.

그가 지닌 강점을 내 삶에 적용한다면, 그 강점을 발전시키고 드러내기 위해 나는 어떤 행동을 취해야 하는가? 마지막으로 이러한 질문에 답만 가지고 있을 뿐 자기 안의 그런 강점들을 계발하기 위한 계획을 실행하지 않는다면 머리로만 알게 될 뿐, 내 것이 되지 않는다.

태도 관리

오늘, 내 태도를 관리하자.

당신이 대부분의 사람들과 다르지 않다면, 아침에 출근하는 것 자체가 태도를 시험하는 일이다. 내가 사는 애틀랜타 지역은 교통 체증으로 악명이 높은 곳이다. 최근에 읽은 기사는 이곳이 로스앤젤레스, 샌프란시스코, 워싱턴 D.C. 다음으로 최악의 교통 체증을 앓고 있다고 한다. 그래서 나는 자동차에 오를 때마다 "오늘도 좋은 태도를 유지해야지"라고 되새긴다.

그런다고 항상 생각대로 되는 건 아니다. 부정적인 태도가 불쑥 튀어나올까봐 늘 촉각을 곤두세워야 한다. 참을성이 없어지고 있다는 느낌이 오면, 다시금 좋은 태도를 유지해야 한다는 사실을 떠올린다. 태도 면에서 내가 가장 취약한 부분이 참을성이다. 그래서 내 안에서 부정적인 말이 튀어나오려고 하면 얼른 태도를 가다듬는다. 사람들이 내 말을 기대한 만큼 못 알아들으면 교육이든 뭐든 다 그만두고 싶은 기분이 들려고 한다. 그러면 또다시 태도를 가다듬는다. 나에게는 고장 나지 않는 태도 감지기가 있는데, 바로 아내 마가렛이다. 내가 선을 벗어날 기미가 보이면 아내는 그 즉시 경고음을 울린다!

《오늘을 사는 원칙Today Matters》에서 다루고 있는 주제 가운데 하나는, 많은 사람들이 의사 결정에 대해서는 과대평가하고, 결정한 것을 관리하는 일은 과소평가한다는 것이다. "오늘부터 좋은 태도를 지닐 거야"라고 말하기는 쉽지만, 실제로 그 말을 실천하기는 훨씬 어렵다. 그렇기 때문에 스스로 할 수 있는 최선의 방법 중 하나는 매일 자신의 태도를 점검하겠다는 목표를 세우는 것이다.

재능을 극대화시키는 자질

타고난 재능에, 재능을 극대화시킬 자질 하나를 더하는 일부터 시작하자.

타고난 재능에서 결과를 얻어내려면 효율성이 필요하다. 그렇다면 효율성은 어디서 얻을 수 있을까? 그것은 당신의 선택에서 나온다. 위대한 정치가였던 윌리엄 J. 브라이언은 "운명은 기회의 문제가 아니라 선택의 문제이다. 기다리면 찾아오는 게 아니라 성취하는 것이다"라고 말했다. 다음은 우리의 재능을 극대화시키는 열세 가지 자질이다.

1. 믿음은 재능을 끌어올린다.
2. 열정은 재능에 활력을 준다.
3. 결단력은 재능을 활성화시킨다.
4. 집중력은 재능이 가야 할 방향을 잡아준다.
5. 준비성은 재능이 있어야 할 자리를 찾아준다.
6. 연습은 재능을 연마시킨다.
7. 인내는 재능을 유지시켜준다.
8. 용기는 재능을 시험해볼 기회를 준다.
9. 학습 능력은 재능을 확장시킨다.
10. 인격은 재능을 보호해준다.
11. 관계는 재능에 영향을 미친다.
12. 책임감은 재능을 강화시킨다.
13. 팀워크는 재능을 크게 증대시킨다.

위의 자질들을 선택하면 재능 그 이상을 지닌 사람이 될 수 있다. 재능이 있으면 스스로 설 수 있다. 그러나 재능에 그 이상이 더해지면 군계일학이 된다.

리더의 자기 단련법

나는 팀원들에게 어떤 멘토가 될 수 있을까?

당신은 어떻게 단련하고 있는가? 단련을 위해 물리적, 정신적 도전과 씨름하는가? 아니면 끊임없이 자기가 편안함을 느끼는 범위 안에서 단련법을 찾고 있는가? 옳다고 생각한 일을 하지 못해 후회한 적은 없는가? 자신이 할 수 있는 일에 대부분은 최선을 다하고 있다고 생각하는가? 압박감을 느낄 때는 어떻게 반응하는가? 일이 잘못되었을 때, 팀원들이 당신이 더욱 분발하리라고 기대하는가, 아니면 순간적으로 폭발해버릴 것이라고 예상하는가? 여기에 대한 대답이 당신이 '단련'을 위한 싸움에서 성공할지 아닐지에 대한 통찰을 제공할 것이다.

더욱 단련된 팀플레이어가 되기 위해 다음 사항들을 실천하라.

업무 습관을 강화하라. '단련되었다'라는 말은 적절한 시점에, 적절한 이유로, 적절한 행동을 하는 것을 의미한다. 우선순위를 점검하고 제대로 된 길로 들어설 때까지 끝까지 포기하지 말라. 단련된 상태를 유지하려면, 내키지 않아도 매일매일 해야 할 일을 해야 한다.

도전을 받아들여라. 정신력을 강화하고 결의를 다지려면 자기 능력 이상의 업무나 프로젝트를 선택해야 한다. 그러기 위해서는 예리한 사고력과 고도로 단련된 행동이 필요하다. 계속 해나가다 보면 자신이 상상 이상의 능력을 지니고 있다는 사실을 깨닫게 될 것이다.

혀를 조심하라. 간혹 감정적으로 과잉 반응하는 경우가 있다면, 해서는 안 되는 말을 하지 않는 것부터 시작하라. 앞으로 말을 함부로 퍼붓고 싶은 상황이 생기면 5분만 입을 다물어보라. 화를 가라앉히고 상황을 좀 더 이성적으로 바라보라. 이 전략을 반복적으로 사용하다 보면 감정을 더 잘 통제할 수 있을 것이다.

열정을 전파하라

오늘, 내 열정을 팀원들에게 전파하자.

빌 게이츠는 "내가 가장 잘하는 일은 열정을 공유하는 것이다"라고 말했다. 이런 재능이 조직원들에게 엄청난 성공을 안겨주었던 게 분명하다. 당신의 팀원들은 당신이 빌 게이츠와 비슷한 영향을 미치고 있다고 대답할까? 무관심은 변명거리를 늘리는 반면, 열정은 성과를 높인다. 팀원들이 당신을 어떤 타입이라고 생각하는가?

열정을 높이고 싶다면 다음과 같이 해보라.

긴박감을 보여라. 열정이라는 용광로에 불을 붙이는 좋은 방법 중 하나가 긴급한 일을 하는 것이다. 먼저 현재 진행 중인 프로젝트 중에서 열정을 충분히 쏟지 않는 것을 찾아낸다. 그리고 그 프로젝트의 단계별 마감 기한을 여유 있게 잡지 말고, 무리가 될 정도로 빡빡하게 일정을 짜라. 그러면 일에 대한 집중력이 올라가고 활력도 생길 것이다.

기꺼이 '더' 일하라. 팀원들에게 자신의 열정을 보여주는 한 가지 방법은 다른 사람을 위해 좀 더 노력하는 것뿐이다. 이번 주에, 누가 어떤 일을 해달라고 요청하면, 해야 할 일을 다 하고 거기에 조금 더 해주라. 그리고 조용히 팀의 분위기가 어떻게 변하는지 지켜본다.

최고가 되기 위해 노력하라. 로이크로프트 출판사의 설립자이자 《가르시아 장군에게 보내는 편지》라는 불후의 작품을 남긴 앨버트 허버드의 말은 귀담아 들을 만하다. "내일 훌륭한 성과를 내기 위한 최선의 준비는 오늘 훌륭한 성과를 내는 것이다." 탁월한 성과만큼 열정을 키워주는 것은 없다. 자신의 업무 수준에 만족하는 편이라면, 기준을 자신이 생각하는 최고 수준까지 높여보라. 그리고 그 수준에 이르기 위해 몇 배의 노력을 기울여라.

실수를 긴 안목으로 보라

팀원들의 실수를 질책하지 말고 실수로부터 배울 수 있는 방법을 찾아보자.

계속되는 실패에서 벗어나려면 세상에서 가장 하기 어려운 말을 입 밖으로 내야 한다. "내가 잘못했다." 눈을 크게 뜨고, 실수를 인정하고, 현재의 잘못된 행동과 태도를 자신의 책임으로 인정해야 한다. 자신이 경험한 모든 실패는 하나의 분기점에 지나지 않는다. 실패는 기회이다. 올바로 행동하고, 실수로부터 배우고, 다시 시작할 기회인 것이다.

현대 경영이론의 선구자이자 리더십 전문가 피터 드러커는 "우리는 발전할수록 더 많은 실수를 한다. 새로운 시도를 더 많이 하기 때문이다. 나는 실수하지 않는 사람을 최고위직으로 승진시키지 않는다…… 실수를 하지 않는 사람은 분명 평범한 사람이기 때문이다"라고 말했다. 실수는 성공으로 가는 길을 열어준다.

다음은 내가 만든 리스트다. 아래 8가지 항목은 긴 안목에서 실수를 바라보게 해줄 것이다.

M - Message(메시지) 인생에 관한 코멘트를 해준다.

I - Interruption(막간) 잠깐 멈춰 서서 사유하고 성찰하게 한다.

S - Signposts(표지판) 올바른 길로 안내한다.

T - Test(시험) 우리를 더욱 성숙하게 만든다.

A - Awakening(일깨움) 정신적으로 계속 정진할 수 있게 한다.

K - Key(열쇠) 다음 기회의 문을 열어준다.

E - Exploration(탐험) 가 보지 않았던 곳으로 떠나게 한다.

S - Statement(선언) 우리의 발전과 진보에 관한 것.

경청의 가치

다른 사람의 말을 경청하는 데 집중하자.

저명한 소설가이자 편집자인 에드거 왓슨 하우가 우스갯소리로 했던 말이 있다. "다음이 자기 차례라는 것을 모른다면, 아무도 내가 하는 말에 귀 기울이지 않을 것이다." 그러나 안타깝게도 이 말은 너무나 많은 사람들의 소통 방식을 정확히 꼬집고 있다. 사람들은 자기 차례가 되면 '무슨 말을 할지' 생각하느라 상대방의 말을 귀담아듣지 않는다.

그러나 영향력 있는 사람들은 남의 말을 경청하는 것의 엄청난 가치를 잘 알고 있다. 제36대 미국 대통령 린든 존슨은 텍사스주 신참 상원의원 시절에 자신의 사무실 벽에 이런 메시지를 붙여두었다. "혼자서 계속 떠들기만 하면 아무것도 배울 수 없다." 또한 제28대 미국 대통령 우드로 윌슨은 "지도자의 귀는 국민의 소리에 열려 있어야 한다"라고 말했다.

경청의 기술은 사람들에게 영향력을 발휘하는 핵심 요소다. 다음은 다른 사람들의 말에 귀를 기울임으로써 얻을 수 있는 혜택들이다.

· 귀를 기울인다는 것은 존경심을 표하는 것이다.
· 귀를 기울임으로써 인간관계를 쌓을 수 있다.
· 귀를 기울임으로써 지식을 얻을 수 있다.
· 귀를 기울임으로써 아이디어를 얻을 수 있다.
· 귀를 기울임으로써 충성심을 얻을 수 있다.

로저 G. 임호프 목사는 "사람들이 당신에게 마음을 털어놓게 하라. 그것이 당신에게 도움이 안 될 수도 있지만, 상대방을 돕는 일임은 확실하다"라고 했다.

언뜻 보면 사람들의 말을 들어주는 것은 단지 그들에게만 혜택을 주는 행위로 보일 수 있다. 그러나 남의 말을 경청하는 것은 자신을 돕는 일이기도 하다. 그로 인해 돈독한 인간관계를 맺고, 가치 있는 정보를 모으고, 다른 사람은 물론 자기 자신에 대한 이해도 높일 수 있기 때문이다.

06

June

신뢰를 쌓는 법

자신을 따르는 사람들의 신뢰를 얻는 것은 리더의 책임이다.

나는 개인적인 관계든 업무상 관계든 인간관계에서 가장 중요한 한 가지가 신뢰라고 배웠다. 워렌 베니스와 버트 나누스는 "신뢰는 리더와 그를 따르는 사람들을 결속시키는 접착제"라고 표현했다. 신뢰는 책임감과 예측성 그리고 확실성을 의미한다. 사람들은 어떤 리더를 따르기에 앞서 그 리더에 대한 믿음과 신뢰를 가지고, "나도 언젠가는 저 사람처럼 될 거야"라고 말할 수 있기를 바란다.

신뢰는 하루하루 쌓아가는 것이다. 지속성이 필요하다. 리더에 대한 신뢰는 약속을 지키지 않거나, 뒷담화를 하거나, 정보를 독점하거나, 양면성을 보이면 쉽게 깨져버린다. 이러한 행위는 장래의 리더들을 육성하는 데 필요한 신뢰를 깨는 것들이다. 그리고 한번 무너진 신뢰를 다시 얻는 데는 두 배 이상의 노력이 필요하다.

사람들은 신뢰할 수 없는 리더는 따르지 않는다. 리더는 주변 사람들의 신뢰를 더욱 발전시켜야 할 의무가 있다. '신뢰TRUST'는 다음 다섯 가지의 기초 위에 세워진다.

Time(시간) 시간을 내어 이야기를 들어주고 성과에 대해 피드백을 해준다.

Respect(존중) 누군가를 존중해준다. 그러면 그는 당신에게 신뢰로 갚을 것이다.

Unconditional Positive Regard(무조건적인 긍정적 평가) 상대를 인정하고 있다는 사실을 알린다.

Sensitive(세심함) 잠재적 리더들의 욕구와 감정을 예측한다.

Touch(신체 접촉) 악수를 하거나 하이파이브를 하고 어깨를 두드려주며 격려한다.

리더 개인을 신뢰하게 되면 그의 리더십도 신뢰할 수 있게 된다.

말은 타이밍이다

해야 할 말과 말해야 할 때를 아는 분별력을 키우자.

말이 지닌 위력을 모르는 사람은 거의 없다. 편집자이자 신학자인 타이런 에드워즈의 말을 들어보자. "말은 생각보다 더 나쁠 수도 있고 더 좋을 수도 있다. 말은 생각을 표현하고, 생각에 뭔가를 보태기도 한다. 말은 선의의 힘을 발휘할 수도 있고, 악의적인 힘을 발휘할 수도 있다. 말로 뱉어낸 생각은 끝없이 퍼져나가 가르침을 주기도 하고 위로와 축복을 주기도 한다. 상처를 주기도 하고 슬픔과 파멸을 가져오기도 한다." 적절한 말만으로는 충분치 않다. 타이밍이 중요하다.

　때로는 입을 다무는 것이 최선의 대응일 때도 있다. 상대가 원치 않는 조언을 하고 싶을 때, 허세를 부리고 싶거나 "거봐, 내가 뭐라고 그랬어"라고 말하고 싶을 때, 다른 사람의 실수를 지적하고 싶을 때 가장 좋은 방법은 아무 말도 하지 않는 것이다. 19세기 영국의 저널리스트 조지 살라는 이렇게 조언한다. "단지 적절한 때에 적절한 말을 하는 것만으로는 충분하지 않다. 말하고 싶은 유혹이 생기는 순간 적절하지 않은 말을 입 밖으로 내뱉지 않는 것이 훨씬 어렵다."

모든 것은 꿈에서 시작된다

오늘, 누군가와 비전을 공유하자.

꿈을 꾸며 살고, 그 꿈을 다른 사람과 공유하는 데 성공한다면 그들도 당신의 꿈을 인정할 것이다. 사람들은 위대한 꿈을 가진 리더를 따르고 싶어 한다. 그리고 이 시대는 그 어느 때보다 영웅을 기다린다. 우리는 스포츠, 음악, 영화, TV에서 영웅을 찾으려고 하지만, 애석하게도 실망하게 될 확률이 높다. 진정한 영웅은 다른 사람들의 성공을 돕고 다른 사람들과 함께 가는 사람이다.

모든 것은 꿈에서 시작된다. 위니프레드 뉴먼의 말을 들어보자. "꿈은 세상 사람들이 가장 절실하게 바라는 것이다. 희망이 없는 상황은 없다. 희망이 없다고 생각하는 사람이 있을 뿐이다."

더 많이 칭찬하라

어떤 일이든 잘 해내고 있는 사람을 찾아 칭찬해주자.

모든 사람을 만점짜리로 보고 그들에게 자신감을 갖게 해주고 싶다면, 그들이 어떤 일을 제대로 해내는 순간을 포착해야 한다. 그 순간에 격려를 해주는 것이 확실하게 도와주는 방법이다. 우리는 지금까지 다른 사람들의 잘못을 잡아내도록 훈련받아 왔다. 뭔가 하다가 부모님이나 선생님에게 적발당했을 때는 보나마나 잘못했을 경우다. 그런데 우리 자신도 그와 똑같이 생각하는 경향이 있다.

부정적인 것에 초점을 맞추고 사람들이 잘못하고 있는 순간을 잡아내는 것은 그들을 개선시키는 데 전혀 도움이 되지 않는다. 잘못하고 있는 순간을 잡아내면 사람들은 방어적이 되고, 변명하고, 회피한다. 반면에 사람들이 옳은 일을 하고 있는 순간을 포착하면 긍정적인 면이 강화된다. 이는 사람들의 잠재력을 자극하고, 더 잘하고 싶은 마음이 들게 한다.

일이 잘 돌아가고 있는 순간을 포착하는 것을 하루의 일과로 삼아라. 굳이 대단한 일일 필요도 없다. 그리고 그 일에 찬사를 보내라. 마음만 먹으면 거의 모든 것이 칭찬의 대상이 될 수 있다.

의도한 대로 일하라

오늘 의도한 대로 행동하자. 행동 하나하나를 중요하게 생각하자.

'의도적'이란 목적이 있다는 의미로, 모든 행동을 미리 계산한다는 말이다. 매일, 매순간 일을 올바로 하겠다는 데 초점을 맞추고, 지속적으로 끝까지 해낸다는 말이다.

성공하는 사람은 모두 '의도적'이다. 산만하거나 마구잡이식이 아니다. 그들은 자신이 무슨 일을 하고 있는지, 왜 하고 있는지 알고 있다. 팀을 성공으로 이끌려면, 집중력과 생산성을 유지하는 사람들, 행동 하나하나를 중요하게 생각하는 사람들이 필요하다.

당신은 얼마나 의도적인가? 그날 자신이 하는 모든 일에 목적과 계획이 있는가? 지금 어디로 가고 있는지 왜 이 일을 하는지 알고 있는가? 아니면 그저 삶이 흘러가는 대로 몸을 맡기고 있는가? 팀원들이 리더의 의도를 파악하지 못한다면 무엇을 기대해야 할지도 알 수 없다. 그리고 정말 중요한 순간에 리더를 믿지 못할 가능성이 높아진다.

기대한 만큼 얻는다

오늘 내가 가진 것으로 충분하다고 생각하자.

"나쁜 일이 한 번 생기면 계속, 그것도 최악의 순간에 일어나는 것." 그렇다. 머피의 법칙이다. 피터의 법칙도 있다. "조직에서 계속 올라가다 보면 언젠가는 무능함이 드러난다"는 말이다(잠재력을 최대한 발휘하기 위해 노력하라는 주장과 반대되는 개념으로 자신의 잠재력과 능력이 한계에 이르기 전에 멈춰야 행복한 삶을 살 수 있다는 주장_옮긴이). 이와 비슷한 인간 행동의 법칙이 있다. "기대한 만큼 얻는다"는 것이다. 당신은 이 말을 낙관적으로 보는가, 비관적으로 보는가? 이 질문에 대답이 당신의 태도를 보여준다. 최악의 상황을 예상하면서 살아가는 사람은 이 법칙을 비관주의자가 만든 것이라고 생각할 것이다. 반면에 긍정적인 태도로 살아가는 사람은 낙관주의자가 만들었다고 할 것이다. 언젠가는 자기가 기대하는 것을 얻게 될 것이라는 예측이 용기를 주기 때문이다. 태도가 인생관을 결정한다.

모든 사람이 낙관주의자로 태어나지는 않는다. 어떤 사람은 태생적으로 '유리컵의 물이 반이나 차 있다'가 아니라 '반밖에 남지 않았다'고 생각한다. 하지만 타고난 성향에 상관없이 좀 더 낙관적인 사람이 될 수는 있다. 어떻게 하면 낙관주의적 성향을 키울 수 있을까? 바로 '만족의 비결'을 습득하면 된다. 주어진 것에 만족하는 방법을 습득하면 어떤 일이 닥쳐도 난관을 극복하고, 어떤 상황에서도 굳건히 설 수 있다. 하지만 우리 사회는 이 개념과는 반대로 가고 있다. 우리는 끊임없이 "그것으로 충분하지 않다. 더 큰 집, 더 큰 차, 더 높은 연봉, 더 하얀 치아, 더 달콤한 숨결, 더 좋은 옷, 더, 더…… 더 필요하다"라는 메시지의 세례를 받고 있다. 예를 들자면 끝이 없다. 그러나 사실은 건전한 만족감이야말로 실패를 견뎌내기 위한 필수 조건이다.

시간을 조금 더 투자하라

어려운 과제나 문제가 있다면 시간과 노력, 인내심을 조금 더 투자하자.

성공한 사람들은 그렇지 않은 사람들보다 더 열심히, 더 오래 노력한다. 성공학 전문가 피터 로우는 자기 직업에서 최고의 자리에 오른 수백 명의 사람들로부터 성공 비결을 수집하고 이런 결론을 내렸다. "성공한 사람들의 가장 일반적인 공통점은 포기하고 싶은 유혹을 물리쳤다는 것이다."

시간을 조금 더 투자하는 데는 끈기 이상의 것, 인내가 필요하다. 나는 《리더십 불변의 법칙》에서 "리더십은 매일 발전하는 것이지 하루만에 얻어지는 것이 아니다"라는 '과정의 법칙'을 소개했다. 이는 우리가 계발하고 발전시키고자 하는 모든 재능에 해당하는 법칙이다.

지금 하는 노력에 시간을 더 투자할 때는 일이 진전되는 과정을 긴 안목으로 볼 필요가 있다. 러시모어산에 미국 대통령들의 얼굴을 새긴 조각가 거츤 보글럼은 자신의 작품이 완벽하다고 생각하느냐는 질문에 이렇게 대답했다. "지금은 완벽하지 않아요. 워싱턴 대통령의 코가 2.5센티미터나 더 길거든요. 하지만 그냥 놔두는 것이 더 좋습니다. 1만 년만 지나면 풍화작용으로 완벽해질 테니까요." 이것이 바로 인내심이다!

다른 이의 꿈을 격려하라

오늘, 누군가의 꿈에 귀기울이자.

나는 사람들이 자신이 간직해온 꿈을 나와 공유해줄 때 대단한 영광으로 여긴다. 그것은 대단한 용기를 필요로 할 뿐 아니라, 나를 깊이 신뢰하는 것이기 때문이다. 그 순간 나는 내가 그 사람들의 인생에 엄청난 영향을 미치고 있음을 깨닫는다. 이는 중요한 문제이다. 말 한마디 잘못해서 누군가의 꿈을 산산조각 내버릴 수도 있고, 시의적절한 한마디로 영감을 주고 꿈을 추구해나갈 힘을 줄 수도 있기 때문이다.

누군가 당신을 자신의 꿈을 털어놓아도 좋을 상대로 여긴다면 조심하라. 영화배우 켄디스 버겐은 "꿈은 말 그대로 수명이 짧다는 흠이 있다"라고 말했다. 그녀가 이런 말을 한 건 상대가 꿈을 추구하는 모습을 보고 싶어 하지 않는 사람들이 있기 때문이 아닐까 한다. 자신이 꿈과 동떨어진 삶을 살고 있다는 것이 자각되기 때문이다. 그래서 그들은 큰 꿈을 가진 사람들을 주저앉히려 한다. 다른 사람이 꿈을 포기하게 함으로써 자신이 현재의 삶에 안주하는 데에 핑곗거리를 찾는 것이다.

결코 다른 사람의 꿈을 파괴하는 사람이 되지 마라. 오히려 꿈을 펼치게 해주는 사람이 되라. 상대방이 지닌 꿈이 아무리 허무맹랑하더라도 그것이 그 사람의 꿈을 비난할 구실이 될 수는 없다.

훌륭한 태도는 가장 큰 자산

태도를 내가 가진 가장 큰 자산으로 만들자.

보통 사람과 탁월한 인재를 가르는 차이가 무엇인지 궁금했던 적이 있는가? 올림픽에서 금메달리스트와 은메달리스트를 가르는 차이는 무엇일까? 성공한 기업가와 그렇지 못한 사람을 가르는 것은? 똑같이 치명적인 사고를 당해도 회복해서 건강하게 잘 사는 사람도 있고 포기하고 죽어가는 사람도 있다. 그 이유가 무엇일까? 바로 태도이다.

데니스 워틀리는 《승자의 강점The Winner's Edge》이라는 책에서 태도에 대해 이렇게 기술했다. "승자의 강점은 타고난 환경도, 높은 지능이나 재능도 아니다. 그것은 오로지 태도의 문제다. 성공의 척도인 태도는 백만 달러를 주고도 살 수 없다. 태도는 사고팔 수 있는 것이 아니기 때문이다."

내가 오랫동안 지켜오는 신조가 있다. "내게 일어나는 일들을 항상 선택할 수는 없지만, 내 안에서 일어나는 일은 언제나 선택할 수 있다." 살아가면서 어떤 일은 내 통제력 밖에 있고 어떤 일은 내 통제력 안에 있다. 내 통제력 밖에 있는 것을 대하는 나의 태도가 변화를 '만들 수도 있는 것'이라면, 내 통제력 안에 있는 것을 대하는 나의 태도는 변화를 '만드는 것'이 된다. 다시 말해 변화를 만들어내는 가장 큰 차이는 다른 사람들이 아니라 바로 내 안에 있다는 말이다. 이것이 태도가 가장 중요한 자산이자 의무라고 말하는 이유이다.

태도는 우리를 성공으로 이끌 수도, 망하게 할 수도 있다. 우리를 끌어올릴 수도, 끌어내릴 수도 있다. 긍정적 정신을 지닌 태도가 모든 것을 가능하게 하는 것은 아니지만, 부정적 태도를 지녔을 때보다는 무슨 일이든 더 잘 할 수 있는 힘이 된다.

다른 사람들을 한 단계 끌어올려라

오늘, 다른 사람들에게 격려를 보내자.

나는 제아무리 부정적인 사람이라도 마음속 깊은 곳에는 타인을 일으켜 세우는 사람이 되고자 하는 마음이 있다고 믿는다. 모든 사람은 다른 사람의 삶에 긍정적인 영향을 미치기를 원하고, 또 그렇게 할 수 있다. 당신이 사람들의 기운을 북돋워주고 그들의 삶에 가치를 더해주고 싶다면 다음을 기억하라.

매일 격려해준다. 고대 철학자 세네카는 "인간이 있는 곳은 어디든 친절함을 펼칠 기회가 있다"라고 말했다. 주변 사람들을 격려하고 이를 매일 실천하라.

타인에게 상처주는 일과 도움주는 일의 작은 차이를 안다. 일상의 사소한 행동 하나가 사람들에게 생각보다 큰 영향을 미친다. 우리의 사소한 행동 하나가 타인의 삶에 도움을 줄 수도, 해를 끼칠 수도 있다.

부정적인 환경에서도 긍정적인 측면을 끌어낸다. 긍정적이거나 중립적 환경에서 긍정적인 사고를 한다는 것과 부정적인 환경에서 변화를 일으키는 도구가 되는 것은 전혀 다른 얘기이다. 경우에 따라 친절한 말 한마디가 필요할 수도 있고 섬김의 행위가 필요할 때도 있다. 그리고 가끔은 창의력이 필요할 때도 있다.

인생에는 리허설이 없음을 잊지 마라. 누군가에게 도움을 주기 위해 내일 혹은 다음에, '더 적당한 날'까지 기다리지 마라. 지금 당장 행동하라!

누구나 다른 사람들에게 용기를 줄 수 있는 잠재력이 있다. 굳이 부자일 필요도, 천재일 필요도 없다. 또 도움을 주는 데 필요한 모든 것을 다 갖춰야 할 필요도 없다. 주변 사람들에게 애정을 가지고, 그들을 고취시킬 만한 행동을 시작하라. 그렇게 하면 기존의 관계에 긍정적인 변화가 일어나는 것은 물론, 관계를 맺을 수 있는 기회가 훨씬 더 많이 생길 것이다.

비전 vs 공상

오늘, 내 주변 사람들에게 '확실한 진격 나팔'을 불고 있는지 확인하자.

미국 '가톨릭의 양심'으로 불린 시어도어 헤스버그 신부는 말했다. "리더십의 진수는 비전에 있다. 비전이 있어야 모든 상황을 명확하게 규정할 수 있다. 그래야만 '불확실한 진격 나팔'을 불지 않는다." 불확실한 진격 나팔은 비전이 없거나 타인의 꿈으로 리더가 된 이들에게서 흔히 볼 수 있다. 이들의 것은 비전이 아니라 공상이다. 비전을 가진 사람과 공상가 사이에는 다음과 같은 엄청난 차이가 있다.

- 비전을 가진 사람은 말은 적게 하고 행동을 많이 한다.
- 공상가는 행동은 적게 하고 말을 많이 한다.
- 비전을 가진 사람은 내면의 신념에서 힘을 얻는다.
- 공상가는 외부의 조건에서 힘을 얻는다.
- 비전을 가진 사람은 문제가 발생해도 계속 나아간다.
- 공상가는 상황이 어려워지면 중단한다.

고대 그리스의 위대한 연설가 데모스테네스는 말을 더듬었고, 카이사르는 간질 환자였으며, 베토벤과 토머스 에디슨은 청각장애가 있었다. 찰스 디킨슨과 헨델은 다리를 절었고, 호메로스는 두 눈이 보이지 않았다. 이 위대한 인물들이 장애를 극복하고 성공할 수 있게 만든 것은 어떤 힘이었을까? 이들은 꺼지지 않고 타오르는 내면의 꿈을 가지고 있었다. 위대한 비전은 '내면의 작업'에서 시작된다. 미국 성공학의 거장 나폴레온 힐은 이렇게 말했다. "꿈과 비전을 소중히 간직하라. 그것들은 우리의 영혼에서 태어난 것들이며 궁극적으로 성취해야 할 것들을 위한 밑그림이기 때문이다."

진정한 관대함

지금 움켜쥐고 놓지 않음으로써 잃고 있는 것이 무엇인가?

리더의 관대함만큼 사람들에게 확실한 효과와 직접적 도움을 주는 것은 없다. 진정한 관대함은 이따금씩 베푸는 것이 아니라 마음에서 우러나오는 것이다. 관대함은 리더의 삶 모든 면에 깊이 배어 있으면서, 시간과 돈, 재능과 소유물 등 모든 것에 영향을 미친다. 유능한 리더, 사람들이 따르는 리더는 자신만을 위해서 뭔가를 쌓아올리지 않는다. 다른 사람들에게 베풀기 위해 쌓아올린다. 당신의 삶 속에서 관대함이라는 자질을 계발하라. 여기에 그 방법이 있다.

가진 것을 베풀어라. 자기가 가진 것 중 놓지 않으려고 애쓰는 것이 무엇인지 찾아보라. 그중에서 자기가 진심으로 가장 소중하게 여기는 것을 골라라. 그것을 누구에게 주면 이득이 될지 생각해본 다음, 그 사람에게 주라. 그 일을 익명으로 할 수 있다면 금상첨화이다.

돈을 투자하라. 만약 진정으로 훌륭한 일, 다른 사람의 삶에 긍정적인 영향을 미칠 훌륭한 일에 대한 비전을 가진 사람을 알고 있다면, 그가 그 일을 성취할 수 있도록 재원을 제공하라. 당신이 죽은 후에도 오래 기억될 가치 있는 곳에 돈을 투자하라.

후계자를 찾아라. 리더십이 일정 수준에 도달하면 내가 베풀 수 있는 것 중 가장 가치 있는 것은 바로 나 자신이다. 자신의 인생을 쏟아부을 수 있는 사람을 찾아라. 그리고 그가 더 나은 리더가 되도록 시간과 자산을 투자하라.

인도의 시성 타고르는 "베풀지 않은 것은 모두 사라진다"라고 했다.

사람을 이해하는 열쇠

만나는 사람들에게 내가 그들을 중요하게 여긴다는 사실을 알리자.

사람을 이해하는 열쇠는 그들이 무엇을 원하고 무엇을 필요로 하는지 아는 것이다. 누군가를 이해하면 그에게 영향을 미칠 수 있고, 그의 삶에 긍정적인 변화를 줄 수 있다. 사람들을 이해하기 위해 우리가 알고 있는 모든 것을 압축해서 목록으로 만들면 다음 다섯 개 항목으로 요약할 수 있다.

1. 누구나 '중요한 인물'이 되고 싶어 한다. 세상 사람 중에 중요한 인물, 의미 있는 사람이 되고 싶지 않은 사람은 아무도 없을 것이다.

2. 사람들은 당신이 얼마나 지식이 있는지 관심이 없다. 당신이 얼마나 자기에게 관심을 보이는지 알고 싶어 할 뿐이다. 사람들에게 영향을 주는 사람이 되고 싶다면, 리드하려고 하기 전에 먼저 애정을 쏟아야 한다.

3. 사람들은 누구나 다른 누군가를 필요로 한다. 일반적인 생각과는 달리 혼자 힘만으로 성공하는 사람은 없다. 누구에게나 우정과 격려, 도움이 필요하다.

4. 자기를 이해하고 믿어주는 사람이 있다면 누구나 대단한 사람이 될 수 있다. 우리가 누군가를 이해하고 믿어주면, 그는 언젠가 정말 대단한 사람이 될 것이다.

5. 누군가에게 도움을 주면 수많은 사람들에게 영향을 미치는 결과를 낳는다. 우리가 한 사람에게 해준 일은 그 사람이 영향을 미치는 모든 사람들의 인생에 전파된다. 영향력은 증폭되는 특성을 지니고 있기 때문이다.

부실한 팀원

부실한 팀원에 대한 책임은 리더가 져야 한다.

당신이 팀의 리더라면 부실한 팀원 때문에 생기는 문제들을 모른 체할 수 없을 것이다. 팀의 성격이 다양하다면 해결방식도 달라야 한다. 그 팀이 가족이라면 구성원이 부실하다고 해서 '교체'할 수는 없다. 사랑으로 보살피고 성장하도록 도와야 한다. 동시에 그로 인해 다른 가족 구성원들이 입게 될 피해가 최소한이 되도록 노력하는 것도 잊어서는 안 된다.

직업상 형성된 팀의 리더라면 회사의 수익성에 책임이 있다. 조직의 약점이 되는 사람에게 연수기회를 제공했는데 성공하지 못했다면 '교체'를 고려해야 한다. 목회와 관련된 팀에서는 연수로 효과를 보지 못했다면, 그런 사람은 잠시 물러나 있기를 요청하는 것이 적절한 조치이다. 아니면 그에게 팀을 떠나 감정적, 영적 문제들을 해결하는 시간을 갖게 하는 것도 좋은 방법이 될 수 있다.

어떤 상황에 직면하든 한 조직의 리더로서 져야 할 책임은 다음과 같은 순서로 이루어진다는 점을 기억하라. 조직, 팀, 그 다음에 개인이다. 자신의 이해관계와 편의는 맨 마지막에 고려하라.

실패는 자기 안에서 만들어진다

긍정적인 태도를 바탕으로 어려움을 헤쳐나가자.

우리 사회에는 물질적인 부나 권력에서 만족감을 얻는다고 생각하는 사람들이 너무 많다. 그러나 이런 것들은 '만족감'을 주는 핵심 요소가 아니다. 존 록펠러의 말을 떠올려보자. 한 기자가 록펠러에게 재산이 얼마나 되면 충분할 것 같냐고 물었다. 그 당시 세상에서 가장 많은 돈과 권력을 소유한 사람 중 한 명이었던 이 백만장자는 "조금 더"라고 대답했다.

만족은 긍정적인 태도에서 나온다. 이 말의 구체적인 의미는 다음과 같다.

- 모든 일에서 최악이 아닌 최고를 기대하라.
- 완전히 지쳐 쓰러졌을 때도 기운을 잃지 마라.
- 모든 해결책 속에서 문제점을 찾으려 하지 말고 모든 문제점에서 해결책을 찾아라.
- 세상 모든 사람들이 나를 실패했다고 생각하더라도 자신을 믿어라.
- 세상 모든 사람들이 희망이 없다고 말할지라도 희망을 놓지 마라.

어떤 일이 일어나든 긍정적인 태도는 내면에서 나온다. 우리가 처해 있는 환경이나 만족도와는 아무런 상관이 없다.

가치 있는 일에 의미를 더하라

내 인생에 아무런 제약이 없다면 무슨 일을 할 것인가?

유대인 크리스천 커뮤니티의 설립자 모이시 로젠 목사는 자신의 꿈을 찾아내는 데 탁월한 효과가 있는 도구를 만들었다. 이 도구는 한 문장으로 되어 있다. 바로 아래 문장에 빈칸을 채우는 것이다.

나에게 _____이(가) 있다면, 나는 _____이(가) 될 것이다.

이는 자신이 원하는 것, 다시 말해 무한한 시간, 무한한 돈, 무한한 정보, 무한한 동료 등등 자신에게 필요한 모든 자원이 갖추어져 있다면 어떻게 할 것인지 묻는 개념적인 질문이다. 여기에 대한 대답이 바로 당신의 꿈이 된다.

뉴턴이 사과나무 아래에서 떨어지는 사과를 보고 중력의 법칙을 발견했다는 이야기는 너무도 유명하다. 그러나 핼리 혜성을 발견한 천문학자 에드먼드 핼리가 뉴턴의 이론을 세상에 알리는 데 기여했다는 사실을 아는 사람들은 별로 없다. 핼리는 뉴턴의 이론에 이의를 제기함으로써 뉴턴이 처음 발견했던 개념을 충분히 검토하게 만들었고, 그의 수학적 오류들을 바로잡았으며, 뉴턴의 작업을 뒷받침하기 위한 기하학적 도형도 만들었다. 그는 뉴턴의 위대한 저서 《자연철학의 수학적 원리》 출판을 돕기까지 했다.

핼리는 뉴턴이 꿈을 실행할 수 있도록 끊임없이 격려했으며, 그의 인생에 헤아릴 수 없을 정도로 가치 있는 의미를 더해주었다. 핼리는 그에 대한 공로를 인정받지는 못했지만, 과학적 사고를 한 단계 진보시킨 혁명적인 개념에 영감을 주었다는 사실만으로도 대단히 만족스러웠을 것이다.

조직이 겪고 있는 악천후를 이겨내기 위해 나는 '어떤 옷'으로 갈아입을 것인가?

실패는 내면에서 벌어지는 일이다. 성공 역시 마찬가지다. 성취하고 싶은 것이 있다면 자기 생각과 싸워서 이겨야만 한다. 외부에서 벌어진 실패를 내면으로까지 끌어들인다면 치명적인 결과를 초래할 수 있다. 주어진 수명은 우리 힘으로 통제할 수 없지만 인생의 깊이와 폭은 얼마든지 통제할 수 있다. 얼굴 모양은 통제할 수 없지만 표정은 통제할 수 있다. 날씨는 통제할 수 없지만 기분은 통제할 수 있다. 통제 가능한 일들만 통제하기도 바쁜데 왜 통제할 수 없는 일들에 대해 걱정하는가?

언젠가 노르웨이 사람들의 강인함, 용기, 회복력에 대한 기사를 읽은 적이 있다. 역사상 가장 강인한 탐험가들 중에서 상당수가 노르웨이 출신이다. 그들에게 혹독한 기후나 어려운 환경은 그리 큰 문제가 되지 않는다. 그런 것들은 항상 견뎌내는 것으로 여긴다. 그런 능력은 노르웨이 문화의 일부가 되었다. 북극권의 경계에 자리 잡은 노르웨이는 야외 활동 마니아들의 나라이다. 노르웨이의 속담, "나쁜 날씨 같은 것은 없다. 옷을 잘못 입었을 뿐이다"는 그 사람들의 태도를 단적으로 보여준다.

팀

나와 팀원들은 같은 가치관을 공유하는가?

공동의 목표는 있지만, 공동의 가치가 결여된 팀을 본 적이 있을 것이다. 중요한 사안에 팀 구성원들의 생각이 각기 다르다면, 혼란을 초래하게 된다. 또 제각각 자기 방식으로 일하기를 고집한다면 결국 팀은 와해되고 말 것이다. 이것이 팀원들이 모두 같은 입장이어야 하는 이유이다. 개인적 가치가 개인의 행동에 영향을 미치고 인생의 길잡이가 되듯이, 조직의 가치는 팀원들의 행동에 영향을 미치고 나아갈 방향을 제시한다.

팀의 가치를 높이고, 잠재력을 끌어내고 싶다면 가치를 공유해야 한다. 그러기 위해서 리더인 당신이 먼저 팀의 가치가 무엇인지 확실히 알아야 한다. 그런 다음 자신의 가치와 목표 그리고 팀의 가치와 목표를 비교해보라. 팀의 가치를 전적으로 수용할 수 있다면 자신의 가치와 팀의 가치를 일치시키기 위해 노력하라. 리더의 가치와 목표가 팀의 것과 일치하지 않으면 리더와 팀원들 모두 계속 실망할 수밖에 없다. 그럴 때는 리더가 다른 팀을 찾아보는 것이 더 나을 수도 있다.

인생은 기대하는 것만큼 내어준다

앞으로 30일 동안 모든 일이 잘 풀릴 것이라고 기대하자.

가장 행복한 사람이라고 해서 반드시 모든 면에서 최고의 것을 '가질' 필요는 없다. 그들은 모든 것을 최고로 '만들기' 위해 노력할 뿐이다. 외딴 마을에 살면서 매일 물을 길으러 우물까지 가야 하는 사람이 "겨우 양동이 하나를 채우려고 매일 이렇게 우물까지 와야 하다니!"라고 말하지 않고, "이 우물에 올 때마다 양동이 가득 물을 길어갈 수 있으니 얼마나 좋은가!"라고 말하는 것과 같다.

태도는 삶에 대한 접근 방식에 지대한 영향을 미친다. 큰 경기를 앞둔 감독에게 자신과 선수들의 태도가 경기 결과에 어떤 영향을 미치는지 물어보라. 응급실 의사에게 환자의 태도와 그 환자의 생명을 구할 수 있는 확률의 상관관계에 대해 물어보라. 또 교사에게 시험을 앞둔 학생들의 태도가 시험 결과에 어떤 영향을 미치는지 물어보라.

나는 살아오면서 우리가 무언가를 기대하면 그 일이 종종 이루어진다는 사실을 알게 되었다. 나쁜 일을 기대하면 나쁜 일을 겪게 되고, 좋은 일을 기대하면 좋은 일이 생긴다. 이유는 모르지만 그렇다는 사실은 알고 있다.

내 말을 믿지 못하겠다면 한번 시험해보라. 모든 일에 최선을 기대하면서 30일만 지내보라. 어디에 가든 가장 좋은 주차 공간이 남아 있고, 레스토랑에 가면 가장 좋은 자리에 앉을 것이고, 고객과 최상의 관계를 유지하고, 어디에 가든 최고의 서비스를 받을 것이라고 생각해보라. 그러면 당신에게 놀라운 일들이 벌어질 것이다. 모든 상황에서 최선을 다해 사람들을 대한다면 특히 더 그렇게 될 것이다.

올바른 선택

삶 전체를 올바른 방향으로 설정하여 재능을 극대화하자.

인생은 선택의 문제이다. 내가 한 모든 선택이 결국 나를 만든다. 경력 관리는 어떻게 할 것인가? 누구와 결혼할 것인가? 어디에서 살 것인가? 교육은 어디까지 받을 것인가? 오늘 무엇을 하며 보낼 것인가? 등 등…… 그러나 가장 중요한 선택은 바로 '어떤 사람이 될 것인가'이다.

인생은 카드 게임을 할 때처럼 좋은 패가 들어오기를 바라면 되는, 그런 단순한 문제가 아니다. 시작을 어떻게 할 것인가는 우리가 결정할 문제가 아니다. 재능은 하늘이 내리는 것이기 때문이다. 인생은 내가 지금까지 잘 돌려왔던 패를 들고 하는 것이다. 결국 우리의 패는 우리의 선택에 달려 있다. 재능 이상의 것을 발휘하는 사람들은 타고난 재능을 극대화하고 잠재력을 최대한 발휘해서 자신의 운명을 충실히 살아가는 사람들이다.

나는 손자들에게 닥터 수스의 만화책 《넌 어디로 갈거니?》를 읽어주다가 인생에 관한 기막힌 진실 하나를 발견했다.

네 머릿속에는 뇌가 있고.
네 신발 속에는 발이 있지.
그러니 네가 원하는 곳은
어디든 갈 수 있는 거야.

나는 진심으로 이 말을 믿는다. 나는 여러분이 옳은 방향을 정해서 그 길을 따라가기 바란다. 여러분이 올바른 선택을 해서 재능 이상의 것을 발휘하는 사람이 되기를 기원한다. 자신의 능력을 토대로 잠재력을 최대한 발휘하는 삶을 살아가길 기원한다.

격려의 힘

오늘, 팀원들을 격려해줄 기회를 찾자.

사람들에게 스스로 용기를 북돋우라고 말하는 리더들이 너무나 많다. 그러나 우리들 대부분은 앞으로 나아가기 위해 외부의 격려가 필요하다. 격려는 발전을 위한 필수 요소다. 작가 조지 애덤스는 격려를 "인간이 존재하기 위해 없어서는 안 될, 영혼을 위한 산소"라고 말했다.

신임 리더들은 특히 격려를 필요로 한다. 새로운 상황에 들어오게 되면, 변화에 부딪히고 스스로도 많은 변화를 겪어야 한다. 이럴 때 해주는 격려는 그들의 잠재력을 이끌어내고, 실수를 하더라도 계속 전진할 수 있게 하는 힘이 된다.

자기 사람들의 긍정적인 면을 강화시킬 수 있는 방법을 많이 활용하라. 그들이 해낸 일이 마음에 들면 당연하게 받아들이지 말고 고마움을 표현하라. 그들이 발전하는 모습을 볼 때마다 칭찬해주라. 기회가 닿는 대로 개인적으로 격려하라. 다만, 한 가지 기억해야 할 점은 어떤 사람에게는 동기 부여가 되는 일이 다른 이에게는 시큰둥한 일, 심지어 짜증나는 일이 될 수도 있다는 사실이다. 각자에게 효과적인 방법을 찾아내어 그것을 활용하라.

UCLA 농구팀 감독이었던 존 우든은 득점을 한 선수들에게 패스해준 동료 선수를 향해 고맙다고 미소를 지어주거나 윙크를 해주라고 한다. 최소한 고개라도 끄덕여주라고. 그의 지시에 한 선수가 물었다. "그런데 패스해준 선수가 저를 보지 않으면 어떡하죠?" 우든은 "반드시 볼 것이다"라고 대답했다. 누구나 격려의 가치를 알고, 격려받기를 원한다. 자신의 리더가 끊임없이 격려를 보내는 사람일 때는 특히 더 그렇다.

배운 것은 실천해야 빛이 난다

배운 것에 대한 실행 단계를 작성하고 그대로 실천해보자.

찰스 슐츠의 만화 《피너츠》에 이런 내용이 있다. 찰리 브라운이 해변에 아름다운 모래성을 쌓았다. 모래성이 완성되자 찰리는 일어나 자기 작품을 바라보며 감탄한다. 그때 커다란 파도가 밀려와 멋진 모래성이 한순간에 무너져버리고 만다. 마지막 컷에서 찰리는 이렇게 말한다. "여기에는 분명히 교훈이 있을 텐데, 그게 뭔지 모르겠군."

애석하게도 흔히들 이런 식으로 잠재된 가치를 지닌 경험에서 교훈을 얻을 기회를 놓친다. 나는 30여 년간 강연이나 워크숍에 연사로 참석하면서 한 가지 사실을 깨달았다. 노트를 덮고 강연장을 나가는 순간, 강연 내용을 실천으로 옮기는 사람이 거의 없다는 사실이다.

우리는 종종 배움의 과정보다 배운다는 행위에만 초점을 맞춘다. 그러나 배운 것을 실행에 옮기는 실천 단계에 대한 계획을 세워야 한다. 그래서 나는 각자 노트에 강연을 들으면서 자기가 느낀 점을 다음과 같은 기호로 표시해보라고 권한다.

Time 시간을 내서 생각해봐야 할 것

Change 변화가 필요한 것

☺ 자신이 특히 잘하고 있는 것

Apply 적용해볼 필요가 있는 것

Someone else 다른 사람과 정보를 공유해야 하는 것

그리고 강연이 끝나고 나면 사람들에게 표시해둔 기호들을 바탕으로, 해야 할 일에 대한 목록을 만들고 그에 따르는 일정표를 만들어보게 한다.

감정을 관리하라

감정적 결정을 내려야 할 상황에 직면했을 때
내 기분이 아니라 '팀에게 필요한 것이 무엇인가'를 먼저 생각하자.

감정적으로 문제가 있는 사람들이 그렇지 않은 사람들에 비해 자동차 사고를 낼 가능성이 144퍼센트나 높다는 말을 들은 적이 있다. 같은 연구 결과, 치명적인 사고를 낸 다섯 명 중 한 명은 사고 나기 여섯 시간 전에 다른 사람과 다툰 경험이 있었다고 한다.

감정 관리는 누구에게나 중요하다. 언제 폭발할지 모르는 감정의 폭탄을 안고 있는 사람과 자리를 같이하고 싶은 사람은 아무도 없다. 특히 리더라면 감정을 통제하는 일이 매우 중요하다. 리더의 행동은 많은 사람에게 영향을 미치기 때문이다.

훌륭한 리더는 감정을 드러낼 때와 유보해야 할 때를 안다. 때로는 감정을 드러냄으로써 주변 사람들에게 자기 감정을 알린다. 분위기를 진작시키기 위해서다. 이를 술수라고 할 수 있을까? 나는 그렇게 생각하지 않는다. 다만 자신이 아닌 팀의 이익을 위해 그렇게 했을 경우에 한해서다.

리더는 다른 사람들보다 앞을 내다보는 식견이 있다. 따라서 어떤 상황에 대한 감정도 가장 먼저 느끼고, 자신의 느낌을 팀원들이 알게 함으로써 자기가 보는 것을 팀원들도 볼 수 있게 한다.

반면에 감정을 유보해야 할 때도 있다. 리더로서 감정을 유보하라는 것은 감정을 부정하거나 묻어두라는 의미가 아니다. 감정 관리의 핵심은 사람들을 다루고 처리하는 과정에서 자기 자신이 아니라 다른 사람을 우선순위에 둔다는 원칙이다. 감정을 드러내든 억제하든, 자기만족을 위한 것이 되어서는 안 된다는 말이다.

시간을 허비하지 마라

시간을 무심코 흘려보내는 일이 없게 하자.

어느 아마추어 무선통신사가 교신 중에 노신사 한 분이 젊은이에게 조언하는 통신 내용을 우연히 듣게 되었다. "가족을 떠나 멀리 가야 한다니 참 안됐네. 내가 자네한테 조언을 하나 해도 되겠나? 내가 인생의 우선순위에 대해 바른 시각을 가질 수 있게 된 연유에 대한 것이라네. 어느 날 내가 조용히 앉아서 계산을 해봤지. 우리가 평균적으로 75년 정도 산다고 봤을 때 토요일이 몇 번이나 되겠나? 75에 52를 곱하면 3,900번, 즉 일반적으로 평생 총 3,900번의 토요일을 맞게 되는 셈이지."

노신사는 계속 말을 이어갔다. "이런 생각을 구체적으로 하게 된 것이 내가 55세 되던 해였으니까 그때까지 이미 2,800번의 토요일은 지나가버렸지. 그리고 내가 75세까지 산다고 가정했을 때 내가 누릴 수 있는 토요일이 1,000번 정도밖에 남지 않았다는 생각이 들더군."

노신사는 그날 구슬 1,000개를 사서 투명한 플라스틱 상자에 담아, 작업실에 두었다고 했다. "그날부터 매주 토요일마다 나는 상자에서 구슬 한 개씩을 꺼낸다네. 구슬이 줄어드는 것을 보면서 나는 인생에서 정말 중요한 것들에만 집중할 수 있게 되었어. 우선순위를 직시하는 가장 좋은 방법은 내가 지구상에 존재하는 시간이 줄어들고 있다는 사실을 지켜보는 것이라네." 그리고 노신사는 이렇게 말을 맺었다. "이 통신을 끄고 사랑하는 아내와 함께 아침을 먹으러 나가기 전에 자네에게 마지막으로 하고 싶은 말이 있네. 오늘 아침, 나는 상자에 있는 마지막 구슬을 꺼냈다네. 내가 다음 주 토요일을 맞게 된다면, 그것은 내게 덤으로 주어지는 시간이 될 테지."

우리는 주어진 것보다 더 많은 시간을 누릴 수는 없다. 그러나 그 시간에 무엇을 할지는 선택할 수 있다.

개인적인 친분을 쌓아라

오늘, 가까워지고 싶은 팀원과 개인적인 약속을 잡자.

좋은 멘토링 관계는 사적인 관계에서 시작된다. 멘토에 대해 알고, 호감을 가질수록 사람들은 그의 지시를 따르고, 그의 밑에서 배우고 성장하고 싶어할 것이다. 멘토를 좋아하지 않는다면 그로부터 배우고 싶지도 않을 것이며, 그렇게 되면 리드하는 일 자체가 지체되거나 완전히 중단될 수도 있다.

관계의 구축은 사람들의 삶에 관한 이야기, 그들이 지금껏 살아온 여정에 대해 관심 있게 들어주는 데서 시작된다. 사람들에 대한 순수한 관심은 그들에게 큰 의미를 지니고, 그들의 개인적 강점과 약점을 알아내는 데도 도움이 된다.

팀원들에게 목표와 동기를 부여하는 것이 무엇인지 물어보고, 기질이 어떤지도 파악하라. 가장 선호하는 분야가 숫자나 재무제표인 사람이 있는데, 업무의 80퍼센트 이상 고객의 불만을 처리하는 자리에 그 사람을 앉혀서 일을 가르치고 싶진 않을 것이다.

상대를 아는 가장 좋은 방법 중 하나는 그 사람을 업무 외적인 상황에서 만나는 것이다. 일반적으로 사람들은 직장 내에서는 방어적인 태도를 취하고 상대의 기대치에 맞추려고 노력한다. 그러나 다른 환경에서 그 사람을 알게 되면 그의 진정한 모습을 볼 수 있다.

가능한 한 상대에 대해 많은 것을 알아내고 그들의 마음을 얻기 위해 최선을 다하라. 먼저 상대의 마음을 얻으면 그들도 당신에게 기꺼이 손을 내밀 것이다.

재능과 기회를 최대한 활용하라

잠재력을 최대한 활용하려고 노력하자.

30년도 더 된, 아주 예전에 외웠던 이 한 구절이 내가 살아가는 방식을 결정하는 계기가 되었다. "나의 잠재력은 하느님이 주신 선물이며, 그 잠재력을 어떻게 활용하는가는 내가 하느님께 드리는 선물이다."

나는 살아가면서 내가 가진 모든 재능, 재주, 자원, 기회에 대해 하느님과 주변 사람들 그리고 내 자신에게 책임을 느껴야 한다고 믿는다. 최선을 다하지 않는 것은 스스로에 대한 직무 유기다. "주어진 하루하루를 걸작으로 만들어라"라고 말한 UCLA 농구팀 감독 존 우든도 같은 생각을 했던 것 같다. 매 순간 최선을 다할 때 우리의 삶을 특별하게 만들 수 있고, 다른 사람들의 인생에도 영향을 미칠 수 있다.

미국의 제34대 대통령 드와이트 아이젠하워에 관한 일화 중 내가 좋아하는 이야기가 있다. 아이젠하워 대통령은 언젠가 내셔널 프레스 클럽에서 "정치적 기반이 부실하다 보니 더 나은 웅변가가 되지 못한 것이 후회스럽다"고 말한 적이 있다.

그는 부족한 자신의 웅변기술을 얘기하면서, 어린 시절을 보냈던 캔자스에서 한 늙은 농부가 소를 팔던 모습을 예로 들었다. 소를 사겠다는 사람이 농부에게 소의 혈통과 유지방 생산량, 월간 우유 생산량 등에 대해 물었다. 그러자 농부는 이렇게 대답했다. "나는 소의 혈통도, 유지방 생산량도 뭔지 잘 모르오. 다만 이 소는 좋은 소이고, 가지고 있는 우유를 모두 줄 것이라는 사실만 알고 있을 뿐이오." 이것이 바로 우리가 할 수 있는 모든 것이다. 우리가 가진 모든 것을 내어주는 것, 그것으로 충분하다.

꿈을 실현시키는 법

오늘, 누군가의 꿈을 묻는 것부터 시작하자.

꿈은 영혼의 중심에 자리 잡고 있기 때문에 누군가의 꿈이 실현되는 데 도움이 된다면 우리는 무엇이든 해야 한다. 어떻게 하면 될까? 다음의 여섯 단계를 실천해보라.

1. **상대의 꿈이 무엇인지 물어보라.** 누구나 꿈을 가지고 있지만 꿈이 무엇이냐는 질문을 받는 사람은 극소수다.

2. **상대의 꿈뿐만 아니라 그 사람 자체를 인정하라.** 내가 상대방이나 그의 꿈을 소중히 여길 뿐 아니라 그가 꿈을 실현할 수 있는 자질이 있다는 사실을 알고 있다고 말해주라.

3. **상대가 꿈을 실현하기 위해 극복해야 할 도전이 무엇인지 물어보라.** 누군가의 꿈에 대해 묻는 사람이 극히 소수라면, 그 사람이 꿈을 실현하는 데 장애물이 되는 것이 무엇인지 알고자 하는 이는 더더욱 드물다.

4. **도움의 손길을 내밀어라.** 혼자 힘으로 가치 있는 꿈을 실현할 수 있는 사람은 아무도 없다. 꿈을 달성할 수 있도록 도움의 손길을 내밀었을 때 그 사람의 얼굴이 얼마나 환해지는지 보면 놀랄 것이다.

5. **지속적으로 상대의 꿈에 관해 이야기를 나눠라.** 다른 사람이 꿈을 이룰 수 있도록 진심으로 돕고 싶다면, 일회성 행동으로는 충분하지 않다. 그들이 잘하고 있는지 어떤 도움이 필요한지 지속적으로 확인하라.

6. **꿈을 파괴하는 사람**dream buster**이 아니라 꿈을 증폭시키는 사람**dream booster**이 되라.** 우리는 모두 꿈을 가지고 있고, 격려를 필요로 한다. 마음속에 다른 사람의 꿈을 감지하는 레이더를 달고 꿈이 실현될 때까지 도움을 주라.

비전을 보여라

비전에 관한 생각을 나누고, 열정적으로 그것을 추구하자.

우리는 보는 만큼 될 수 있다. 잠재력에 관한 얘기다. 나는 종종 "비전이 리더를 만드는가, 아니면 리더가 비전을 만드는가?"라고 자문한다.

나는 비전이 먼저라고 생각한다. 비전을 상실한 리더는 결국 리더십까지 잃게 되는 경우를 자주 봐왔다. 사람들은 자신이 보는 대로 행동한다. 이는 세상에서 가장 중요한 동기 부여의 법칙이다. 스탠포드 대학의 한 연구에 따르면 우리가 배우는 것의 89퍼센트는 시각에 의한 것이고, 10퍼센트는 청각에 의한 것이다. 나머지 다른 감각으로 배우는 건 1퍼센트밖에 되지 않는다.

이를 리더십에 적용해보면, 리더로 성장할 때에도 주로 시각적인 자극에 의존한다고 볼 수 있다. 꿈을 실행할 의지가 있는 리더가 비전까지 있으면 변화가 일어난다. 사람들이 꿈 그 자체를 좇을 수는 없다. 꿈이 있고 그 꿈을 팀원들과 효과적으로 소통할 수 있는 능력이 있는 사람, 바로 그러한 리더를 따르는 것이다. 처음에는 비전이 리더를 만들 수도 있다. 그러나 그 비전이 커나가고 추종자들이 따르게 하려면 리더가 비전에 대한 책임을 져야 한다.

미국의 제38대 부통령이자 상원의원이었던 허버트 H. 험프리는 "보는 만큼 된다"라는 말의 좋은 사례라고 할 수 있다. 1935년, 스물네 살의 약제사 험프리는 워싱턴으로 향하는 기차 안에서 아내에게 보내는 편지를 썼다. "여보, 우리가 더 크고 훌륭한 일을 하기로 결심하고 그 일에 헌신한다면, 언젠가 우리가 이 워싱턴에서 어떤 모습으로 살게 될지 눈에 보이는 것 같소. 어쩌면 정부 관료나 정계에서 일하거나 공무원 일을 할 수 있을 거요. 오, 정말 꿈이 이루어졌으면 좋겠소. 어쨌든 나는 노력할 것이오."

누군가를 만점으로 대우하고 그가 나의 기대에 어떻게 부응하는지 지켜보자.

내가 그동안 관찰해온 결과에 따르면 대부분의 사람들은 리더가 마음에 들면 그가 기대하는 만큼 발전한다는 사실을 알게 되었다. 내가 직원들과 굳건한 인간관계를 구축하고, 그들이 나를 진정으로 존경하고 좋아한다면 그들은 최선을 다해 일할 것이다.

나는 오랫동안 여러 리더들을 통해 리더십에 대해 많은 것을 배웠다. 그러나 아직도 내가 가장 존경하는 분은 나의 아버지 멜빈 맥스웰이다. 2004년 12월 올랜도시에 있는 부모님 댁을 방문했을 때 갑자기 전화 회의 일정이 잡혔다. 전화 통화를 위해 조용한 장소가 필요했는데, 아버지께서 흔쾌히 당신의 서재를 사용하라고 하셨다. 전화를 하려고 책상에 앉았을 때 전화기 옆에 붙어 있던 아버지의 필체로 적힌 메모 한 장이 눈에 띄었다.

1. 격려를 통해 인간관계를 쌓을 것.
2. 상대의 능력을 인정함으로써 신뢰를 쌓을 것.
3. 감사를 표현함으로써 상대의 가치를 인정해줄 것.

나는 그 메모가 거기 있는 이유를 곧바로 알아차렸다. 아버지께서 전화 통화를 하실 때 사람들을 어떻게 대할지 되새기기 위해 붙여놓은 것이었다. 그리고 문득 언제나 모든 사람을 '만점'짜리로 보라고 가르치셨던 생각이 났다.

오늘부터 현재의 모습이 아니라 미래의 가능성을 알아보는 리더가 되라. 우리의 기대에 대한 사람들의 반응에 놀라게 될 것이다.

에너지소모 요인 ABC를 점검하고 관리를 해야 할 부분이 어디인지 알아보자.

자신의 에너지가 완전히 소모되지 않도록 적절히 분배해서 사용하는 사람들이 있다. 몇 년 전까지 나는 그렇지 못한 사람 중 하나였다. 사람들이 어떻게 그 많은 일을 할 수 있느냐고 물으면 나는 "에너지는 넘치고, IQ는 낮아서"라고 대답했다. 나는 원래 어렸을 때부터 가만히 있지 못하는 성격이었다. 지금은 당연히 에너지를 관리하는 데 신경을 많이 쓴다. 《생각의 법칙》에서 나의 에너지 관리 전략 한 가지를 소개한 적이 있다.

매일 아침 일정표를 확인하면서 스스로에게 "오늘 가장 중요한 일은 뭐지?"라고 묻는다. 그 일은 내가 최선을 다할 수밖에 없는 단 한 가지 일을 의미한다. 가족을 위한 일일 수도 있고, 직원이나 친구, 출판사, 강연회 스폰서, 아니면 집필 시간일 수도 있다. 나는 항상 가장 중요한 일 한 가지에 집중하고 최선을 다하기 위한 에너지를 확보해둔다.

에너지가 넘치는 사람도 어려운 상황이 닥치면, 가지고 있는 모든 에너지가 빠르게 고갈될 수 있다. 조직의 중간 관리자들은 내가 '에너지소모 요인 ABC'라고 하는 것들에 종종 부딪힐 때가 있다.

Activity 방향 잃은 행동 중요해보이지 않는 일을 하는 것
Burden 실행 없는 부담감 진정으로 중요한 일은 해내지 못하는 것
Conflict 해결책 없는 갈등 문제를 해결할 능력이 결여되어 있는 것

당신의 조직에 에너지소모 요인인 ABC를 처리해야 하는 상황이 자주 발생한다면, 먼저 당신 자신의 에너지 관리에 더욱 심혈을 기울여라. 그게 안 되면 다른 직장을 찾아야 할지도 모른다.

07

July

사명을 마음에 새겨라

사소한 일에 몰두하지 말고 마음속에 큰 그림을 그리자.

당신과 팀원들은 마음속에 늘 큰 그림을 담아두고 있는가? 자기 업무와 관련된 세부적인 것들에 몰두하느라 큰 그림을 보지 못하는 것은 아닌가? 개인적인 성공 혹은 부서의 성공에 너무 집착한 나머지 조직 전체에 어떤 식으로든 해를 입힌다면, 우선 조직의 사명(미션)을 의식하는 법을 익혀야 한다.

팀원들이 사명에 집중하고 있는지 확인하라. 먼저 팀의 사명을 명확하게 규정하라. 팀 혹은 조직의 사명에 대해서 문서로 정리된 것이 있는가? 그렇지 않다면 팀과 함께 사명선언문을 만들어라. 사명이 명시된 문서가 있다면 팀의 목표와 문서에 명시된 사명이 일치하는지 확인하라. 팀이 추구하는 가치와 사명, 목표나 실천사항들이 일치하지 않는다면, 팀워크를 끌어내기 어렵다.

사명을 항상 마음에 새길 수 있는 방법을 찾아라. 뛰어난 성과를 내는 사람이지만, 그동안 혼자 일해왔거나 큰 그림보다는 눈앞의 문제에 집중하는 경향이 있다면, 팀의 사명을 잊지 않기 위해 별도의 도움이 필요하다. 팀에 주어진 사명을 글로 써서 눈에 잘 띄는 곳에 두라. 아니면 사명선언문을 눈앞에 두고 항상 팀의 사명을 의식하게 하라.

팀플레이어로서 최선을 다하라. 팀의 사명과 비전을 확실히 알게 된 다음에는 개인적으로가 아니라 팀 차원에서 최선을 다하겠다는 결의를 다져야 한다. 그렇게 하려면 한동안 주목받지 못하는 지원 업무만 해야 할 수도 있고, 조직을 위해 팀 내부의 문제에 집중하느라 크게 인정받지 못하게 될 수도 있다.

성장을 위한 목표 설정

오늘, 팀원들이 목표를 설정하게 하자.

위대한 성취를 이루는 사람들은 스스로 목표를 설정하고, 목표를 달성하기 위해 최선의 노력을 기울인다. 목표 달성을 통해 '어떤 사람이 되는가'는 '무엇을 얻게 되는가'와는 비교가 안 될 정도로 중요하다.

적절한 목표를 세워라. 팀원들이 해주기를 기대하는 일과 그에 따르는 바람직한 결과를 항상 염두에 두어야 한다. 이런 큰 목표에 기여할 작은 목표들이 어떤 것인지 찾아보라.

달성 가능한 목표를 세워라. 전 아맥스 회장 이안 맥그리거가 했던 말이다. "나는 일할 때 말 조련사와 같은 원칙을 지킨다. 먼저 낮은 펜스를 넘는 것처럼 쉬운 목표부터 시작해서 더 큰일을 해내게 하는 것이다."

측정 가능한 목표를 세워라. 목표를 측정할 수 없으면 팀원들이 목표를 달성했는지 알 수 없다. 측정 가능한 목표를 세워라. 그러면 목표를 달성했다는 사실을 아는 순간 성취감을 느끼게 될 것이다.

목표를 명확하게 전달하라. 목표에 분명한 핵심이 없다면, 목표를 달성하기 위해 노력하는 사람들의 행동에도 핵심이 없어진다.

'능력을 최대한 발휘해야만' 달성 가능한 목표를 세워라. 달성 가능한 목표를 세워야 하는 것은 맞지만, 전력을 기울이지 않아도 되는 목표는 달성한다 해도 발전이 없다.

목표를 글로 써보라. 목표를 글로 옮기면 책임감이 더욱 커진다.

팀원들이 스스로 목표와 진행 상황을 계속 점검하도록 격려하는 것도 중요하다. 벤저민 프랭클린은 매일 단 몇 분이라도 두 가지 질문에 대해 생각하는 시간을 남겨두었다. 아침에는 "오늘은 어떤 좋은 일을 할까?"에 대해 생각하고, 잠자리에 들 때는 "오늘은 어떤 좋을 일을 했는가?"에 대해 생각했다.

나는 어떤 사람들을 끌어당기는가

내 주변 사람들이 나의 인간 됨됨이를 알려준다.

효율적인 리더들은 늘 훌륭한 인재를 찾는다. 내가 발굴한 사람이 내가 원하는 사람인지 어떻게 알 수 있을까? 그것은 내가 '누구'인가에 달려 있다. 팀을 결성한 후에 살펴보면, 자신과 팀원들 사이에 아주 중요한 몇 가지 공통점을 발견할 수 있을 것이다.

• **나이** 대부분의 조직은 핵심 리더들의 특징을 반영하는데, 이 특징에는 나이도 포함된다.

• **태도** 태도가 좋은 사람들은 주변 사람들에게 긍정적인 기운을 준다. 그러나 나쁜 태도는 주변 사람들을 실망시킨다.

• **배경** 사람들은 자신과 배경이 비슷한 사람들에게 끌리거나 그런 사람들을 끌어들인다. 이런 자연스러운 자성의 위력은 상당히 강력해서 조직의 가치를 다양성에 두겠다면, 이런 자성의 위력에 맞서 싸워야 한다.

• **가치** 공유하고 있는 가치가 긍정적이든 부정적이든, 리더의 특성이 그를 따르는 사람들한테서도 드러날 가능성이 높다.

• **에너지** 비슷한 수준의 에너지를 지닌 사람들이 서로를 끌어당기는 것은 좋은 일이다. 에너지가 많은 사람과 적은 사람이 짝이 되어 긴밀하게 업무를 수행해야 한다면 서로 미쳐버리게 만들 수도 있다.

• **재능** 사람들은 재능과 우수성에 이끌리며, 자신과 같은 종류의 재능을 지닌 리더를 존경하고 따르게 될 가능성이 높다.

• **리더십 능력** 내가 어떤 사람인가에 따라 나를 따르는 사람들이 결정된다. 내가 끌어당기는 리더들은 나와 유사한 스타일과 능력을 가진 사람들일 가능성이 매우 높다.

도전에 임하는 태도

긍정적인 태도로 모든 도전을 기회로 바꾸자.

"난세가 영웅을 만든다"는 속담은 진실이다. 어떤 역경에서든 살아남기만 하면 그만큼 강인해진다. 살면서 자신이 가장 크게 성장했던 시기를 생각해보라. 장담하건대 가장 큰 어려움을 겪고 난 후였을 것이다. 내기를 해도 좋다. 긍정적인 태도를 지닌 사람일수록 어려움을 극복하고 성장하며, 앞으로 나아가게 될 가능성이 높다.

한자는 서로 다른 두 단어가 합쳐져 전혀 다른 의미의 새로운 단어가 만들어지기도 한다. 이를테면, 남자를 의미하는 아들 '자子' 와 여자 '녀女'가 결합되면 '좋다'라는 의미의 '호好' 자가 탄생하는 것이다.

긍정적인 태도를 갖는 것도 이와 유사한 효과를 가진다. 어떤 문제가 긍정적인 태도를 지닌 사람을 만나면, 종종 놀라운 결과를 만들어낸다. 그 문제로 야기된 혼란이 위대한 정치가나 과학자, 작가 혹은 사업가를 탄생시킨다. 모든 난관은 동시에 기회이며, 모든 기회는 반드시 난관을 수반한다. 그 사람의 태도가 도전에 임하는 방식을 결정한다는 말이다.

우선순위를 지켜라

나의 최우선 항목은 무엇인가?

"두 마리 토끼를 쫓으면 한 마리도 잡을 수 없다"라는 속담이 있다. 그러나 유감스럽게도 두 마리 토끼를 쫓는 사람들이 많은 것 같다. 그들은 집중하지 못하고, 효율성도 떨어진다. 이는 우리 사회에 선택의 여지가 너무나 많기 때문이다. 경영 전문가 피터 드러커는 이런 현상을 잘 표현했다. "경제적 결과를 도출해내는 핵심 요인은 '집중'이다. 오늘날, 효율성에 관한 법칙 중에서도 가장 기본인 '집중의 법칙'만큼 크게 훼손된 것은 없을 것이다. ······ '모든 것을 조금씩 다 해보자'가 좌우명처럼 되어버렸다."

재능을 계발하고 싶다면 집중하라. 집중하고 싶다면 우선순위를 정하고, 그대로 지켜라. 이는 내가 오랜 시간에 걸쳐 깨달은 사실이다. 나는 선택권을 좋아한다. 주어진 순간에 최선의 행동 방침을 찾을 수 있는 자유가 있는 게 좋다. 20대 시절, 나는 쓸모없는 일에 엄청난 시간을 쏟아부었다. 30대가 되어 조금 나아졌지만, 여전히 내가 해야 할 일에 집중하지 못했다. 40대가 되어서야 시간과 에너지를 투자할 대상을 까다롭게 선택하기 시작했다. 지금은 최우선 순위의 일에 집중하려고 나머지 일들은 걸러낸다. "내가 사람들의 가치를 높이고 있는가?" 내게는 이 일이 최우선이다.

현재에 영향을 미치는 과거를 극복하라

나의 과거가 현재를 어떻게 채색하고 있는가?

몇 년 전, 한 친구가 앵무새 치피에 관한 얘기를 해준 적이 있다. 앵무새 주인이 진공청소기로 새장을 청소하던 순간 벌어진 일이다. 때마침 전화벨이 울려 주인이 전화를 받으려고 몸을 돌렸는데, 뭔가가 쿵하고 떨어지더니 '쉭' 하고 빨려 들어가는 소리가 났다. 그리고 치피가 보이지 않았다. 주인은 얼른 청소기의 전원을 끄고 집진기를 열었다. 치피가 그 안에 들어가 기절해 있었는데, 아직 숨은 쉬고 있었다.

주인은 온몸에 시커먼 먼지를 뒤집어쓰고 있는 새를 들고 목욕탕으로 달려갔다. 그러고는 수돗물을 세게 틀어 콸콸 쏟아지는 얼음장처럼 차가운 물에 새를 갖다댔다. 그 순간, 주인은 자기가 치피에게 더 큰 충격을 주었다는 사실을 깨달았다. 그래서 얼른 드라이어를 꺼내 물에 흠뻑 젖은 채 바들바들 떨고 있던 새에게 뜨거운 바람을 들이댔다. 그리고 이야기는 이렇게 끝났다. "치피는 더 이상 예전처럼 노래를 부르지 않았다는군……."

과거를 극복하지 못하는 사람들은 치피의 사례와 비슷하다. 부정적인 경험이 이후에 그들이 살아가는 방식을 변색시킨다. 이렇게 말하면 마치 과거의 일을 가볍게 넘기라는 말처럼 들릴지도 모른다. 그런 말이 아니다.

우리가 사는 이 불완전한 세상에는 엄청난 비극을 겪는 사람들이 있다는 사실을 나도 알고 있다. 끔찍한 상황에서 자식이나 배우자, 부모 또는 친구를 잃는 일, 암이나 동맥경화, 혹은 다른 난치병에 시달리는 사람, 남들 손에 끔찍한 학대를 당하는 사람들도 있다. 그러나 비극이 긍정적인 세계관, 건설적인 마음가짐, 충만한 삶을 꾸려가는 데 방해가 되어서는 안 된다. 과거가 얼마나 어두웠던 간에 그것이 현재를 변색시켜서는 안 된다는 말이다.

준비성을 높이는 법

경험은 가장 좋은 사전 준비다.

당신은 성취하는 것에 익숙한가? 그저 되는 데까지 해보자는 편인가? 아니면 미리 철저하게 준비하는 게 몸에 배어 있는가? 팀원들을 계속 실망시키고 있다면 아마도 자기와 맞지 않는 자리에 있거나, 도전에 대응할 준비에 충분한 시간과 에너지를 쏟지 않는 것이다. 다음은 준비성을 향상시키는 방법들이다.

과정을 생각하는 사람이 되라. 준비성이란 미리 마련하여 갖추는 것이다. 어떤 과정이든 업무를 단계별로 세분화하여 자기만의 시스템이나 체크리스트를 만들어라. 그러고 나서 단계별 완성을 위해 어떤 준비가 필요한지 판단하라.

더 많이 조사하라. 어떤 직업이든 사람들은 자기 발전을 위해 끊임없이 탐구한다. 자신의 직업과 관련한 조사 도구들에 익숙해지고, 그것들을 활용하는 데 전문가가 되라.

실수를 통해 배워라. 준비를 위한 가장 훌륭한 도구는 자신의 경험인 경우가 많다. 프로젝트를 완수하거나 도전에 임하는 동안 자신이 저지른 최근의 실수를 생각해보고, 기록하고, 분석해보라. 그러면 다음에 유사한 상황이 발생했을 때 좀 더 유연하게 대처할 수 있을 것이다.

내일을 위한 준비는 오늘 시작된다

오늘, 준비에 만전을 기하면 내일은 성공을 맛볼 것이다.

최근 올랜도에서 강연을 끝낸 후, 몇몇 친구들과 전 뉴욕 시장 루디 줄리아니 부부와 함께 식사할 기회가 있었다. 줄리아니 시장은 대화를 쉽게 풀어낼 줄 아는 따뜻하고 매력적인 사람이었다. 대화 도중 나는 자연스럽게 9·11 사건 당시 겪었던 경험에 대해 물었다. 그는 그날 자신이 받았던 인상과 그 사건이 리더인 자신에게 어떤 영향을 미쳤는지 이야기했다. 또 리더는 어떤 상황이든 대처할 만반의 준비가 되어 있어야 한다고 했다. 리더는 모든 상황을 분석하고, 관련 기술을 습득하고, 계획을 세워야 한다는 것이다. 줄리아니는 "성공은 얼마나 준비되어 있는가에 달려 있지요"라고 말했다. 이어서 그 어떤 준비도 없었던 9·11 사건이 발생했을 때, 리더들은 신속하게 행동하면서, 무엇이든 그동안 준비해왔던 것에 의존할 수밖에 없었다고 했다. 그때 줄리아니가 의존했던 것은 비상 대책 훈련이었다.

준비는 무엇을 하는가가 아니라 무엇을 믿는가에서 시작한다. 내일의 성공이 오늘 하는 일에 달려 있다고 믿는다면, 오늘을 달리 보내게 될 것이다. 내가 내일 얻게 될 것은 오늘 무엇을 믿는가에 달려 있다. 오늘을 '준비'하고 있다면 내일 '바로잡아야 할 일'은 없을 것이다.

남들이 꺼리는 일을 하라

필요하면 무슨 일이든 하겠다는 태도를 기르자.

남아프리카공화국에서 활동 중이던 한 자원봉사 단체에서 선교사이자 탐험가였던 데이비드 리빙스턴 박사에게 이런 편지를 보냈다. "박사님이 계신 곳까지 가는 좋은 도로를 알고 계시는지요? 그렇다면 그곳에 합류할 사람들을 어떻게 보내면 좋을지 알려주시기 바랍니다." 리빙스턴이 회신했다. "도로 사정이 좋아야 오겠다는 사람들이라면, 그런 사람들은 원하지 않습니다. 나는 길이 없어도 오겠다는 사람이 필요합니다." 최정상의 리더가 아랫사람들에게 바라는 것이 바로 이런 것이다. 그들은 다른 사람들이 꺼리는 일을 기꺼이 해줄 사람을 원한다.

무슨 일이 있어도 임무를 완수하겠다는 자세를 지닌 직원은 최정상 리더에게 빨리 인정받을 수 있다. 그들은 자신에게 주어진 업무 이외의 일을 할 의향과 능력이 있으며, 너무 잘나서 혹은 너무 소심해서 남들은 하지 못하는 일에도 몸을 사리지 않는다.

"내 일이 아니니까"라는 이유로 주어진 일을 거부하는 리더만큼 최고경영자를 실망시키는 경우는 없다. 그러나 좋은 리더는 내 일, 남의 일 가리지 않는다. 그들은 내가 《리더십 불변의 법칙》에서 주장했던 "자기가 맡은 역할보다 목표가 더 중요하다"라는 '큰 그림의 법칙'을 잘 이해하고 있기 때문이다.

'360도 리더'의 목표는 주어진 일을 완수하고, 조직과 그 조직을 이끄는 리더의 비전을 실현하는 것이다. 필요하면 무슨 일이든 해야 한다는 말이다. 최고위직으로 올라가면 일을 완수하기 위해 다른 사람을 고용해야 할 일이 많아진다. 그러나 중간 관리자에게는 선택권이 없다. 따라서 그들은 어떤 일에든 직접 뛰어들어 업무를 완수해야 한다.

성장할 수 있는 환경

책임지고 팀원들이 성장할 수 있는 환경을 조성하자.

열대어는 살고 있는 수족관의 크기에 따라 성장이 제한된다. 우리 역시 자신이 처한 환경의 영향을 받는다. 따라서 우리가 성장할 수 있는 주변 환경을 조성하는 일은 매우 중요하다. 다음은 성장할 수 있는 환경의 예다.

당신보다 앞서가는 사람이 있다. 주변에 배울 수 있는 사람들이 있으면 성장할 수 있는 가능성이 높다.

계속 도전한다. 현 상태에 안주하는 것은 성장에 독이다.

과거는 훌훌 털어버린다. 미래보다 과거에 더 매달려 있으면 성장은 이미 멈춰 있다고 볼 수 있다.

인정해주는 분위기다. 기업가 찰스 슈왑은 이런 말을 했다. "내가 지금까지 보아온 사람들은 비판적인 분위기보다 인정해주는 분위기에서 더 많이 노력했고, 일도 더 잘했다."

익숙한 영역에서 벗어나 있다. 성장에는 위험이 수반된다. 이미 해낸 것 이상의 일을 하지 않는 한 결코 성장할 수 없다.

주변 사람들이 성장하고 있다. 성장하기 위해서는 혼자서 모든 것을 해내려 하기보다는 여럿이 함께하는 것이 좋다.

변화하려는 의향이 있다. 클레이튼 G. 오르컷은 "변화 그 자체가 진보를 의미하진 않는다. 변화는 진보를 위해 치러야 할 대가일 뿐이다"라고 말했다.

성장에 대한 모델이 있고 기대치가 있다. 최적의 환경에서는 성장이 허용될 뿐 아니라 리더 자신이 성장의 모델이 되고, 모두가 성공하기를 희망한다. 이런 환경이라면 누구나 기대 이상의 잠재력을 발휘할 수밖에 없다.

생각의 힘

지금 내 마음을 지배하는 생각이 나의 태도에 어떤 영향을 미치고 있는가?

삶에서 정신력은 굉장한 영향을 미친다. 우리가 관심을 갖는 것이 우리의 행동을 결정한다. 때문에 현재 나의 모습은 내 마음을 지배하는 생각들의 결과물이다. 다시 말해 사고방식이 태도를 결정한다. 다행인 것은 여러분이나 나나 생각을 바꿀 수 있다는 사실이다. 우리는 생각을 통제할 수 있고, 따라서 태도도 통제할 수 있다.

내 말을 증명할 수 있는 실험을 한 가지 해보자. 자기가 살고 있는 장소에 대해 잠시 생각해보라. 어렵지 않다. 그 생각을 하기로 마음먹었고, 그렇게 했다. 다음으로 잠시 내가 살고 있는 곳이 완전히 불타 그 안에 있는 모든 것이 사라져버렸다고 상상해보라. 어떤 감정적 반응이 생겨나는가? 아마도 불에 타 없어진, 무엇과도 바꿀 수 없는 소중한 것들 생각에 슬퍼질 것이다. 만약 현재 불행한 삶을 살고 있다면 새롭게 출발하면 좋겠다는 생각에 기쁠 수도 있다. 중요한 것은 생각이 즉각적인 감정을 유발한다는 점이다. 이것이 핵심이다.

대전제 우리는 자신의 사고를 통제할 수 있다.

소전제 감정은 생각에서 나온다.

결론 사고방식을 바꿈으로써 감정을 통제할 수 있다.

이 사실이 왜 중요한가? 태도는 곧 인생에 대한 감정적 접근이기 때문이다. 태도는 어떤 중요한 사건이나 주변 사람, 심지어 자기 자신을 바라보는 틀이다. "나는 내가 생각하고 있는 그런 사람이 아니다. 내 생각……그것이 바로 나이다."

용기 있는 리더십

오늘, 자심감과 용기를 강화시킬 작은 결정들을 내려보자.

처음 리더의 길로 들어섰을 때 나는 형편없는 리더였다. 스스로 재능이 있다고 믿었는데 막상 현실에 부딪히니 생각했던 것처럼 잘 해내지 못했다. 그랬던 내가 어떻게 상황을 바꿀 수 있었을까?

나는 작지만 어려운 결정들을 내렸고 그때마다 많은 자신감과 용기를 얻었다. 그리고 변화하기 시작했다. 그 과정은 4년이나 걸렸지만 그 시기가 끝날 즈음 나는 소중한 교훈들을 많이 배울 수 있었다. 다음은 내가 깨우쳤던 것을 공고히 하기 위해 작성했던 목록이다.

1. 두려움보다는 강한 확신
2. 의심보다는 명확한 비전
3. 대중적 의견보다 더 큰 목소리를 내는 영적 감수성
4. 자기 보호 본능보다 더 깊은 자존감
5. 여가 시간에 대한 욕구보다 자제에 더 큰 가치 두기
6. 현재 상황에 안주하지 않으려는 강한 욕구
7. 공황 상태에서 흔들리지 않는 평정심
8. 안전 추구에 대한 욕구를 압도하는 위험 감수에 대한 욕구
9. 자기 합리화를 넘어서는 올곧은 행동
10. 사람들을 기쁘게 해주려는 욕구를 넘어서는 잠재력 달성에 대한 욕구

용기 있는 사람이 되기 위해 위대한 사람이 될 필요는 없다. 자신의 잠재력에 도달하기를 열렬히 원하고, 잠재력 달성에 최선이 되는 길이라면 그 순간 좋아 보이는 것을 기꺼이 포기할 수 있어야 한다. 이는 타고난 재능의 수준과는 상관없이 누구나 할 수 있는 일이다.

비전

팀을 이끌 때 규칙이나 절차보다는 비전에 의존하자.

지난 20여 년간 관찰한 바에 따르면, 유능한 리더에게는 자신이 성취해야 할 것들에 대한 비전이 있다. 그 비전이 모든 노력을 이끌어내는 숨은 에너지이고, 모든 문제를 헤치고 나가는 힘이 된다. 리더가 비전을 가지고 미션을 이뤄나가면, 그 기운이 팀원들에게 전파되어 결국 리더와 함께 움직이기 시작한다.

'단합'은 꿈을 실현하는 데 필수적인 요소다. 목적을 달성하기 위해 기쁜 마음으로 오랜 시간 일을 한다. 부분보다 전체가 훨씬 중요하기 때문에 개인적 권리는 잠시 유보한다. 시간이 쏜살같이 흘러가고 사기가 치솟고 영웅담들이 들려오고 사람들의 좌우명은 '헌신'이 된다. 왜 그런가? 리더에게 비전이 있기 때문이다!

지난 몇 년 동안 '비전'이라는 단어는 남용되는 경우가 많았다. 수많은 경영 워크숍의 첫 번째 목적은 조직의 '사명선언문'을 만드는 것이다. 그러나 자신이 속한 조직의 미션은 기억하지 못하고 선언문이 인쇄된 명함만 내민다면 사람들은 당신을 이상하게 쳐다볼 것이다.

왜 조직의 미션을 만들라고 강조할까? 두 가지 이유가 있다.

첫째, 비전은 그 조직만의 특별한 전투 구호이다. 경쟁이 치열한 시장에 우리 자신을 알리는 명확한 선언이자 고객을 유치하는 도구이며, 조직이 존재해야 할 진정한 이유이기 때문이다.

둘째, 비전은 업무 지침을 담고 있는, 1,000페이지에 달하는 두꺼운 매뉴얼을 대체해주는 새로운 관리 도구다. 최일선 업무까지 분권화된 시대에 모든 조직원이 조직에 집중하게 해주는 핵심이 바로 비전이다.

자기 계발

오늘, 새로운 것을 배우고, 배운 것을 복습하고,
가능한 한 빨리 그것을 현실에 적용시키자.

우리는 '목적 지향'이라는 병에 걸린 사회에 살고 있다. 많은 이들이 '목적지에 도달'할 정도로 충분히 일한 다음에야 은퇴를 꿈꾼다. 내 친구의 말을 빌리면, "모두가 즉효약을 찾고 있지만 그들에게 시급한 것은 건강이다. 즉효약을 찾는 사람들은 압박이 사라지면 해야 할 일을 하지 않는다. 건강을 목적으로 하는 사람들은 상황과 무관하게 해야 할 일을 계속한다." 지속적으로 자기 계발을 하는 사람들은 다음 세 가지 과정을 한 주기로 삼아 이를 반복한다.

1. **준비** 자기 계발을 하는 팀플레이어는 아득히 먼 미래의 '언제'가 아니라 '오늘'을 어떻게 개선할지 생각한다. 이들은 아침에 일어나면 자문한다. "오늘 내가 배울 수 있는 순간은 언제일까?" 그리고 그 순간들을 포착하려고 노력한다. 하루가 끝나고 나면 이들은 "내일에 대해 더 잘 알기 위해 오늘 무엇을 배웠는가?"라고 묻는다.

2. **사색** 최근 우연히 이런 말을 들었다. "세상에 영향을 미친, 진정으로 위대한 인물들의 삶을 들여다보면 사실상 거의 모든 경우 홀로 사색하고, 명상하고, 경청하면서 보낸 시간이 상당히 많았다는 사실을 알게 될 것이다." 홀로 있는 시간은 자기 계발에 필수이다.

3. **적용** 때로는 그동안 배운 내용을 실제로 적용하기 어려울 수 있다. 그러려면 변화가 요구되기 때문이다. 대부분의 사람은 다음의 세 경우 중에서 하나에 해당할 때만 변화를 시도한다. '변화해야 할' 만큼 큰 내상을 입었을 때, '변화를 원할' 만큼 많이 알고 있을 때, '변화할 수 있을' 만큼 가진 게 많을 때다. 우리의 목적은 배움을 통해 매일 더 나은 하루를 만들고자 하는 것이다.

돌파구

그 어떤 과거도 나를 인질로 삼게 해서는 안된다.

살면서 부딪히는 큰 어려움은 갈림길에 봉착했을 때다. 망하는 길로 갈지 흥하는 길로 갈지는 우리의 선택에 달렸다. 500대 기업에 경영 수익과 생산성 증진 관련 자문을 하는 딕 빅스는 "살면서 누구나 한 번쯤 삶이 불공평하다고 생각되는 경험을 한다. 그 결과 그저 목숨만 부지하는 정신적 '정지 명령' 상태에 빠지는 이들도 일부 있다. … 끈기를 가르치는 최고의 스승은 살아가면서 맞는 중대한 전환점이다. 살다 보면 세 번에서 아홉 번 정도 전환점 혹은 중대한 변화가 일어난다. 이런 변화들은 행복한 경험이 될 수도 있지만 때로는 실직, 이혼, 파산, 건강 문제, 지인의 죽음처럼 좋지 않은 일일 수도 있다. 전환점은 자신에게 벌어지는 중대한 변화들을 인생이라는 큰 틀에서 바라볼 수 있도록 관점을 바꿔주며, 그로 인해 생기는 치유의 힘은 고통의 시간을 이겨내게 해준다. 우리는 인생의 전환점들을 통해 배우고, 일과 인생이라는 양면에서 깊이 있는 성장을 할 수 있다"라고 했다.

극심한 상처를 입었다면 먼저 그 경험을 통해 잃게 된 것과 그에 따른 슬픔, 고통을 인정하는 일부터 시작하라. 그런 다음 자신을 포함해서 관련된 사람들을 용서하라. 그러면 앞으로 나아갈 수 있다. 어쩌면 '오늘'이 과거의 상처를 딛고 미래로 나아가는 돌파구가 될 수도 있다고 생각하라.

준비

준비 재능에 준비를 더하자.

가수 레이 찰스는 1946년, 자기가 사는 동네에 럭키 밀린더의 밴드가 온다는 소식을 들었다. 찰스는 오디션 기회를 잡았고, 매우 들떠 있었다. 밀린더와 함께 공연할 수 있다면 대성공을 거두게 될 게 분명했다. 기회가 오자 찰스는 혼신을 다해 노래하고 피아노를 연주했다. 맹인이었던 그는 밀린더의 반응을 볼 수 없었지만, 연주를 끝내고 참을성 있게 기다렸다. 그러나 그에게 돌아온 말은 "이봐, 우리 팀에 들어올 실력은 안 되는걸"이었다. 찰스는 그날 집으로 돌아와 참았던 울음을 터뜨렸다.

찰스는 훗날 "그 일은 내 생애에서 가장 좋은 경험이었어요"라고 회상했다. "억울하다는 생각을 떨쳐버린 후에 다시 내 자리로 돌아가 연습을 시작했지요. 어느 누구도 내게 다시는 그런 말을 하지 못하게요."

누구나 찰스처럼 할 수는 없다. 한 속담처럼 "한 번쯤은 뜻밖이었다고 주장할 수 있다. 그러나 그다음부터는 준비가 안 된 것이다." 그때부터 찰스가 준비해온 것들은 반세기 이상 그에게 보상을 해주었고, 그는 이 세상에서 가장 재능 있는 음악가들과 공연을 했다. 준비가 성공을 보장하는 것은 아니지만 성공할 수 있는 위치로 데려다주는 것만은 확실하다.

꿈의 힘

원대한 꿈을 품고, 그 꿈을 행동에 옮길 수 있는 용기를 가지자.

나는 누구나 마음속에 한 가지 꿈을 품고 산다고 믿는다. 복권 당첨 같은 얘기가 아니다. 그런 생각은 진정한 꿈이 아니라 현재 상황을 탈피하고 싶은 열망에서 나온 것일 뿐이다.

내가 말하는 꿈은 바로 비전이다. 비전은 우리의 내면 깊은 곳에 있는 영혼 그 자체와 통하며 우리가 이 세상에 태어난 목적이기도 하다. 비전은 우리의 재능과 능력을 끌어내고, 우리가 알고 있는 가장 고귀한 이상을 추구할 뿐 아니라 희미하게나마 우리의 운명을 느끼게 해준다. 비전은 인생의 목적과 떨어질 수 없는 관계에 있다. 성공으로 가는 길은 꿈을 꾸는 것에서 시작된다.

꿈은 우리에게 많은 것을 해준다.

· 꿈은 방향을 제시한다.
· 꿈은 잠재력을 증대시킨다.
· 꿈은 우선순위를 정하도록 해준다.
· 꿈은 우리가 하는 일의 가치를 높여준다.
· 꿈은 우리의 미래를 예측할 수 있게 한다.

올리버 웬들 홈즈는 "이 세상에서 정말 멋진 것은 우리가 지금 있는 곳이 아니라 우리가 향해 가고 있는 방향이다"라고 했다. 꿈을 꾸는 것도 그렇게 멋진 것에 속한다. 우리는 어디에 있든 꿈을 꿀 수 있다. 과거에 일어났던 일은 앞으로 다가올 일만큼 중요하지 않다. 옛 속담에 이런 말이 있다. "그 사람의 과거는 어땠는지 몰라도 그의 미래는 흠잡을 데 없이 깨끗하다." 오늘, 꿈을 품어라!

옳은 일을 하라

그로 인해 다치는 한이 있더라도 옳은 일을 하겠다는 각오를 하자.

옳은 일을 하는 게 늘 당연한 건 아니다. 미국 초대 대통령 조지 워싱턴은 이렇게 말했다. "아무리 미덕을 갖춘 사람일지라도 최고가를 부르는 입찰자를 배겨낼 수는 없다." 그러나 옳은 일은 우리를 지탱해줄 인격을 계발하기 위해서는 반드시 해야 하는 것이다.

자기 편한 대로 행동하는 사람은 옳은 일을 하기가 쉽지 않다. 몰리에르는 말했다. "인간은 약속을 할 때는 누구나 다 똑같다. 행동으로 옮길 때 달라질 뿐이다. 행동의 차이는 단순하다. 올바른 인격을 지닌 사람은 상황에 상관없이 옳은 일을 한다."

잘못을 범하는 본성을 통제하기 위해 내가 쓰는 방법이 있는데, 그중에 나 자신에게 몇 가지 질문을 던지는 방법이 있다. 사실은 경영 윤리학자인 로라 내쉬가 했던 질문에서 차용한 것이다.

1. 나는 무언가를 숨기고 있지 않은가?
2. 내가 누군가에게 상처를 주고 있지 않은가?
3. 나는 다른 사람들의 관점에서 보면 어떻게 보일까?
4. 그 문제에 대해 상대방과 얼굴을 맞대고 논의한 적이 있는가?
5. 내 자식들에게는 어떻게 하라고 할 것인가?

내가 옳은 일을 꾸준히 해나가는 것이 단기적으로는 재능을 키우는 데 별 도움이 안 될지도 모르지만, 장기적으로는 나를 보호해주고 도움이 될 것이다. 인격이 쌓이면서 나도 성장할 것이다. 비영리 단체인 이큅EQUIP의 회원인 데일 브로너 박사는 "정직성은 내가 하는 행동이 아니라 바로 나 자신이다"라고 말했다.

위기에 촉매 역할을 맡아라

능력을 개발하기 위한 세 단계 중 한 가지부터 실천해보자.

자기 팀이 중대한 위기를 맞았을 때 당신은 어떤 태도를 취하는가? 스스로 구원투수로 나서는가 아니면 뒤로 한 발짝 물러서는가? 만약 팀원 중에 자기보다 재능이 있고 효율적으로 '촉매' 역할을 할 인재가 있다면, 내가 전면에 나서는 것은 바람직하지 않다. 이런 경우에 내가 할 수 있는 최선은 팀에 도움이 되도록 팀원들을 배치하고, '조력자' 역할을 하는 것이다. 그러나 만약 두렵다는 이유로 혹은 아직 준비가 되지 않았다는 이유로 스포트라이트를 피한다면 생각을 바꾸어야 한다.

다음은 촉매 역할을 할 수 있는 능력을 개발하기 전에 준비해야 할 일들이다.

멘토를 찾아라. 자기보다 훌륭한 사람의 도움이 없이는 촉매 역할을 할 수 없다. 내가 가는 길에 도움이 되어줄 사람을 찾아라.

성장 계획을 세워라. 자신의 기술과 재능을 향상시킬 수 있는 훈련 프로그램을 시작하라. 내가 더 높은 수준으로 올라가지 못하는데, 어떻게 팀을 더 높은 수준으로 끌어올릴 수 있겠는가?

익숙한 것에서 벗어나라. 지금까지 해왔던 것 이상을 해내기 위해 노력하지 않으면, 내 능력이 어디까지인지 알 수가 없다.

이 세 가지 지침을 따른다고 해서 반드시 촉매 역할을 할 수 있는 것은 아니다. 그러나 적어도 자신이 보여줄 수 있는 최선의 모습일 것이다. 그리고 그것이 내가 남들을 위해 할 수 있는 전부다.

강점을 찾아주는 리더

팀원들이 자신의 강점을 찾을 수 있도록 도와주자.

우리 대부분은 자신의 강점을 스스로 발견하지 못한다. 그날그날의 일상에 쫓겨 바쁘게 지내는 경우가 많기 때문이다. 자신의 강점을 찾기 위한 노력도, 실패나 성공에 대해서도 깊이 생각하지 않는다. 그래서 우리에게 진심으로 관심을 보이고 강점을 찾도록 도와줄 리더가 필요한 것이다.

세상에는 자아를 발견해가는 과정에 있는 사람들에게 도움이 되는 유용한 도구들이 많이 있다. 마커스 버킹엄과 도널드 클리프톤의 저서 《위대한 나의 발견, 강점 혁명》과 그들의 웹사이트도 도움이 될 것이다. DISC나 MBTI 유형 검사와 같은 성격 유형 테스트들도 유용하다. 그 밖에도 수많은 적성 테스트 도구들을 활용할 수도 있다. 자신이 속한 조직 내에서 효과를 거둘 수 있는 도구라면 무엇이든 상관없다. 그러나 테스트로만 판단하지 말기 바란다. 개인적인 관찰을 기반으로 할 때 가장 값진 도움을 줄 수 있기 때문이다.

비밀을 공유하라

오늘 내 안에서 끓고 있는 것을 공유하여 의미 있는 관계를 맺어보자.

"냄비 속에서 무엇이 끓고 있는지는 숟가락만 알고 있다"라는 시칠리아 속담이 있다. 내 안에서 끓고 있는 아이디어나 계획을 다른 사람에게 '맛보게' 하라. 그러면 그 사람과 의미 있는 관계가 형성된다. 자기가 관심을 가지고 있는 사람의 마음속이 궁금하지 않은 사람이 어디 있겠는가?

우리는 흔히 인생을 바꿀 만큼 파급력 있는 일이어야만 다른 사람에게 털어놓을 수 있다고 생각한다. 그러나 반드시 그렇지는 않다. 물론 상대의 마음에 영향을 미치기 위해 깊은 인상을 남길 만한 것이면 더 좋다. 그러나 자신만의 일상적인 비밀을 털어놓을 수도 있다. 그동안 다른 사람에게 알려주지 않았던, 그때까지 자기만 간직하고 있었던 그 무엇을 상대방과 '처음'으로 공유하는 것이다. 그런데 첫 만남에서 그러지 못할 이유가 무엇인가? 그렇게 하면 상대는 특별한 대접을 받는 기분을 느낄 텐데 말이다.

누군가와 비밀을 공유하는 것은 사실 다음 두 가지와 관련된 문제다. 주어진 상황의 맥락을 읽는 것과 상대와 관계를 맺고 싶다고 생각하는 것, 이 두 가지면 비밀 공유의 기술을 배울 수 있다.

포기할 것인가, 다시 일어설 것인가

오늘, 일어나 다시 뛰어오르겠다고 결심하자.

하루하루 살아갈수록 인생이 수월해진다면 얼마나 좋을까? 그러나 현실은 그렇지 않다. 나이가 들수록 더 수월해지는 일이 있는가 하면 반대로 더 힘들어지는 일도 있다. 인생의 단계마다 좋은 면도 있고 나쁜 면도 있다. 중요한 것은 좋은 면에 집중하고 나쁜 일은 감수하는 법을 익히는 것이다. 물론 누구나 그렇게 하지는 못한다. 절망적인 일에 대처하는 면에서 세상에는 두 종류의 사람이 존재한다. 유리공 같은 사람과 고무공 같은 사람이다. 유리공은 바닥으로 떨어졌을 때 산산조각이 나 흩어져버리는 반면 고무공은 바닥을 쳤을 때 탄력을 받아 오뚝이처럼 다시 일어난다.

성공동기연구소Success Motivation Institute의 설립자 폴 J. 마이어는 "실패한 사람의 90퍼센트는 실제로 패배한 것이 아니다. 중도에 포기한 것이다"라고 말했다. 절망감을 제대로 추스르지 못한다면 그로 인해 포기해버릴 수 있다. 언젠가는 좌절할 때가 올 것이기 때문에 문제는 "포기할 것인가 아니면 다시 일어설 것인가?"이다.

실수를 눈감아주라

누군가의 실수를 눈감아주자.

어렸을 때 "남에게 대접을 받고자 하는 대로 남을 대접하라"라는 황금률에 대해 배운 적이 있을 것이다. 그런데 의도는 좋았는데 행동이 잘못 나가는 경우가 종종 있다. 그럴 때면 나는 상대방이 황금률에 비추어서 나를 봐주기를 원한다. 다시 말해 한 번 눈감아 달라는 얘기다. 마찬가지로 내가 다른 사람들에게 그런 호의를 보이지 않아야 할 이유는 없지 않은가?

프랭크 클라크는 "모든 사람이 자신이 계획했던 일을 완수했다면 세상에서 그보다 더 큰 성취가 어디 있겠는가!"라고 말했다. 나도 이 말에 동의하지만 거기에 "모든 사람이 자기가 의도한 대로 받아들여진다면 그보다 더 좋은 관계가 어디 있겠는가?"라는 말을 덧붙이고 싶다. 누군가의 실수를 눈감아준다면, 지금까지 알려진 그 어떤 방법보다 효과적인 대인 관계의 기술을 발휘하는 것이다.

열정과 의지력

팀원들이 부르는 노래가, 눈물을 흘리는 이유가, 품고 있는 꿈이 무엇인지 알아보자.

동기 부여 강사로서 내가 하는 역할 가운데 하나는 사람들이 자신의 잠재력을 최대한 발휘할 수 있도록 돕는 것이다. 그러나 나는 오랫동안 잘못된 방식으로 수강자들의 열정을 불러일으키려고 했다. 나는 나에게 열정을 주는 것, 내가 최선을 다하는 일이 무엇인가에 대해서만 사람들에게 가르쳐왔다. 그러나 어느 순간 그 방법이 내가 의도했던 효과를 내지 못한다는 사실을 깨달았다. 사람들의 반응이 전혀 없었기 때문이다. 내 방식을 가르치는 것으로는 다른 사람의 열정에 불을 지필 수 없었던 거다. 그래서 나의 열정을 나눠주는 대신 사람들이 자신의 열정을 발견하도록 하는 것으로 초점을 바꾸었다. 그리고 사람들에게 이런 질문을 했다.

당신은 무엇 때문에 노래하는가?
당신은 무엇 때문에 눈물을 흘리는가?
당신은 어떤 꿈을 꾸는가?

처음 두 질문은 오늘 내 마음 깊은 곳을 건드리는 게 무엇인가 묻는 것이고, 마지막 질문은 내일 나에게 성취감을 안겨줄 것이 무엇인가 하는 질문이다. 이 세 가지 질문에 대한 대답이 자신의 진정한 열정을 발견할 수 있게 해준다.

누구에게나 잠재된 열정은 있지만, 모두가 그 대상을 찾기 위해 시간을 투자하지는 않는다. 애석한 일이다. 열정은 의지를 움직이는 동력이다. 열정은 해야 할 일을 하고 싶은 일로 바꾸어준다. 인생에서의 성취는 '무엇을' 원하는가보다는 그것을 '얼마나 절실하게' 원하는

229

가에 달려 있다. 의지력을 높이는 열쇠는 누군가가 '소망의 힘'이라고 말했던 것이다. 무언가를 간절히 원하는 사람은 대부분 그 일을 달성할 수 있는 의지력이 생긴다.

승리를 원하지 않는 사람을 승리자로 만들어줄 수는 없다. 챔피언은 외부에서 만들어지는 것이 아니라 내면에서 만들어지기 때문이다.

업무 교육의 다섯 단계

오늘, 누군가에게 5단계 교육 과정을 적용해보자.

가장 좋은 업무 교육법은 학생들의 학습 과정을 활용하는 것이다. 다음은 내가 찾아낸, 가장 효과적인 5단계 교육법이다.

1단계 내가 모델이 된다. 나의 업무 처리 과정을 교육생이 보도록 하는 것이다. 이 경우 교육생은 내가 일을 해나가는 과정을 처음부터 끝까지 모두 볼 수 있다. 내가 정확하고 완벽하게 업무를 수행하는 모습을 보면서 그는 그대로 따라 해야 할 것들에 대해 배우게 된다.

2단계 내가 멘토가 된다. 내가 일을 처리하는 것은 1단계와 동일하지만, 이 단계에서는 업무가 진행되는 동안 교육생이 내 옆에서 보조 역할을 한다. 또한 각 단계에서 일하는 방법뿐만 아니라 그 단계가 필요한 이유까지도 설명한다.

3단계 내가 감독자가 된다. 교육생이 업무를 수행하고, 내가 옆에서 지도하며 잘못된 부분을 수정해준다. 이 단계에서는 긍정적인 태도를 유지하고 격려하는 것이 중요하다. 교육생이 안정될 때까지 함께 일한다. 과정을 다 마치면 교육생에게 그 과정에 대해 설명해보라고 한다.

4단계 내가 동기를 부여한다. 나는 업무에서 빠지고 교육생에게 그 일을 시킨다. 내가 할 일은 교육생에게 다른 사람의 도움 없이 일을 해내고 있다는 사실을 확인시키고, 계속 격려하는 것이다. 이때 교육생이 자기 방식을 적용해볼 수도 있다. 그렇게 하도록 훈련생을 장려하는 동시에 나도 교육생으로부터 배운다.

5단계 나를 대신하게 한다. 전체 교육 과정에서 내가 가장 좋아하는 단계다. 새로운 리더가 맡은 일을 잘 해내게 되면 이제는 그들이 다른 사람을 가르칠 차례다. 교사들은 잘 알겠지만 무언가를 배우는 데 가장 좋은 방법은 바로 그것을 가르치는 것이다.

231

자아를 극복하라

어떻게 나 자신을 극복하고 다른 사람들을 생각할 것인가?

누군가의 인생에 영향을 줄 수 있는 사람은 특별한 재능을 지닌 몇몇 엘리트 집단뿐이라고 생각하는 사람들이 많다. 그건 사실이 아니다. 평범한 사람들도 다른 사람의 인생에 긍정적인 영향을 미칠 수 있다.

성공하지 못한 사람 중에는 일단 자기부터 성공한 다음에 다른 사람의 삶을 변화시키는 일을 하겠다는 사람들이 있다. 그런 사람들이 알아두어야 할 사실이 있다. 반복되는 실패로 힘겨워하는 사람 중에는 자기 외의 다른 사람은 안중에도 없는 사람들이 많다. 그들은 남들이 자기를 어떻게 생각할지만 신경 쓰고, 누가 잘 되는 걸 못 견뎌 하며 깎아내리려고 갖은 애를 쓴다. 그들은 자기 것 지키는 데만 급급할 뿐이다.

에너지와 관심을 자신에게만 집중하는 사람들에게 해주고 싶은 말이 있다. "자신을 극복하라. 다른 사람들은 모두 그렇게 한다." 지금까지 실패를 반복하고 오로지 자신에게만 시간과 에너지를 쏟아부었다면 새로운 사고방식을 배울 필요가 있다. 다른 사람들을 먼저 생각하라는 것이다.

때와 장소를 구별하라

나설 때와 관망해야 할 때를 구별하자.

데이비드 매킨리는 텍사스주 플라노에 소재한 대규모 사업체를 이끌고 있는 '360도 리더'이다. 언젠가 그가 대학원을 졸업하고 첫 직장에서 겪었던 일에 관해 이야기한 적이 있다. 당시 그는 중요한 인물과의 미팅을 앞두고 상사에게 자기도 그 자리에 데려가 달라고 부탁했다. 그러나 막상 그곳에 도착하자 데이비드는 열정에 들떠서 처음부터 끝까지 자기 혼자 떠들었다. 그는 상사에게 말할 기회를 주지 않았고, 방문이 거의 끝날 때까지 옆에서 구경만 하게 했다.

방문을 마치고 주차장으로 가는 길에 상사가 데이비드에게 말했다. "나는 그냥 사무실에 있을 걸 그랬네." 그러면서 자기가 그 자리에서 얼마나 쓸모없는 존재가 되어버렸는지 설명해주었다. 그리고 데이비드는 내게 이렇게 말했다. "나는 그날 상사와 함께 있는 자리에서는 주제넘게 나서면 안 된다는 큰 교훈을 배웠죠. 그의 솔직한 조언과 지적은 우리의 관계를 돈독하게 해주었고, 평생 큰 도움이 되었습니다."

꼭 필요한 얘기라 해도 간략하게, 적절하게 말하라. 그게 아니면 조용히 침묵을 지키고 있는 것이 최선일 때도 있다.

해야 할 말을 소신껏 하라

상사가 알아야 할 얘기를 할 때는 사소한 것부터 시작하라.

훌륭한 리더는 직관적으로 다른 사람들보다 넓게 보고, 먼저 본다. 어떻게 그것이 가능할까? 그들은 모든 일을 리더십의 측면에서 살피기 때문이다. 그러나 조직의 규모가 커지면 리더가 직관력을 잃을 때가 종종 있다. 촉이 무뎌지는 것이다. 이런 문제의 해결책은 측근 사람들에게 대신 상황을 파악해달라고 부탁하는 것이다.

훌륭한 리더들은 대부분 자신이 신뢰하는 사람들의 의견을 듣고 싶어 한다. 세일즈 전문가인 버튼 비글로우의 말은 새겨둘 만하다. "최고위직 임원들 중에 '예스맨'들에게 둘러싸여 있고 싶어 하는 사람은 거의 없다. 최고위직 임원들의 가장 큰 단점은 종종 '예스맨'들이 그들 주위에 거짓의 벽을 쌓는다는 사실이다. 경영자들이 무엇보다 절실히 원하는 것은 '명백한 사실'인데 말이다."

상사의 신뢰를 얻는 방법 중 하나는 그들에게 진실을 말하는 것이다. 만약 자신이 한 번도 상사에게 그가 알아야 할 얘기를 소신껏 말해본 적이 없다면, 용기가 필요하다. 제2차 세계대전에 참전했던 대통령 드와이트 아이젠하워는 "전투의 반은 담력이다"라고 했다. 자신의 생각을 소신껏 얘기하는 용기는 상사뿐 아니라 자신에게도 도움이 될 것이다. 사소한 것부터 눈치껏 시작하라.

상사가 내 얘기를 수용한다면 시간이 흐름에 따라 좀 더 솔직하게 말하라. 상사가 내 이야기를 귀를 기울일 뿐 아니라 실제로 내 생각까지 원한다면, 내가 해야 할 일은 굴뚝이 되는 것이지 필터가 되는 것이 아니라는 사실을 명심하라. 알고 있는 정보를 거르지 말고 그대로 전달하려고 노력하라. 좋은 리더는 비록 귀에 거슬리는 얘기라 할지라도 진실을 원한다.

상황 파악 능력 기르기

리더로서의 직관력을 키우기 위해 나는 어떤 능력을 더 습득해야 하는가?

리더십 능력을 타고난 사람은 특히 리더십 직관이 강하다. 리더십 직관이 부족하다면 이를 계발하고 연마하는 데 많은 노력을 기울어야 한다. 그러나 어느 쪽이든 리더십 직관은 타고난 능력과 학습된 기량의 결합으로 얻어진다. 이 결합은 정보에 바탕을 둔 직관력으로, 리더는 이런 직관력을 통해 리더십 관련 이슈를 다른 사람들과는 다른 방식으로 받아들인다.

리더는 주어진 상황을 읽는다. 리더는 어떤 상황에서도 다른 사람들은 놓칠 수도 있는 세부적인 사항을 읽는 능력이 있다. 통계 자료를 훑어보거나 보고서를 읽어보거나 대차 대조표를 점검하기 전에 그는 이미 모든 사실을 파악하고 있다.

리더는 주어진 자원을 읽는다. 리더는 자신의 목표를 달성하기 위해 혼자 애쓰지 않는다. 대신 사람을 동원하고 자원을 빌려온다.

리더는 트렌드를 읽는다. 직관력이 있는 리더는 무슨 일이 일어나고 있는지 '감지'한다. 환경이 변하고, 어떤 문제나 기회가 다가오고 있다는 걸 안다. 그들은 몇 년 후, 때로는 몇십 년 후를 내다보기도 한다.

리더는 사람을 읽는다. 사람을 읽는 재능은 직관력 있는 리더가 지닌 가장 중요한 능력이다. 사람이 없는 곳에서 리더십이란 아무 의미가 없고, 사람들을 설득해서 자기를 따르게 하지 못하면 진정한 리더라고 말할 수 없다.

리더는 자기 자신을 읽는다. 리더는 자신의 강점이나 약점, 맹점, 능력뿐만 아니라 자신의 현재 마음 상태도 알아야 한다. 리더는 팀원들을 성공으로 이끌 수 있는 만큼 방해도 될 수 있기 때문이다.

효과의 법칙

내가 높이 평가하는 자질을 보이는 팀원들에게 보상을 하자.

교육 심리학자 E. L. 손다이크는 21세기 초, 행동 수정 이론에 관해 연구하고, 자신의 연구 결과에 '효과의 법칙'이라는 이름을 붙였다. 내용은 "즉각적인 보상이 따르는 행동은 발생 빈도가 증가하고, 즉각적으로 제재를 받는 행동은 발생 빈도가 감소한다"라는 것이다. 몇 해 전, 나는 직원들에게 기대하는 행동과 자질에 관한 목록을 만들고, 직원들이 목록에 적힌 행동을 하면 보상하기로 결정했다. 바로 RISE 프로그램이다.

Reward 보상

Indicating 알림

Staff 직원

Expectation 기대치

이는 직원들이 기대치를 충족시키거나 그 이상의 성과를 내고 있음을 알리고 그에 보상해주는 것이다. 내가 가장 높은 가치를 부여하고 보상하는 자질은 긍정적인 태도, 충성도, 개인적 성장, 리더십 재창출 그리고 창의성이다. 이 목록에 개인적 성장 항목이 포함된 것을 주목해주기 바란다. 주어진 목표를 달성한 것에 대한 긍정적인 보상 체계가 있다면, 직원들 각자가 리더로 성장할 뿐만 아니라 자기 삶의 최고의 관리자가 될 것이다.

팀을 한발 앞서 가게 하라

팀원들이 더 나은 리더가 되도록 훈련시키자.

리더십은 본질적으로 팀을 한발 앞서 가게 하는 것이다. 리더는 팀원들보다 더 멀리 보고, 더 빨리 상황을 파악한다. 무슨 일이 일어날지 알고, 예측한다. 리더는 팀이 올바른 방향으로 한발 앞서 움직일 수 있게 함으로써 팀을 성공으로 가는 길목에 서게 한다. 100미터 경주에서 50미터 앞서 출발한다면 보통 사람도 세계 챔피언을 이길 수 있을 것 아닌가.

도전이 거셀수록 리더가 지닌 수많은 이점들이 점점 더 빛을 발하게 된다. 또한 한 팀에서 리더로 성장하는 사람이 많을수록 리더십의 혜택도 많이 누릴 수 있다.

훌륭한 리더가 어떻게 팀을 정상으로 이끄는지 스포츠 경기에서만큼 뚜렷이 나타나는 곳도 없다. 하지만 리더십의 위력은 모든 분야에 적용된다. 최고 수준의 리더가 이끄는 사업은 종종 가장 먼저 틈새 시장을 발견하고, 능력의 격차가 큰 경쟁업체라 하더라도 금방 따돌릴 수 있다. 비영리 조직의 경우도 마찬가지다. 강력한 리더가 이끄는 조직에는 더 많은 인재가 모이고, 팀원들이 리더의 자질을 갖추게 되며, 그 결과 수많은 사람들에게 봉사할 수 있게 된다. 엔지니어링이나 건축 같은 기술적인 분야에서도 리더십은 팀의 성공을 보장하는 중요한 요인이 될 수 있다.

08

August

진실성은 쉽게 얻어지지 않는다

어떤 희생을 치르더라도 기꺼이 진실성을 택할 수 있는가?

진실성은 누구나 타고나는 것이 아니다. 그것은 자기 훈련과 내면의 믿음 그리고 역경에 부딪혀도 정직함을 지키려는 각오에서 오는 결과물이다. 불행하게도 오늘날 이러한 정신은 매우 희귀한 자산이 되었고, 그 결과 진실성을 지닌 역할 모델을 찾기가 쉽지 않다. 이제 우리 사회는 명성이 오래가는 영웅들이나 존경하고 닮고 싶은 인물들을 만들어내지 못한다. 가짜가 판치는 사회가 되었고, 닮고 싶은 리더는 극히 드물다.

진실성의 의미 또한 많이 훼손되었다. 할리우드나 월 스트리트에서뿐 아니라 어디서든 대화 중에 진실성이라는 말을 꺼내면 갑자기 분위기가 썰렁해질 것이다. 대부분의 사람들은 진실성이라는 말에서 내숭을 떨거나 속이 좁은 사람의 이미지를 떠올릴 것이다. 단어의 의미가 임의로 해석되는 요즘 같은 시대에는 진실성과 같은 기본적인 가치들은 하룻밤 사이에 퇴색해버릴 수도 있다.

진실성은 이 시대의 정신과는 대조되는 개념이다. 우리 사회를 지배하는 인생 철학은 물질주의적 소비 심리를 중심으로 돌아가고 있다. 모두가 강렬한 순간적 욕구를 추구하다 보니 변치 않는 의미를 지닌 가치는 설 자리를 잃고 말았다.

빌리 그레이엄 목사의 말을 들어보자. "진실성은 더불어 살아가려고 할 때, 우리를 결속시켜주는 접착제와 같다. 우리는 진실성을 온전하게 유지하기 위해 끊임없이 노력해야 한다."

남들이 알아주지 않는 일도 해야 한다

누군가가 보고 있든 아니든 최선을 다하자.

나는 리더십의 중요성을 매우 강조하는 편이다. "흥하고 망하는 것은 모두 리더십에 달려 있다"는 말을 좌우명으로 삼는 사람에게는 두말하면 잔소리다. 리더십 방정식에서 자아가 어떤 자리를 차지하는지 묻는 사람들이 있다. 그들이 궁금해하는 건 리더가 강한 자아에 빠지는 것을 피하는 방법일 것이다. 답은 각자 리더십을 얻기 위해 어떤 진로를 택하는가에 달려 있다. 자신의 의무를 다하고 사람들이 알아주지 않아도 최선을 다한다면 자아는 크게 문제되지 않는다.

이와 관련해 내가 자주 드는 예는 구약성서에 나오는 모세 이야기다. 모세는 히브리인으로 태어났지만 마흔 살까지 이집트 왕궁에서 특권을 누리며 살았다. 그러나 이집트인 감독관을 죽이고 나서 40년 동안 사막을 떠돌며 살았다. 그곳에서 하느님은 그에게 양치기와 가장의 소임을 맡겼다. 40년간 평범한 인물로 신앙생활에 자신을 바친 다음 모세는 지도자로서 소명을 받았다. 그즈음 모세는 세상에서 가장 겸손한 사람이었다고 전한다. 목사 빌 퍼비스는 이런 말을 했다. "지금 있는 자리에서 자신에게 주어진 것에 최선을 다한다면 하느님께서는 우리를 떠나지 않을 것이다."

영국의 작가 에밀리 브론테는 "할 수만 있다면 계속 조용히 무명작가로 남고 싶다. 내 노력은 결과물로 알려지기를 바랄 뿐이다"라고 말했다. 그러나 대부분의 사람들은 에밀리 브론테처럼 스포트라이트 밖으로 밀려나는 것을 원하지 않는다. 하지만 리더에게는 아무도 알아주지 않는 상태에서도 일할 수 있는 법을 배우는 것이 매우 중요하다. 그것이 진실성에 대한 시험이다. 무엇보다 어떤 일을 할 때, 주목받고 싶어서가 아니라 그 일이 중요하기 때문에 해야 한다는 말이다.

오늘이 중요하다

오늘에 집중하고 내일은 그 열매를 수확하자.

과거의 일에 매달리지 말고, 미래의 일에도 관심을 꺼라. 미래에 대한 생각에 사로잡히면 오늘 아무 일도 끝낼 수 없다. 내가 통제할 수 있는 곳에 집중하라. 모순처럼 들리겠지만 오늘에 집중해야 더 나은 내일을 맞이할 수 있다.

그러기 위해서 나는 매일 정해진 일을 하려고 노력한다. 스스로의 성장을 위해 매일 독서를 하고, 시야를 넓히기 위해 다른 사람의 말에 귀 기울인다. 매일 시간을 내서 배운 것을 적용할 방법을 생각해보고, 또 배운 것을 기억하기 위해 매일 글을 쓴다. 그리고 그렇게 얻은 교훈들을 다른 사람들과 공유하기 위해 노력한다. 오늘 얻은 교훈이 내일의 교재가 된다. 그리고 내가 쓴 책《오늘이 중요하다》에 실린 '매일 해야 할 열두 가지'를 소리 내어 읽는다. 그러면 올바른 가치관을 가지고 집중하는 데 도움이 된다.

당신도 나처럼 해보라. 어제를 바꿀 수 없고 내일을 확신할 수도 없지만, 오늘 할 일은 내가 선택할 수 있다.

비전의 일부가 되라

팀원들 모두가 같은 배를 타고 있다는 사실을 잊지 않게 하자.

당신이 이끄는 팀의 비전은 무엇인가? 한 팀에서 일하면서도 함께 일하는 이유를 모르는 사람이 놀라울 정도로 많다. 내가 샌디에이고 지역에 있는 스카이라인 교회의 목회자로 일했을 때도 그랬다. 그 교회 이사회는 12명으로 구성되어 있었는데 나는 그들과의 첫만남에서 교회의 비전이 무엇인지 명확히 짚어달라고 요청했다. 내게 돌아온 대답은 여덟 가지로, 모두 제각각이었다. 방향을 설정해주는 나침반이 없다면 팀은 자신 있게 앞으로 나아갈 수 없다.

당신은 팀의 구성원으로서 팀의 비전을 명확히 이해해야 한다. 팀에 비전이 없다면 비전을 만들 수 있게 도와주어야 한다. 팀이 나아갈 방향과 진로를 이미 알고 있다면, 내가 팀의 비전에 맞는 사람인지 먼저 판단해보라. 팀과 맞지 않는다면 나는 물론 팀원들 모두 불만을 느낄 것이다. 그럴 땐 내가 바뀌어야 한다. 그러면 모두에게 만족할 만한 결과를 가져올 것이다.

지속적으로 발전하라

지속적인 발전을 위해 나는 구체적으로 어떤 일을 하고 있는가?

다른 사람보다 우월하다고 해서 대단할 건 없다. 발전이란 과거의 자신보다 나아지는 것이다. 과거의 자신보다 나아지기를 추구하고 있는가? 자신을 지난해, 지난달, 혹은 지난주보다 향상시키기 위해 노력하고 있는가? "발전을 중단한다면 훌륭한 인물이 되기를 포기하는 것과 같다"라고 했던 조지 녹스의 말이 맞다. 자신을 향상시키고자 한다면 다음과 같이 해보라.

언제든 배우려는 자세를 가진다. 자존심은 자기 계발의 강력한 적이다. 언제든 가능하다면, 한 달 정도 학생의 입장이 되어본다. 사람들이 조언을 구할 때 내 말을 하기보다는 상대의 말에 귀 기울인다. 적절해보이지 않더라도 새로운 수련법에 부딪혀본다. 이해하지 못하는 것은 언제든 질문한다. 전문가가 아니라 배우는 사람의 자세를 지닌다.

발전 계획을 세운다. 두 단계로 배우는 방법을 정한다. 먼저, 개선하고 싶은 분야를 선택한 다음 향후 6개월간 어떤 책을 읽고 어떤 강연에 참석하며 어떤 전문가들을 만나 어떤 조언을 구할지 계획을 세운다. 다음에는 어떤 면에서든 발전 없이 하루를 보내는 일이 없도록 늘 배움의 기회를 찾는다.

자기 홍보보다 자기 계발에 가치를 둔다. 솔로몬 왕은 "지식과 가르침을 금은보화보다 더 소중하게 여겨라. 지혜는 귀한 보석이나, 네가 욕망하는 그 어떤 것보다 훨씬 큰 가치를 지니고 있다"라고 했다. 앞으로 직업을 선택할 때 금전적으로 얼마나 풍요로워질 것인가보다는 자신이 얼마나 발전할 수 있을지를 토대로 결정한다.

변화의 대가

내가 원하는 것이 다른 것을 포기해야 할 만큼 가치 있는 일인가?

미국 극작가이자 시나리오 작가인 시드니 하워드는 "무언가를 얻기 전에, 무엇을 포기해야 하는지 안다면 원하는 것의 반은 이미 얻은 것이다"라고 말했다. 변화에는 항상 대가가 따른다. 금전적인 것이 아닌 시간, 에너지, 창의력일 수도 있다. 대가가 따르지 않는 것은 진정한 변화가 아니다!

발전과 성장을 위해 어떤 변화가 필요할지 고려할 때는, 현 상태를 유지하는 데 드는 비용과 변화에 드는 비용을 따져보는 것이 중요하다. 이는 반드시 해야 할 일로 다음과 같은 차이를 만든다.

변화=성장

또는

변화=고통

당신이 원하는 변화는 실제로 어떤 대가를 원하는가? 경영 관리 전문가 톰 피터스는 "배를 흔들지 마라. 차라리 침몰시키고 처음부터 다시 시작하라"는 견해를 피력했다. 창의적인 사람이 되어 진정한 혁신을 가져오고 싶다면 그럴 필요가 있다. 새로운 것을 창조하기 위해 낡은 것은 파괴해야 한다. 변화에 대한 두려움에 사로잡혀 아무것도 하지 않으면 안 된다.

너무 심각하게 생각하지 마라

웃음이 회복력을 키워준다는 사실을 기억하자.

나는 세미나를 개최할 때 수많은 리더와 함께 작업한다. 그리고 그 과정에서 자신을 지나치게 심각하게 받아들이는 사람들이 너무 많다는 사실을 알게 되었다. 물론 그들만 그런 것은 아니다. 나는 각계각층에서 지나치게 어둡고 비관적인 태도를 지닌 사람들을 만났다. 그들은 좀 더 밝아질 필요가 있다. 지금 하고 있는 일이 아무리 심각해도 자기 자신까지 심각하게 받아들일 이유는 없다.

우리들 대다수는 스스로를 실제보다 더 중요한 존재로 생각한다. 내가 죽으면 평소 좋은 친구로 지냈던 목사 중 한 명이 나를 위해 멋진 추도사를 해주고, 나에 대한 재미있는 일화 몇 가지를 들려줄 것이다. 그러나 20분 후면 그의 머릿속에서 가장 중요한 일은 나의 장례 리셉션에서 감자 샐러드가 어디 있는지 찾는 일일 것이다.

이런 일들에 유머 감각을 지닐 필요가 있다. 특히 사람들과 함께 일하는 경우는 더욱 그렇다. 코미디언 빅터 보르게는 이를 한 문장으로 표현했다. "웃음은 두 사람 사이를 가장 가깝게 해주는 것이다."

팀플레이어가 되라

권한위임형 리더의 태도를 몸에 익히자.

좋은 리더를 길러내는 사람들은 자기 자신을 생각하기 전에 팀의 복지를 먼저 생각한다. 빌 러셀은 재능 있는 농구 선수였다. 아직도 그를 프로 농구 역사상 최고의 팀플레이어 중 한 사람으로 기억하는 사람들이 많다. 러셀은 "내가 얼마나 경기를 잘했는지 측정하는 가장 중요한 기준은 동료 선수들이 경기를 더 잘할 수 있도록 내가 얼마나 기여했나 하는 것이다"라고 말했다. 이것이 바로 훌륭한 리더를 길러내는 사람에게 필요한 자세다. 팀이 최우선이어야 한다.

당신은 스스로 팀플레이어라고 생각하는가? 다음의 질문에 대답해보라. 팀이 추구하는 공동의 가치를 고취하는 면에서 당신이 어떤 입장을 취하는지 알 수 있을 것이다.

1. 나는 팀원들의 가치를 높여주는가?
2. 나는 조직의 가치를 높여주는가?
3. 일이 잘 돌아가고 있을 때 그 공을 선뜻 팀원들에게 돌리는가?
4. 우리 팀에 새로운 멤버가 지속적으로 충원되고 있는가?
5. '2진 선수들'을 가능한 한 많이 활용하고 있는가?
6. 팀원들이 중요한 결정을 내리도록 의사결정권을 부여하고 있는가?
7. 우리 팀은 스타를 만들어내기보다 팀의 승리를 강조하는가?

위 질문 중 몇 개 항목에 '아니요'라고 대답했다면 팀에 대한 당신의 태도를 재점검해보라. "최고의 리더는 지식과 능력 면에서 자신을 능가하는 리더를 길러내는 사람이다"라는 말이 있다. 이것은 리더들을 계발하여 당신의 영향력을 증대시켜가는 동안 추구해야 할 목표다.

한결같이 행동하라

나는 이미지에 중점을 두는가, 아니면 진실성에 중점을 두는가?

이미지는 '다른 사람이 생각하는 나'이고, 진실성은 '존재하는 그 자체로서의 나'이다. 두 할머니가 사람들이 제법 북적대는 한 교회 마당을 거닐다가 어떤 묘비 앞에 멈춰 섰다. 비문에는 "진실했던 한 인간이며 정치가였던 존 스미스, 여기 잠들다"라고 쓰여 있었다. "말도 안 돼!" 한 할머니가 다른 할머니에게 말했다. "어떻게 한 무덤에 두 사람을 묻을 수가 있담."

우리는 내면과 외면이 같지 않은 사람들을 종종 보게 된다. 내면의 진실성보다 보여지는 모습을 위해 애쓰는 사람들은 안타깝게도 자기가 갑자기 '추락'하는 상황을 이해하지 못한다. 심지어 그들을 잘 안다고 생각했던 친구들조차도 그들의 추락에 놀라워한다. 당신은 진실성보다는 보여지는 모습에 신경 쓰는 사람인가? 다음 질문에 대한 대답이 당신이 어떤 사람인지 말해줄 것이다.

일관성 누구와 함께 있든 똑같은가?

선택 나에게 이득이 되는 선택보다는 다른 사람들에게 최선이 될 결정을 내리는가?

인정 나의 성공에 다른 사람들의 노력과 기여를 선뜻 인정하는가?

토머스 매컬리는 "한 사람의 진정한 인격을 재는 척도는 자신이 한 일이 남들에게 드러나지 않을 때 하는 행동이다"라고 말했다. 인생은 죔틀 같아서 때때로 우리를 쥐어짠다. 그런 압박의 순간에 내면에 숨어 있던 것들이 표출된다. 없는 것이 나올 수 없다. 이미지는 많은 것을 약속하지만 실제로 그 무엇도 만들어내지 않는다. 그러나 진실성은 결코 우리를 실망시키지 않는다.

자기 도취에서 벗어나라

눈을 크게 뜨고 주변 사람들을 둘러보자. 그리고 그들을 위해 봉사하자.

큰 그림의 원칙에서 보면 "전 세계의 인구는 보잘것없는 나 하나를 제외하고, 모두 남이다." 인생을 이런 관점에서 생각해본 적이 한 번도 없다면 지금이라도 한번 시도해보라. 나는 자기 도취에서 벗어나 품위 있게 다른 사람을 위해 봉사하는 능력을 키우지 '못한' 사람이 진정한 성공을 거두는 것을 본 적이 없다.

심리학 연구 결과에 따르면, 우리가 다른 사람을 위해 봉사할 때 적응력이 높아지고 만족감을 느낄 가능성이 높아진다고 한다. 주변 사람들에 대한 헌신은 실제로 건강을 증진시키고 행복을 가져다준다. 수세기 동안 우리는 본능적으로, 심지어 심리학이라는 학문이 공식적으로 형성되기 이전에도 이 사실을 알고 있었다. 한 예로 아래 중국 속담에 나타난 지혜와 유머를 보자.

낮잠을 자면 한 시간이 행복하고
낚시를 하면 하루가 행복하고
결혼을 하면 한 달이 행복하고
막대한 재산을 물려받으면 일 년이 행복하고
다른 사람을 도우면 일생이 행복할 것이다.

우리는 다른 사람들을 도움으로써 스스로를 도울 수 있다. 이 사실을 염두에 두면 자기 도취에서 영원히 벗어날 수 있을 것이다.

올바른 결정을 내리는 것뿐 아니라 타이밍에도 각별한 주의를 기울이자.

'리더십 불변의 법칙 21개조' 중 19번째 법칙은 "언제 할 것인가는 무엇을 하고 어디로 갈 것인가만큼 중요하다"이다. 다음은 그 법칙을 따르기 위해 내가 개발한 체크리스트이다.

- 이 변화가 나를 따르는 사람들에게 이로운 것인가?
- 이 변화가 조직의 목적과 양립이 가능한가?
- 이 변화는 구체적이고 명확한가?
- 이 변화에 대해 영향력 있는 상위 20퍼센트의 리더들이 호의적인가?
- 이 변화에 대한 계획을 완전히 확정하기 전에 테스트가 가능한가?
- 이 변화를 위한 물리적, 재정적, 인적 자원이 마련되어 있는가?
- 이 변화는 돌이킬 수 있는 것인가?
- 이 변화가 우리가 택해야 할 다음 단계임이 분명한가?
- 이 변화는 장단기적으로 이점이 있는가?
- 이 변화를 현재의 리더십이 달성할 수 있는가?
- 이 변화는 모든 면에서 시의적절한가?

나는 큰 변화를 실행하기 전에 이 체크리스트를 죽 훑어보면서, 각각의 질문에 '예/아니요'로 대답한다. '아니요'라는 답이 너무 많으면 타이밍이 적절하지 않다는 것이다.

기대치는 신념에서 나온다

나의 신념이 기대치에 얼마나 영향을 미치고 있는가?

자신의 재능을 최대한 끌어올리고 싶다면, 재능 자체에 초점을 맞춰서는 안 된다. 마음의 힘을 활용해야 한다. 신념은 우리가 하는 모든 일을 통제한다. 성과는 더 열심히 혹은 더 영리하게 일하는 것 이상의 문제이다. 이는 긍정적 믿음에 관한 문제이기도 하다. 누군가는 이것을 '당연히' 증후군이라고 부른다. 실패한다고 예상하면 '당연히' 실패할 것이고, 성공한다고 기대하면 '당연히' 그렇게 된다. 당신이 내심 믿고 있는 것이 곧 외적인 결과로 나타난다.

개인적 돌파구는 신념의 변화에서 시작된다. 왜 그럴까? 신념이 기대치를 결정하고, 기대치가 곧 행동을 결정하기 때문이다. 신념은 마음의 습관이며 그 안에서 자신감이 확신으로 변한다. 장기적으로 보면 신념은 한 개인이 지니고 있는 생각 그 이상이다. 신념은 우리를 사로잡고 있는 생각이다. 그러므로 성공하리라고 기대해야 한다. 그것만으로 성공이 보장될까? 애석하게도 그렇지 않다. 우리는 실패할 것이고 실수를 저지를 것이다. 그러나 성공하리라고 기대한다면, 자신의 재능을 극대화하고 노력을 멈추지 않을 것이다.

변호사인 케리 랜들은 "일반적인 생각과는 반대로 인생은 '기회'가 아니라 '변화'에 의해 발전한다. 그리고 이 변화는 늘 우리의 내면에서 일어난다. 즉, 생각의 변화가 더 나은 인생을 만든다"라고 말했다. 개선은 변화를 통해 오지만 변화는 확신을 필요로 한다. 이런 이유로 우리는 자기 확신을 최우선으로 삼아야 한다. 프랭클린 루스벨트 대통령은 "내일을 실현하는 데 장애가 되는 단 한 가지는 오늘에 대한 의구심이다"라고 했다. 의구심으로 기대치를 접지 마라.

열정과 인생의 우선순위

오늘, 나의 열정과 삶의 우선순위가 균형을 이루고 있는지 확인하자.

열정은 있지만 삶의 우선순위를 모르는 사람은, 추운 겨울밤 깊은 숲속의 외딴 오두막에서 사방에 작은 촛불을 켜놓고 홀로 앉아 있는 사람과 같다. 그 정도로는 앞을 보기에 충분하지 않다. 그렇다고 몸을 훈훈하게 해줄 만큼 충분한 열기를 전해주지도 않는다. 기껏해야 작은 오두막 하나만 조금 밝혀줄 뿐이다. 삶의 우선순위를 제대로 정해놓았어도 열정이 없는 사람은 추운 오두막의 화덕 안에 장작을 쌓아놓고 있지만, 장작에 불을 지피지 않는 사람과 같다. 우선순위도 확실하고 열정도 지닌 사람은 장작을 쌓고 불을 붙여 거기에서 나오는 빛과 열기를 즐기는 사람이다.

나는 1970년대 초반에 열정과 삶에 대한 우선순위를 조화시키는 것만이 재능을 극대화하고, 잠재력을 일깨울 수 있음을 깨달았다. 그때까지 나는 재능과 열정이 없는 일을 하면서 지나치게 많은 시간을 허비했다. 내가 하고 있는 일과 열망하는 일을 조화시키기 위해서는 변화가 필요했다. 그 변화로 내 인생은 엄청나게 달라졌다. 비록 어려움을 없애주고 장애물을 제거해주지는 않았지만, 더 큰 에너지와 열정으로 그것들과 맞설 수 있는 힘을 얻을 수 있었다.

그 후 30년 이상 나는 우선순위와 열정이 균형을 이룬 상태를 유지하려고 노력했다. 그동안 나는 저널리스트인 팀 레드몬드의 말을 마음속에 새겼다. 나는 한 해 동안 그 말을 눈에 잘 띄는 곳에 붙여두고 스스로 각성하려고 노력했다. "내 눈을 사로잡는 것은 수없이 많다. 그러나 내 마음을 사로잡는 것은 드물다. 그것이 바로 내가 추구해야 할 것들이다."

임무 완수로 얻을 수 있는 혜택

계속 미루고 있는 일이 있다면 즉시 행동에 옮기든지, 아니면 아예 잊어버리자.

당신이 해야 할 일을 계속 미루는 유형이라면 성공은 거의 불가능하다. 미루는 버릇은 어려운 상황을 키우는 거름과 같다. 스스로 찾아온 기회를 두고 마음을 정하기까지 너무 오랜 시간을 허비한다면 결국 기회를 놓치게 될 것이다. 자신의 재능이나 책임감을 필요로 하는 분야에서 효율적이고 진보적인 사람이 되려면, 중요하지 않거나 불필요한 일에 귀중한 시간을 낭비해서는 안 된다.

만약 당신이 지금 미루고 있는 업무가 있다면 나는 그 업무가 필요한 일이라고 생각한다. 필요한 일이 아니라면, 미루지 말고 해야 할 일의 목록에서 지워버리면 된다. 장애물을 극복하는 가장 좋은 방법은 그것을 뛰어넘었을 때 얻을 수 있는 것에 초점을 맞추는 것이다.

- 이 업무를 완수하면 재정적인 혜택이 따라오는가?
- 이것만 해결하면 내가 좋아하는 다른 일을 할 수 있는가?
- 이 일이 나의 발전이나 보다 큰 목표를 완성시키는 기폭제가 될 수 있는가?
- 이도 저도 아니면 최소한 정서적으로 두서없는 것들을 정리하는 데 도움이 되는가?

긍정적인 이유를 찾으려고만 한다면 찾아낼 수 있을 것이다. 일단 이유를 찾으면 앞으로 나아가면서 단호하게 행동하라. 미 해군 제독 윌리엄 할시는 말했다. "어떤 문제든 그것을 피하지 않고 정면으로 부딪히면 작아지게 마련이다. 가시덤불을 조심스레 건드리면 가시에 찔릴 것이다. 대담하게 꽉 움켜쥐어라. 그러면 가시들이 바스러질 것이다."

다루기 힘든 상대를 다루는 법

함께 일하기 힘든 상대와 관계를 맺고, 그들을 좋아하고 존경할 만한 이유를 찾아내자.

조직의 말단에 있는 사람들은 동료에 대한 선택권이 없으므로 상대하기 힘든 사람들과 일할 때도 있다. 반면 일할 사람들에 대한 선택권이 있는 최고위직 사람들은 다루기 힘든 사람들과 일할 필요가 없다. 그들은 함께 일하는 사람이 부담스러우면 그 사람을 다른 곳으로 이동시키거나 내보낸다. 이 문제에 있어 중간 관리자들의 입장은 또 다르다. 중간 관리자들은 일부 선택권이 있기는 하지만, 완전히 자기 뜻대로 할 수는 없다. 상대하기 힘든 사람들을 완전히 제거할 수는 없지만 함께 일하는 것을 피할 수는 있다.

그러나 좋은 리더, 조직의 상하좌우 모두를 리드하는 법을 알아야 하는 리더라면 다루기 힘든 상대와도 성공적으로 일할 수 있는 방법을 찾는다. 왜 그렇게 할까? 바로 조직에 이득이 되기 때문이다. 어떻게 하면 될까? 상대와 공통되는 부분을 찾아내 관계를 만들어나가면 된다. 다루기 어려운 상대를 자기 입장에서 생각하는 게 아니라 자신이 상대의 입장이 되어 생각하는 것이다.

과정을 과소평가하지 마라

오늘, 역경을 활용하자.

나는 매년 수많은 컨퍼런스를 통해 수천 명의 사람들에게 리더십 강연을 하지만, 그들의 삶에 아무런 변화도 일어나지 않는 것을 가장 우려한다. 그들은 '강연'을 즐기지만 강연에서 제시한 아이디어들을 하나도 실행하지 않는다. 행사를 과대평가하는 한편 과정은 과소평가한다. 내가 사람들에게 끊임없이 하는 말이다. 꿈을 실현한 사람들은 모두 과정에 충실했다. 내가 책을 쓰고 CD와 DVD를 만드는 이유 중 하나가 바로 이런 점 때문이다. 사람들을 지속적으로 성장 과정에 참여시키기 위해서다.

우리는 타성에 빠지기 쉽게 태어났다. 그것이 자기 계발이 어려운 이유이고, 모든 성공의 핵심에는 역경이 존재하는 이유이기도 하다. 성취의 과정은 반복되는 실패와 더 높은 단계로 오르기 위한 힘겨운 투쟁의 연속이다.

대부분의 사람들은 성공하기 위해 역경을 이겨내야 한다는 사실을 마지못해 시인한다. 또 앞으로 나가려면 때때로 장애물을 거쳐야 한다는 것을 알고 있다. 나는 그 생각에서 한 걸음 더 나가야만 성공할 수 있다고 믿는다. 꿈을 이루려면 역경을 감싸안고, 실패를 당연한 삶의 일부분으로 받아들여야 한다. 실패가 없다면 앞으로 나가지 못할 수도 있다.

생각을 관리하라

나의 삶에서 생각할 시간과 장소를 마련하자.

시인이자 소설가 제임스 조이스는 "마음은 그 안에 집어넣은 것을 그대로 우리에게 돌려준다"라고 말했다. 좋은 생각을 하는 데 있어 가장 큰 적은 분주함이다. 그리고 조직에서 가장 바쁜 사람들은 대체로 중간 관리자들이다.

내가 쓴 책 《생각의 법칙》에서 나는 독자들에게 생각할 시간을 가지라고 했다. 또 내 사무실에는 '생각 의자'가 있다는 말도 했다. 나는 그 의자를 오직 생각할 때에만 사용한다. 그런데 내 강연에 참석했던 사람들이 자신들도 생각 의자에 앉아 있었지만 아무 일도 일어나지 않았다고 말했다. 나는 "특정한 주제 없이 그저 어떤 좋은 생각이 떠오르길 바라며 생각 의자에 앉지는 않는다"라고 설명했다.

나는 주로 급히 휘갈겨 써놓은 것들에 대해 생각한다. 바쁜 일과 중에는 그런 것들에 대해 생각할 시간이 없기 때문이다. 나는 메모지를 들고 생각 의자로 가서 그것을 앞에 두고 각각의 사항에 대해 충분한 시간을 가지고 생각한다. 때로는 내가 이미 내린 결정을 평가하기도 하고, 때로는 앞으로 내려야 할 결정을 충분히 생각하기도 한다. 때로는 전략을 세우기도 하고, 창의력을 발휘해 구체적인 아이디어를 짜내기도 한다.

당신도 이런 방식으로 생각을 관리해보라. 한 번도 그렇게 해본 적이 없다면 그에 따른 보상에 놀랄 것이다. 그리고 1분이 한 시간보다 길 수도 있다는 사실을 알아두라. 생각하는 1분은 계획성 없이 일을 하거나 잡담을 하며 보내는 한 시간보다 훨씬 가치 있다.

남들이 하지 못하는 일을 대신해주라

사람들이 성공할 수 있도록 기회를 마련해주고, 그들의 성공을 인정하고 보상해주자.

외교관이자 시인인 헨리 반 다이크는 "세상 위에 우뚝 서겠다는 것보다 더 숭고한 야망이 있다. 허리를 굽혀 인류를 좀 더 높이 끌어올리겠다는 야망이다"라고 말했다. 얼마나 멋진 생각인가! 다른 사람들이 스스로 할 수 없는 일을 내가 대신해주겠다는 것은 태도의 문제이다. 나는 늘 내게 주어진 것이 무엇이든 다른 사람들과 나눠야 한다고 믿는다. 나는 풍요로운 마음가짐을 지니고 있기 때문에 내 자신이 고갈될 것을 걱정하지 않는다. 많이 나누면 나눌수록 나누어줄 것이 더 많이 생기니까.

내가 얼마나 가지고 있느냐와는 상관없이 나는 다른 사람이 스스로 하지 못하는 일을 대신할 수 있는 능력이 있다. 그 일을 정확히 어떻게 해낼 것인가는 내가 지닌 재능과 자원과 과거의 경험에 달려 있다.

거의 25년 전, 풀러 신학교의 C. 피터 바그너 교수의 초대를 받아 전국의 목회자들을 상대로 리더십 강연을 했던 적이 있다. 그분은 나에게 처음으로 전국적인 강연을 할 기회를 주었고, 나 혼자 힘으로는 얻을 수 없었던 신뢰를 얻게 해주었다.

준비된 사람에게 가장 큰 가치는 기회를 얻는 것이다. 기회는 우리의 잠재력을 발현할 수 있게 해주기 때문이다. 고대 그리스의 위대한 연설가인 데모스테네스는 이렇게 말했다. "작은 기회들이 종종 위대한 대업의 시발점이 된다." 기회를 잡는 것은 성공의 근원이다. 사람들에게 기회를 주어 그들이 성공할 발판을 마련해준다면, 나도 그들과 더불어 성공할 것이다.

문제 해결

문제가 나를 가로막는가, 아니면 도약시키는가?

우리들 대부분은 문제가 무엇인지 안다. 문제를 파악하는 데는 특별한 능력이나 재능이 요구되지 않는다. 문제를 찾아내는 것보다 문제를 해결의 대상으로 생각하는 사람만이 변화를 만들어낸다. 그리고 이런 사람들로 뭉친 팀만이 진정한 성과를 낼 수 있다.

개인의 성격, 성장 과정, 개인사 등이 문제 해결 방식에 영향을 준다. 그렇다 해도 누구든 문제 해결에 적극적인 사람이 될 수 있다. 다음은 문제 해결에 적극적인 사람이라면 잘 알고 있는 사실들이다.

문제는 관점에서 비롯된다. 실패나 좌절, 장애물은 삶의 일부분이다. 피해 갈 수가 없다. 그렇다고 손 놓고 있으라는 말이 아니다. 최선의 방법은 해결 지향적 사고방식으로 대처하는 것이다. 태도가 중요하다.

모든 문제는 해결이 가능하다. 문제 해결 능력이 뛰어난 사람들은 아이디어가 풍부한 편이다. 찰스 케터링은 이런 예를 들었다. "내가 제너럴모터스 연구소장으로 있을 때 해결하고 싶은 문제가 있으면 회의실 문 앞에 탁자를 두고 푯말 하나를 세워두었다. "계산자는 여기에 두고 들어가시오." 그렇게 하지 않으면 누군가가 자리에서 벌떡 일어나 "소장님, 이 문제는 해결할 수 없습니다"라고 했을 테니까." 그는 모든 문제는 해결 가능하다고 믿었으며, 다른 사람들도 이런 태도를 기를 수 있게 도와주었다. 해결 지향적인 사람이 되고 싶다면 자발적으로 그런 태도를 길러야 한다.

문제는 우리를 멈추게 할 수도 있고, 도약하게 할 수도 있다. 문제는 우리에게 해로울 수도 있고 유익할 수도 있다. 어떻게 접근하느냐에 따라 성공에서 멀어질 수도 있고, 우리의 능력을 확장시켜 문제 해결은 물론 그 과정을 통해 우리를 계발시킬 수도 있다. 선택은 나의 몫이다.

연습, 또 연습하라

자기 계발을 위해 나는 무엇을 희생하고 있는가?

나는 나의 저서 《작은 성과》에서 "전설적인 비행사 찰스 린드버그의 대서양 횡단은 실제로는 그 자신만의 업적이라기보다는 팀워크의 결과"라고 말했다. 그의 뒤에는 세인트루이스의 사업가 아홉 명이 있었고, 비행기를 제작한 라이언 에어로노티컬사의 지원도 있었다. 그렇다고 린드버그의 개인적 성과가 폄하되어서는 안 된다. 그는 홀로 30시간 이상, 거의 6,000킬로미터에 이르는 거리를 비행했다.

그것은 누구나 쉽게 할 수 있는 일이 아니다. 그 일을 해내기 위해 린드버그는 끊임없이 노력해야 했다. 어떻게 노력했을까? 그의 친구 프랭크 새뮤얼스가 남긴 이야기를 통해 그 과정을 엿볼 수 있다. 1920년대 린드버그는 세인트루이스 이외 지역으로 우편물을 실어 나르는 항공기 조종사였다. 그는 종종 샌디에이고로 가서 그곳에서 제작 중이던 자신의 비행기 '세인트루이스의 정신'의 공정을 점검했다. 새뮤얼스는 가끔 그 길에 동행하곤 했는데, 그때마다 두 사람은 그곳의 작은 호텔에 머물렀다. 어느 날 밤, 자정이 조금 지났을 무렵 새뮤얼스가 잠에서 깨어보니 린드버그가 창가에 앉아 별빛을 바라보고 있었다. 꽤 고된 하루를 보낸 터라 새뮤얼스가 물었다.

"이런 시간에 그곳에 앉아 뭘 하고 있는 건가?"

"그냥 연습하고 있네."

"무엇을 말인가?"

"밤새 깨어 있는 연습."

그는 충분히 휴식을 취할 수 있었음에도 자기 발전을 위한 노력을 게을리하지 않았다. 그리고 그는 그렇게 투자했던 노력에 대한 보상을 받았다. 당신도 할 수 있다.

성공에 대한 올바른 생각

나는 성공을 목적으로 보는가, 아니면 하나의 과정으로 보는가?

성공에 대해 똑같은 그림을 그리는 사람은 아무도 없다. 우리는 고유의 개성을 지닌, 각기 다른 개체이기 때문이다. 그러나 성공에 대한 그림을 그리는 과정은 누구에게나 똑같다. 성공은 변하지 않는 기본 법칙에 바탕을 두고 있기 때문이다. 성공한 사람들을 만나고 그들의 성공에 대해 25년 동안 연구한 결과, 나는 다음과 같은 정의를 내렸다.

성공이란
- 자기 인생의 목적을 아는 것
- 자신의 잠재력을 최대한 발휘할 때까지 성장하는 것
- 다른 사람들에게 혜택을 줄 씨앗을 뿌리는 것

위의 정의는 왜 성공이 '목적'이 아니라 '과정'인지를 보여준다. 당신이 얼마나 오래 살든, 살면서 무엇을 하기로 작정했든 상관없다. 자신의 잠재력을 발현하는 데 필요한 역량이 고갈되거나 타인에게 도움을 줄 기회가 동날 일은 없을 것이다. 성공을 하나의 과정으로 보면, 분명하지 않은 최종 목적지에 '도착'하려고 노력해야 할 일은 결코 없을 것이다. 최종 목표를 달성한 다음에도, 성취욕이 만족되지 않아 또 다른 목표를 찾아 방황하는 자신을 발견하는 일 또한 없을 것이다.

목표 달성이나 목적지에 도착했다는 생각 대신 성공의 과정에 초점을 맞추면, '오늘' 성공할 것이라는 가능성을 항상 지니고 사는 것과 같다. 목적을 발견하고, 잠재력을 높이고, 다른 사람들을 돕는 그 순간은, 언젠가 오리라고 믿는 그런 모호한 순간이 아니라 바로 지금 내가 있는 이 순간이기 때문이다.

사람들의 가치를 높이는 법

오늘, 머리와 가슴속에서 내가 아닌 다른 사람을 우선으로 하자.

사람들을 만날 때 당신은 무엇을 먼저 생각하는가? 상대가 당신을 어떻게 볼까, 아니면 어떻게 하면 상대를 편안하게 해줄까? 직장 동료나 직원들의 공이 드러나도록 애쓰는가 아니면 자신의 몫을 챙기는 데 급급한가? 가족들과 대화할 때 누구의 관심사를 최우선으로 삼는가?

다른 사람들의 가치를 높여주려면 내 머리와 가슴속에서 나보다 그들이 먼저여야 한다. 머리와 가슴으로 그렇게 할 수 있다면 행동으로도 가능해질 것이다. 하지만 나의 관심이 무엇인지 모를 때, 다른 사람의 가치를 높이는 방법은 무엇일까? 사람들의 말에 귀 기울이고 그들이 무엇을 중요하게 여기는지 물어보라. 그리고 관찰하라. 그들이 시간과 돈을 어디에 사용하는지 알아내면, 무엇에 가치를 두는지 알게 될 것이다. 그러고 나서 그의 욕구를 아낌없이 충족시켜주라. 자신에게 돌아올 보상에 대해서는 전혀 생각하지 말고 최선을 다하라. 미국의 30대 대통령 캘빈 쿨리지는 이렇게 말했다. "어떤 사업도 홀로 존재할 수는 없다. 사람들의 욕구를 만족시켜야 할 뿐 아니라 탁월한 서비스를 제공해야 한다. 사람을 먼저 생각하지 않으면 수익을 기대할 수 없을 뿐 아니라 회사 자체의 존립도 불가능하다."

경계를 뛰어넘어라

앞으로 나아가기 위해 관습에서 탈피하자.

우리는 어릴 때부터 '줄을 서라', '숙제를 해라', '질문이 있으면 손을 들어라' 같은 규칙을 따르도록 훈련 받아왔다. 대부분의 규칙들은 살아가는 데 혼란을 막아준다는 점에서는 꽤 유용하다. 또한 대부분의 일상은 이런 규칙에 따라 진행된다. 우리는 2층 창문에서 벽돌을 떨어뜨리면 그것이 땅에 떨어진다는 것을 알고 있고, 사무용품 주문을 깜빡하면 복사지가 동이 난다는 것도 안다. 단순한 인과관계다.

관리자들은 자기 감독하에 있는 업무가 제대로 돌아가고 있는지 확인하기 위해 이런 규칙들에 의존하는 경우가 많다. 사실상 자기 관리란 스스로 만들어놓은 규칙들을 잘 지키는 것이다. 그러나 관리 그 이상을 해내기 위해서는 틀에서 벗어나 생각하는 법을 배워야 한다.

리더는 경계를 확장하는 사람들이다. 그들은 더 나은 방법을 찾고 발전을 원하고 진보를 추구한다. 이 모든 것들은 변화를 만들고, 오래된 규칙들을 버리고, 새로운 프로세스를 창조하는 것을 의미한다. 리더는 끊임없이 질문한다. "왜 우리가 이렇게 가고 있지?", "이렇게 해보면 어떨까?" 리더는 새로운 영역을 만들고 싶어 한다. 경계를 뛰어넘고 싶어 한다는 의미다.

막중한 업무는 세분화하라

막중한 목표에 지레 겁먹지 말고 감당할 수 있는 수준으로 세분화하자.

대부분의 사람들은 막중한 업무를 맡으면 지레 겁을 먹는다. 문제는 이렇게 지레 겁을 먹으면 업무를 주도적으로 처리할 수가 없다는 것이다. 다음은 우리를 압도하는 막중한 업무를 좀 더 쉽게 처리하기 위해 거쳐야 할 과정들이다.

유형별로 나누라. 복잡하고 큰 목표들은 대개 기능별로 단계화할 수 있다. 세분화된 작은 업무에 필요한 능력을 파악하는 것부터 시작하라.

중요도별로 우선순위를 매겨라. 각 사안의 시급성에 휘둘리지 마라. 중요도보다 시급성에 휘둘리기 시작하면, 결국 주도권을 잃게 되고, 재능을 활용하기는커녕 그 재능을 사용할 기회조차 잃게 된다.

순차적으로 일을 배열하라. 유형별로 업무를 나누면 어떤 방법을 써야 할지 알 수 있다. 또 중요도별로 우선순위를 매기면 각각의 부분들을 처리해야 하는 이유를 알 수 있다. 그리고 업무를 순차적으로 배열하면 각각의 업무를 언제 처리해야 할지도 알 수 있다. 시간표를 만들고, 기한을 설정하고, 그것을 반드시 지켜라.

능력별로 할당하라. 누구에게 맡길 것인가 하는 문제를 매우 구체적으로 파악하라. 리더로서 나는 자신 있게 말할 수 있다. 큰 임무를 수행하기 위해 해야 할 가장 중요한 일은 팀원을 구성하는 것이다. 성공 가능성이 보이는 사람들에게 임무를 맡기고 권한과 책임을 부여한다면 임무를 달성할 수 있다.

팀워크로 승부하라. 일을 세분화하고, 전략적으로 계획을 세우고, 뛰어난 인재들을 모았다고 해도 성공을 위해서는 한 가지 요소가 더 필요하다. 바로 모두가 협동하는 것이다. 팀워크는 모두를 한데 묶어주는 접착제이다.

기회를 찾아라

오늘, 내가 이끄는 팀이 기회를 잡을 수 있도록 도움을 주자.

당신은 결단력이 있는 사람인가? 끊임없이 기회를 찾아나서는가, 기회가 찾아오기를 기다리는가? 직관에 따라 과감하게 일을 처리하는가, 모든 일을 끝없이 분석하는가? 크라이슬러사의 전 회장 리 아이아코카는 "올바른 결정이라 할지라도 때가 늦으면 잘못된 결정이 된다"라고 말했다. 결단력을 높이려면 다음의 지침을 실천해보라.

마음가짐을 바꿔라. 결단력이 부족하다면, 그것은 다른 사람 때문이 아니라 자기 내부의 문제라는 사실을 깨달아야 한다. 왜 행동에 옮기기를 주저하는가? 위험이 닥칠까 겁나는가? 과거의 실패로 의기소침해진 것인가? 기회가 지닌 잠재력이 보이지 않는가? 당신을 주저하게 만드는 근원을 찾아내어 그것을 해결하라. 자신의 내면에서 앞으로 나아가지 못한다면 외부에서도 앞으로 나아갈 수 없다.

기회가 문을 두드리기만을 기다리지 마라. 기회가 제 발로 찾아와서 문을 두드리는 법은 없다. 나가서 기회를 찾아라. 내가 가진 자산, 재능, 자원을 점검하라. 그러는 동안 자신의 잠재력에 대한 감이 잡힐 것이다. 이제 일주일에 하루는 기회를 찾는 데 할애하라. 나에게 부족한 것은 무엇인가? 나의 전문성을 필요로 하는 사람은 누구인가? 지금은 나와 연결이 되지 않더라도 내가 가진 기술이나 능력을 목말라하는 조직은 어디인가? 기회는 어디에나 있다.

다음 단계를 밟아라. 기회를 알아보는 것과 그것을 행동에 옮기는 것은 별개의 문제이다. 누군가의 농담처럼 굉장한 아이디어는 샤워할 때 떠오른다. 그러나 샤워를 끝내고 나와 몸을 닦고, 아이디어를 행동에 옮기는 사람은 극소수에 불과하다. 최선의 기회를 잡아서 갈 수 있는 데까지 가라. 그 기회를 실현시키기 전까지는 결코 중단하지 마라.

배우려는 자세

부드러운 태도로 겸손하게 항상 배우려는 자세를 유지하자.

배우려는 자세가 되어 있지 않으면 아무리 좋은 조언도 소용이 없다. 내가 정말 새로운 아이디어와 업무 방식에 마음이 열려 있는 사람인지 아닌지 알고 싶다면 다음 질문에 대답해보라.

1. 나는 다른 사람들의 아이디어에 마음이 열려 있는가?
2. 나는 말을 하기보다는 듣는 편인가?
3. 나는 새로운 정보를 토대로 의견을 바꿀 만큼 수용적인 사람인가?
4. 나는 잘못했을 때 선뜻 그것을 인정하는가?
5. 나는 행동하기에 앞서 상황을 관찰하는가?
6. 나는 질문하는 사람인가?
7. 나는 내 무지가 드러날 수 있는 질문을 거리낌 없이 하는가?
8. 나는 이전에 해본 적이 없던 방식으로 일하는 데 열린 태도를 지니고 있는가?
9. 나는 주저 없이 가야 할 방향을 묻는가?
10. 나는 비판 받았을 때 방어적으로 행동하는가, 아니면 적극적으로 진실에 귀 기울이는가?

이 질문에 대해 한 가지 이상 '아니요'라고 대답했다면, 당신은 배우려는 태도 면에서 아직 개선의 여지가 있다. 존 우든의 말을 기억하라. "우리가 알고 있는 모든 것은 다른 사람으로부터 배운 것이다!"

경기를 완주하라

경기에 참가하는 것으로 만족하지 말자. 끝까지 완주하자.

1968년 10월의 어느 날 밤, 끈질긴 관중들 한 무리가 멕시코시티 올림픽 스타디움에 남아 마지막 마라톤 주자가 들어오기를 기다리고 있었다. 이미 한 시간 전에 에티오피아의 마모 울데가 관중들의 환호를 받으며 결승선을 1위로 통과했다. 그러나 관중들이 마지막 참가자를 학수고대하며 기다리고 있는 동안 날은 점차 저물고 추워졌다.

마지막 주자까지 모두 결승점을 통과한 것처럼 보이자 남아 있던 관중들이 자리에서 일어나기 시작했다. 그때 게이트에서 스타디움 쪽으로 사이렌 소리와 경찰 호루라기 소리가 들려왔다. 모두가 지켜보는 가운데 마지막 주자 한 사람이 42.195킬로미터의 마지막 바퀴를 뛰기 위해 트랙으로 들어섰다. 탄자니아 출신의 존 스테픈 아크와리였다. 그가 400미터 트랙을 달릴 때, 관중들은 붕대가 감긴 그의 다리에서 피가 흐르는 것을 볼 수 있었다. 그는 경기 도중 넘어져 부상을 입었지만 멈추지 않았다. 관중들은 그가 결승선을 밟을 때까지 모두 일어서서 기립 박수를 보냈다.

결승선을 밟은 후 그가 다리를 절뚝이며 걸어나갈 때 사람들이 "부상당한 몸으로 메달을 딸 가능성도 전혀 없는데 왜 포기하지 않았느냐?"라고 묻자 그는 대답했다. "내 조국은 경주를 시작하라고 저를 멕시코시티에 보낸 것이 아닙니다. 경기를 끝까지 마치라고 보냈지요."

아크와리는 고통의 순간 훨씬 너머를 보았고, 자신이 그곳에 있는 이유라는 큰 그림에 집중했다. 성공을 향한 여정에서 당신의 목표는 경기를 완주하는 것임을 잊지 마라. 자신이 할 수 있는 것에 최선을 다하는 것임을.

필요한 사람들을 서로 연결해주라

오늘, 사람들 사이에 다리를 놓아주자.

나의 아버지 멜빈 맥스웰은 내가 살아오는 동안 굉장한 일들을 많이 해주셨다. 그중 특히 내게 큰 영향을 미친 것은 나에게 훌륭한 사람들을 소개해주신 일이다. 나는 청소년 시기에 이미 노먼 빈센트 필 박사, E. 스탠리 존스를 비롯해서 신앙심이 깊은 분들을 많이 만났다. 그 때 내가 목회자가 되겠다고 이미 밝혔던 터라, 아버지는 그분들에게 나를 위해 기도해달라고 부탁하셨다. 그로 인해 내게 일어났던 일들은 이루 말로 표현할 수 없을 정도다.

이제 나는 아버지가 내게 해주셨던 것을 다른 사람들에게 해줄 만한 위치에 있다. 나는 젊은이들에게 내가 존경하는 사람들을 소개하는 것을 좋아한다. 또 업무적으로 서로 도움이 될 사람들을 연결해주는 것을 좋아한다. 누군가를 만나서 대화하다 보면 '이 사람을 누구누구에게 소개해야겠다'고 생각하는 경우가 종종 있다. 그런 생각이 들면 모임에서 그 사람을 데리고 다니며 여기저기 소개하기도 하고, 전화를 하거나 미팅을 주선해주기도 한다.

몇 해 전, 나는 프레첼 회사 앤티앤스의 설립자인 앤 베일러와 얘기하던 중 그녀가 칙필레이의 설립자인 트루엣 캐시를 자신의 귀감으로 삼고 있다는 사실을 알게 되었다. 마침 내가 트루엣을 알고 있었기 때문에 두 사람을 집에 초대해 저녁 파티를 열고, 즐거운 시간을 보냈다.

그렇다고 반드시 유명한 사람을 알고 있어야 한다는 인상은 받지 말기 바란다. 친구나 거래처 사람을 다른 사람에게 소개해주는 것 같은 간단한 경우도 있다. 연결고리만 만들어주라. 사람들이 관계를 맺는 데 다리가 되어주라.

진실성

개인적 의사결정 과정에서 '진실성'을 판단의 기준으로 삼자.

진실성이란 '내가 하는 행동'이라기보다는 '내가 누구인가' 하는 것이다. 또한 '내가 누구인가'는 내가 하는 행동을 결정한다. 나의 가치 체계는 나의 일부이며 나 자신과 떼려야 뗄 수 없는 것이다. 가치 체계는 나를 인도하는 내비게이션 역할을 한다. 내 삶에서 우선순위를 매기고, 내가 받아들여야 할 것과 거부해야 할 것을 결정한다.

우리는 누구나 서로 충돌하는 욕망들을 안고 살아간다. 누구도, 아무리 '영적인' 사람이라 할지라도 이런 갈등을 피할 수는 없다. 진실성은 어떤 욕구가 나를 지배할지 결정하는 기준이다. 우리는 매일 '하고 싶은 일'과 '해야 하는 일' 사이에서 갈등한다. 진실성은 이런 갈등 상태를 해결해주는 기본 규범이다.

진실성은 갈등이 표면화되기도 전에 이미 우리가 어떤 사람이며 갈등에 어떻게 반응할지 결정한다. 우리가 말하고, 생각하고, 행동하는 것을 한데 녹여 완전한 한 사람으로 만들어낸다. 따라서 말과 생각과 행동 중 하나라도 화합을 이루지 못하는 것을 용납하지 않는다.

진실성은 우리의 인간됨을 굳건히 하고 우리 안에 만족감이 깃들게 한다. 가슴에 품은 생각들을 입으로 거스르는 일이 없도록 한다. 진실성을 판단의 기준으로 삼을 때 우리는 일관성을 갖추게 되며, 우리의 신념은 행동으로 드러난다. 승승장구할 때든 역경에 처했을 때든, 겉으로 보이는 내 모습과 가족이 알고 있는 내 모습이 일치하게 된다.

진실성은 단순히 충돌하는 욕망들 사이에서 심판 노릇만 하는 게 아니다. 그것은 행복한 사람과 영혼이 분열된 사람을 가르는 중심축이기도 하다. 진실성은 우리 앞에 어떤 일이 닥친다 해도 우리를 어디에도 구애받지 않는 완전한 사람으로 만들어준다.

희생할 각오

내가 편할 때만 헌신하는가, 아니면 팀의 성공을 위해 기꺼이 헌신하는가?

거듭 말하지만 성공은 한마디로 희생이다. 기꺼이 대가를 치르겠다는 마음가짐이다. 성공하는 팀 역시 마찬가지다. 팀원들 각자가 준비하고 실행하고 책임을 다하는 데 자신의 시간과 에너지를 기꺼이 희생해야만 한다. 개인적 욕구를 선뜻 희생해야 하며, 팀의 성공을 위해 흔쾌히 자신을 포기할 줄도 알아야 한다.

모든 것은 팀원 개개인의 욕구와 팀에 대한 헌신의 문제이다. 이는 스포츠 경기뿐 아니라 비즈니스에도 해당된다. 심지어 전쟁에서도 마찬가지다. 걸프 전쟁 당시 연합군 사령관이었던 노먼 슈워츠코프 장군은 데이비드 프로스트와의 인터뷰에서 "이 모든 상황들을 통해 당신이 얻은 가장 큰 교훈은 무엇입니까?"라는 질문에 이렇게 대답했다. "나는 어떤 군대든 기본적인 룰은 있다고 생각합니다. 그 룰을 통해 군대 간 상호관계를 증대시키고 탱크와 전투기 그리고 그 밖의 모든 무력 요소들을 살피고 조합할 수 있습니다. 그러나 육군과 공군이 이기겠다는 의지를 가지고 있지 않았다면, 강인한 정신으로 전투에 임하지 않았다면, 자신의 명분이 옳다고 믿지 않았다면, 그리고 조국의 지지를 받지 못했다면 다른 것들은 아무런 소용이 없었을 겁니다."

개개인에게 대의명분이 대가를 지불할 만한 것이라는 확신이 없다면 전투에서 결코 승리할 수 없고 팀 역시 성공할 수 없다. 조직원들의 헌신이 있어야만 승리도 성공도 가능하다.

이타적인 사람

오늘, 다음 목록 중 하나를 택해 이타적 태도를 기르자.

성공하는 팀에서 뭔가 기여하는 구성원이 되고 싶다면, 다른 팀원들을 자신보다 우위에 두어야 한다. 다른 사람들보다 뒷전에 서면 기분이 어떤가? 업무를 성공적으로 완수해낸 공로가 다른 사람에게 돌아간다면 마음이 편치 않은가? 팀의 '주전 선수' 자리에서 밀려나면 소리를 지르거나 뿌루퉁해 있는가, 아니면 그냥 참고 견디는가? 이에 대한 대답이 당신이 이기적인 사람인지 이타적인 사람인지 알려줄 것이다.

자신보다 다른 사람을 높여라. 자신의 성과를 과장하고 남들에게 자신을 높이는 습관이 있다면 앞으로 2주일 동안 자신에 대해서는 입을 다물고 다른 사람들을 칭찬하라. 다른 사람들의 행동이나 자질에 대해 칭찬할 거리를 찾아내라. 특히 상사나 가족, 가까운 친구에게 그렇게 해보라.

아랫사람 역할을 하라. 대부분의 사람들은 자기가 가장 좋은 자리를 차지하고 다른 이들이 자신을 위해 헌신해주기를 바란다. 오늘부터 1주일 동안 다른 사람들을 우위에 두고 섬기며 아랫사람 역할을 해보라. 그리고 그것이 자신의 태도에 얼마나 영향을 미치는지 보라.

남들이 모르게 베풀라. 작가 존 버니언은 "당신에게 보답할 길이 전혀 없는 누군가에게 뭔가를 해준 적이 없다면, 오늘을 성공적으로 살았다고 할 수 없다"라고 말했다. 다른 팀원들에게 그들이 모르는 사이에 도움을 준다면, 그들은 당신에게 보답할 길이 없다. 남모르게 도움을 주는 습관을 들여라. 그러면 꾸준히 그 일을 할 수 있을 것이다.

09

September

진정한 친구

가까운 사람들이 내 삶의 가치를 높여주지 못한다면 새로운 친구를 찾아보자.

가까운 사람들이 나를 맥 빠지게 한다면 변화가 필요한 시점일 수도 있다. 연설가 존 라르손은 "내 친구들은 내가 연설가로 성공하리라고 믿지 않았다. 그래서 나는 나를 믿어줄 새로운 친구들을 찾아나섰다!" 라고 말했다. 곰곰이 생각해보면 인생에서 가장 중요한 것은 우리가 맺는 관계들이다. 다음의 말들을 기억해두라.

- 근사한 집을 지을 수는 있지만, 언젠가는 허물어질 것이다.
- 탁월한 경력을 쌓을 수는 있지만, 언젠가는 끝날 것이다.
- 막대한 돈을 모을 수는 있지만, 가지고 갈 수는 없을 것이다.
- 지금 건강 상태가 최고일 수 있지만, 언젠가는 병들고 늙을 것이다.
- 자신이 이룬 업적에 자부심을 느낄 수 있지만, 누군가가 당신을 능가할 것이다.

좌절감을 느끼는가? 그럴 필요 없다. 진짜 중요한 한 가지는 영원히 지속되기 때문이다. 바로 우정이다. 우리를 잘못된 길로 안내하는 친구들과 함께하는 인생은 너무 슬프다. 반면 우리에게 힘을 주는 친구는 한평생을 함께하기에도 너무 짧다. 인간관계가 나를 만든다. 그리고 이런 관계들은 어떤 식으로든 나의 재능에 영향을 미친다. 그러니 현명하게 선택하라.

문제를 회피하지 마라

문제를 일시적 장애물로 여기는 법을 익히자.

큰 문제를 가지고 있는 사람과 문제를 크게 만드는 사람 사이에는 엄청난 차이가 있다. 나는 몇 해 동안 매주 거의 20~30시간 정도 카운슬링을 했다. 그런데 얼마 지나지 않아, 나를 찾아오는 사람들이 반드시 문제가 많은 사람들은 아니라는 사실을 깨닫게 되었다. 다만 문제에 예민하게 반응하기 때문에 스트레스를 받는 것뿐이었다. 나는 처음에는 순진하게 그들의 문제를 해결해주려고 했지만, 대부분의 경우 그들의 고민은 또 다른 문제로 옮겨갔다.

역사의 한 페이지를 장식한 위인들은 모두 문제를 안고 있었다. 프랭클린 루스벨트, 헬렌 켈러, 윈스턴 처칠, 알베르트 슈바이처, 마하트마 간디, 알베르트 아인슈타인 등 위인들 중 4분의 1이 시각이나 청각, 신체 등의 장애가 있었고, 4분의 3은 빈곤층이나 결손 가정에서 태어났거나 적어도 극심한 고통을 겪은 사람들이었다.

그렇다면 이들은 어떻게 수많은 사람들이 감당하지 못하는 문제들을 극복했을까? 그들은 실패에 대해 변명을 늘어놓지 않았다. 오히려 자신을 가로막은 장애물을 디딤돌로 바꾸었다. 그들은 인생에서 겪는 모든 상황들을 스스로 결정할 수는 없지만, 그 상황에 대처하는 태도는 결정할 수 있다는 사실을 알고 있었던 거다.

《LA 타임스》에 이런 인용문이 실렸던 적이 있다. "일이 잘 안 될 때 웃을 수 있는 사람은 바보이거나, 아니면 문제를 해결할 능력이 있는 사람이다." 나는 여기에 "리더의 자질을 지닌 사람이다"라는 말을 덧붙이고 싶다. 그런 사람은 주어진 상황에 잘못 대응했기 때문에 문제가 생겼다는 사실을 아는 사람이다. 문제가 나를 일시적으로 멈추게 할 수는 있다. 그러나 나를 영원히 멈추게 하는 것은 자신뿐이다.

격려와 칭찬

친구, 동료 혹은 가족과 함께 축하할 거리를 찾아보자.

우리는 때때로 비약적인 발전을 이루고도 그 사실을 깨닫지 못한다. 다이어트를 시작한 후 '이게 무슨 사서 고생인가' 하는 생각이 슬며시 드는데, 친구가 몰라보게 좋아졌다는 말을 해준 적은 없는가? 아니면 진행 중인 프로젝트의 진도가 잘 나가지 않아 맥이 빠져 있는데, 지금까지 내가 성취해낸 것에 대해 친구에게 찬사를 받은 적이 있는가? 이런 경우 우리는 한껏 고무되고 그만큼 일을 더 열심히 하고 싶어진다. 당신에게 이런 말을 해줄 친구가 없다면 새로운 친구가 필요하다.

진정한 격려와 칭찬은 가까운 사람들일수록, 중요한 관계일수록 아끼지 않는다. 어떤 일을 할 때 가능하면 일찍 그리고 자주 가족들과 자신이 이룬 것을 축하할 기회를 만들어라. 직장이나 취미, 스포츠 등에서 성공을 축하하기는 쉽지만, 인생에서 가장 큰 성취는 가정에서 얻는 것들이다.

내 친구 댄 레일랜드가 이런 말을 한 적이 있다. "진정한 친구는 가장 선한 생각에 따라 살고, 가장 순수한 동기들을 존중하고, 가장 의미 있는 꿈들을 성취할 수 있도록 격려와 자극을 준다." 우리 인생에서 중요한 사람들에게 해줘야 할 일들이 바로 이런 것들이다.

리더는 행간을 읽는다

보이지 않는 것에 초점을 맞추자. 행간을 읽고 근본적인 문제를 찾아내자.

우리가 관리할 수 있는 것은 대개 눈에 보이는, 측정 가능한 일들이다. 그런 것들은 구체적인 증거들을 제공하며, 결정을 내리기 전에 논리적으로 평가할 수 있다.

리더십은 실체가 없는 게임이다. 영향력보다 더 실체가 없는 것이 어디 있겠는가? 리더들은 사기나 동기, 추진력, 감정, 태도, 분위기, 시의적절성 같은 것들을 다룬다. 그런데 어떤 일에 착수하기도 전에 시의적절성을 측정할 수 있는가? 추진력이 무엇인지 꼭 집어 말할 수 있는가? 이는 모두 직관의 문제다. 이들을 측정하기 위해서는 행간을 읽을 줄 알아야 한다. 따라서 리더는 안정감이 있어야 하고, 무엇보다 자신감을 가져야 한다.

대부분의 경우 조직 내에서 리더들이 직면하는 문제들은 눈앞에 보이는 문제들이 아니다. 가령 분기 말에 부서의 예산이 10만 달러 초과되었다고 하자. 이는 금전 관련 문제가 아니다. 적자는 문제를 드러내는 지표에 지나지 않는다. 진짜 문제는 영업사원들의 사기 문제이거나 상품의 출시 시점 혹은 부서장의 태도일 수 있다. 리더는 이런 것들에 초점을 맞추어야 한다.

변화를 원치 않는 부분

나의 삶에서 결코 타협할 수 없는 것들은 무엇인가?

나는 개인적 성장을 광적으로 지지하는 사람이다. 인정한다. 내가 가장 좋아하는 일은 새로운 일을 배우는 것이다. 처음 시작은 어렸을 때 아버지 덕분이었다. 아버지는 내가 책을 읽으면 실제로 돈을 주셨고, 그로 인해 생긴 습관은 내가 배우고 성장하는 데 도움이 되었다. 어느새 50대 후반에 접어들었지만, 아직도 개인적 성장이 필요한 분야를 정해놓고, 발전하고 변화하는 내 모습을 보는 것이 정말 좋다.

이렇듯 발전을 신봉하는 것과는 별개로 무슨 일이 있어도 변하고 싶지 않은 부분들이 있다. 내가 가진 신앙이나 가치관, 진실성, 가족이나 사람들에 대한 믿음을 저버리느니 죽는 편이 낫다고 생각한다. 인생에는 어떤 대가를 치르더라도 타협할 수 없는 것들이 있다.

자신의 삶에서 타협할 수 없는 것들을 생각해보라. 무엇을 위해 살고 무엇을 위해 기꺼이 죽을 수 있는가? 이런 것들만 정해지면 그 나머지는 모두 변화에 활짝 열려 있어야 한다.

경험을 공유하라

오늘 누군가와 함께하자.

사람들과 진정한 관계를 맺으려면 공통점을 찾고, 의사소통을 원활하게 하는 것 그 이상이 필요하다. 조셉 F. 뉴튼은 "사람들이 외로워지는 것은 다리를 만들지 않고 벽을 세우기 때문이다"라고 말했다. 관계를 오랫동안 지속시켜줄 다리를 만들기 위해 다른 사람들과 공통의 경험을 해보라.

나는 오래전부터 사람들과 경험을 공유하는 것을 좋아했다. 가령 새로운 이사진을 영입할 때는 그 사람을 내 강연회에 몇 번 데리고 간다. 회사가 고객들에게 어떤 서비스를 하는지 신임 임원이 빨리 파악하게 하려는 목적뿐 아니라, 함께 여행을 해보면 다양한 상황을 통해 서로를 더 잘 알 수 있기 때문이다. 낯선 도시에서, 비행기 시간을 맞추기 거의 불가능한 교통 상황을 뚫고 곡예운전을 해서 공항에 도착한다. 여행 가방을 들고 복잡한 공항 터미널을 전속력으로 내달려 가까스로 비행기에 몸을 싣는다. 이런 상황을 공유하는 것만큼 관계를 결속시켜 주는 것이 어디 있겠는가?

역경만큼 사람들을 단단히 결속시키는 것이 없기는 하지만, 누군가와 공유해야 할 경험이 반드시 이렇게 극적일 필요는 없다. 어떤 경험이든 나눌 수 있다면 서로를 연결하는 데 큰 도움이 된다.

경청

상대의 말을 진심으로 경청하고
그들의 경험, 관점, 감정 등을 통해 전달되는 지식을 내 것으로 만들자.

미국에서 가장 영향력 있는 사람들을 꼽으라면 누구를 택할 것인가? 대부분은 대통령을 꼽을 것이고, 빌 게이츠를 꼽는 사람도 있을 것이다. 나는 이 사람을 꼭 넣고 싶다, 오프라 윈프리.

윈프리는 1985년까지 무명이었다. 윈프리의 성공은 화술에 있을 것이다. 하지만 오프라는 말을 하기보다 필요 이상으로 상대의 말을 경청했다. 그녀는 배움에 탐닉했고 책 속에 담긴 저자들의 지혜를 흡수하면서 경청 능력을 키웠다. 그러면서 다른 사람들이 어떻게 느끼고 생각하는지 알게 되었고, 자기 자신에 대해서도 알게 되었다.

상대의 말을 경청하는 능력은 그녀의 커리어 전반에 걸쳐 큰 도움이 되었다. 그리고 자기 이름을 건 TV 토크쇼에서 그 능력을 십분 활용했다. 오프라는 방송에 사용할 현안들을 찾기 위해 끊임없이 사람들을 관찰하고 그들의 말에 귀 기울였다. 자신의 토크 쇼에 수많은 유명 인사와 작가, 전문가들을 초대해 그들이 하는 말에 진심으로 귀 기울였다.

경청 능력은 오프라 윈프리에게 놀라운 성공과 동시에 엄청난 영향력을 안겨주었다. 2012년 5월을 마지막으로 오프라 윈프리 쇼를 떠나기까지 매주 3,300만 명에 달하는 사람들이 이 토크쇼를 시청했다. 2009~2012년까지 4년 동안 미국에서 가장 돈을 많이 번 연예인에 오르기도 했다.

당신이 마지막으로 사람들의 말에, 또 그들이 하고 싶어 했던 얘기에 귀를 기울였던 때가 언제였는가? 상대의 말을 들을 때는 단지 사실을 듣기만 해서는 안 된다. 그들이 하는 말을 경청할 뿐 아니라 그 말에 실린 감정과 의미, 그 말을 하는 저의까지 들으려고 노력하라.

먼저 유대감부터 형성하라

유대감을 형성해야 할 팀원이 있는 찾아보자.

사람들에게 영향을 미치고 자신이 원하는 방향으로 움직이게 하고 싶다면 그들을 리드하기 전에 먼저 유대감부터 형성해야 한다. 유대감이 형성되기도 전에 리드하려는 것은 경험 없는 리더들이 흔히 저지르는 실수다.

유대감이 형성되는 과정이 끝나기 전에 사람들을 움직이려들면 불신과 저항을 초래하고 관계를 긴장시키게 된다. 함께할 여정을 공유하기 전에 자기 자신부터 공유해야 한다는 사실을 항상 기억하라. 누군가가 말했듯 "리더십이란 오늘 인재를 키워, 내일의 원대한 목표를 위해 내가 벌이는 새로운 일에 자진해서 참여하게 만드는 것"이다. 이를 가능하게 하는 것이 유대감이다.

칭찬 이상의 것을 주라

팀원들이 기여도에 걸맞은 보수를 받는지 확인하자.

나는 리더들에게 늘 칭찬을 권장한다. 그러나 칭찬만으로는 부족하다. 칭찬을 했는데 보수를 올려주지 않으면 마땅히 받아야 할 보상을 해주지 않은 것이고, 보수를 올렸는데 칭찬을 하지 않으면 기분 나쁘게 하는 것이다.

금전적으로 뒷받침해주지 않고 말만 하는 것은 인색하다. 훌륭한 리더는 자기 사람들을 정성껏 보살핀다. 곰곰이 생각해보면 조직에서 가장 큰 비용을 치르고 있는 사람은 보수를 제일 많이 받는 사람이 아니라 보수를 받는 만큼 성과를 내지 못하는 사람이다.

자신이 이룬 성과에 걸맞은 보수를 받지 못할 때 사람들의 사기는 크게 떨어진다. 당신의 조직에서 그런 일이 생긴다면, 직원들은 전력을 기울이지 않고 당신의 리더십은 타격을 입을 것이다.

상대의 마음을 여는 열쇠

오늘, 우리 팀의 핵심 인물 중 한 명을 골라 그에 관해 알아보자.

오래전 나는 피터 드러커와 이틀을 함께 보내는 영광을 누렸다. 그가 했던 얘기 중 하나가 "리더는 오케스트라 지휘자와 같습니다. 지휘자 는 각기 다른 오케스트라 연주자들과 그 악기들에 대해 속속들이 알 아야 하지요"라는 것이었다. 그는 나를 포함하여 함께 갔던 리더들에 게 "자신이 이끄는 팀의 핵심 멤버에 대해 정말 잘 알고 있는가?"라는 질문을 던졌다. 다음은 내가 오랜 시간에 걸쳐 개발한 질문들로, 사람 들의 마음을 여는 열쇠를 찾을 때 많은 도움이 되었다.

"당신의 꿈은 무엇인가?" 그 사람이 이미 성취해놓은 것을 보면 그의 생각을 알 수 있다. 그러나 그의 마음을 이해하려면 미래에 대한 그 사람의 꿈이 무엇인지 알아야 한다.

"당신을 울리는 것은 무엇인가?" 누군가의 고통을 이해하면 그의 마음 을 이해할 수 있다.

"당신을 노래하게 하는 것은 무엇인가?" 누군가에게 즐거움을 주는 것 이 그의 강점일 확률이 높다.

"당신이 가치 있게 생각하는 것은 무엇인가?" 상대가 자신의 가치관을 드 러낼 때는 당신이 그의 가슴속 영적인 영역까지 들어갔다는 의미다.

"당신의 강점은 무엇인가?" 사람들은 스스로 강점이라고 여기는 것이 라면 그것이 무엇이든 진심으로 자부심을 느낀다.

"당신은 어떤 기질을 가지고 있는가?" 상대의 기질을 알면 그들의 마음 속으로 들어가는 길을 찾을 수 있다.

분명한 것은 이런 질문들을 면접하듯 해서는 안 된다는 것이다. 또 한 한자리에서 모든 질문에 대한 대답을 들을 필요는 없다. 질문은 의 도적이되 아주 자연스럽게 해야 한다.

281

역경은 혁신을 촉진한다

지금까지 부딪혔던 '문제'나 '패배'는 무엇이며
그것을 어떻게 나의 자산으로 만들 것인가?

20세기 초 가족을 따라 일리노이주로 이주했던 스웨덴 출신의 한 소년이, 사진학과 관련된 서적을 구입하기 위해 출판사에 책값 25센트를 보냈다. 그런데 소년이 받은 것은 엉뚱하게도 복화술 책이었다. 소년은 어떻게 했을까? 그는 주어진 상황을 받아들이고 사진 대신 복화술을 공부했다. 그가 바로 훗날 복화술의 대가가 된 에드거 버겐이다. 그는 '찰리 매카시'라는 나무 인형을 이용한 복화술 공연으로 40년 이상 관객을 웃기고 울렸다.

혁신 능력은 창의력의 핵심이며 성공의 필수 요소다. 휴스턴 대학의 잭 맷슨 박사는 이와 관련해 학생들 사이에서 '실패학 입문Failure 101'으로 불렸던 강의를 개발했다. 맷슨은 강의 시간에 학생들에게 아무도 사지 않을 제품을 모형으로 만드는 과제를 주었다. 그의 목적은 학생들이 실패를 패배가 아닌 혁신으로 여기게 하려는 것이었고 학생들은 자유롭게 새로운 것을 시도할 수 있었다. 맷슨은 "학생들이 총알을 재장전하는 방법을 배우는 것입니다. 그래야 다시 쏠 수 있지 않겠어요?"라고 말했다. 성공하고 싶다면 현재의 일하는 방식을 바꾸어 새롭게 시도하는 법을 배워야 한다.

문제점보다는 해결책을 찾아라

나는 문제점부터 보는가, 아니면 해결책을 찾는가?

당신은 인생을 어떻게 보는가? 어떤 난관이 닥치면 해결책을 찾는가, 아니면 문제점부터 찾는가? 해결에 적극적인 팀플레이어가 되려면,

포기한 것에 대해 다시 생각하라. 당신과 팀원들이 불가능한 일이라고 시도해보지도 않고 포기해버린 일들이 있을 것이다. 그런 경우들을 찾아내 해결책을 찾을 때까지 포기하지 않겠다고 결심하라.

생각을 다시 집중하라. 포기하지 않고 생각을 집중하면 어떤 문제도 해결할 수 있다. 핵심 팀원들과 따로 시간을 내서 해결 방법을 집중 공략하라. 자투리 시간이 아닌 최상의 컨디션을 발휘할 수 있는 시간을 활용해야 한다.

전략에 대해 재고하라. 전형적인 사고의 틀에서 벗어나라. 몇 가지 규칙은 깨도 좋다. 기발한 생각들을 모아보라. 새로운 아이디어 창출을 위해 필요한 것이라면 무엇이든 해보고 문제에 접근하라.

과정을 반복하라. 처음에 문제를 해결하는 데 실패하더라도 포기하지 말고 계속 매달려라. 문제를 해결했다면 다른 문제에도 그 방식을 적용해보라. 어떤 상황에서든 해결에 적극적인 태도를 기르겠다는 목표를 세워라.

대립 상황

지금까지 피해왔던 사람이 있다면 용기를 내서 당당히 맞서라.

대부분의 사람들에게 대립은 매우 어려운 상황이다. '대립'이라는 단어만 들어도 불편하게 느껴진다면 그 단어를 '분명히 하다'로 바꿔보라. 상대방과 맞선다기보다 사안을 분명히 밝히자는 것이다. 그럼 이제 다음 10계명을 실천해보라.

1. 공개적으로 하지 말고 사석에서 하라.

2. 가능한 한 빨리하라. 오래 묵혔다 하는 것보다 자연스럽게 처리할 수 있다.

3. 한 번에 한 가지 사안에 대해서만 말하라. 너무 많은 사안을 들고 나와 상대가 감당할 수 없게 하지 마라.

4. 일단 요점을 말한 다음에는 계속 반복하지 마라.

5. 상대가 바꿀 수 있는 행동에 대해서만 언급하라. 상대가 할 수 없는 일을 요구한다면 두 사람 사이에 불만만 쌓이게 된다.

6. 냉소주의를 지양하라. 빈정대는 것은 상대의 '행동'보다 '사람 자체'에 화나 있다는 신호다. 그렇게 되면 상대도 나에게 불만을 품을 수 있다.

7. '늘'이나 '결코'라는 말을 피하라. 이런 말들은 현실성을 떨어뜨리고, 상대를 방어적으로 만든다.

8. 비판적인 말을 할 때는 가급적 제안이나 질문의 형태를 취하라.

9. 대립 상황에 미안해하지 마라. 그러면 논지가 흐려지고, 내가 하는 말에 확신이 없다는 인상을 줄 수도 있다.

10. 칭찬을 잊지 마라. 대립 상황에 부딪히면 '샌드위치'형 칭찬을 하라. 말하자면, '칭찬-대립-칭찬'의 구도이다.

상사의 비전을 지지하라

상사의 비전에 대해 확실히 이해하고 그것을 전파하자.

고위직 리더들은 조직을 위해 자신이 제시한 비전을 부하 직원들이 확실히 수행하고 있을 때 가슴이 벅차오른다. 이는 정말 보람 있는 일이며, 베스트셀러 작가인 말콤 글래드웰이 말한 일종의 티핑 포인트 tipping point(작은 아이디어에서 시작하여 혁신을 이끌어내는 전환점이 되는 순간을 의미하는 말콤 글레드웰이 만든 조어, 임계점과 유사한 개념으로 볼 수 있다_옮긴이)를 상징한다고 볼 수 있다. 이는 조직원들의 주인 의식을 드러내는 척도이며, 비전이 달성되리라는 좋은 징조이다.

조직의 중간 관리자들은 고위 관리자들이 기대하는 수준까지 비전을 끌어올리는 핵심 인물들이다. 그들은 비전을 이해하고 비전 달성에 합류한다. 그들이 지닌 가치 또한 크다. 한 사람이 비전을 품고 그것을 전파할 때마다 비전에 새로운 힘이 실린다. 계주를 할 때처럼 비전을 다음 사람에게 넘기면 그 사람이 비전을 들고 다시 힘차게 달릴 수 있다는 말이다.

상사의 비전에 확신이 없다면 그에게 그 사실을 알리고 모르는 부분이 있으면 질문하라. 일단 이해했다고 생각되면, 이후 그 사실을 알릴 수 있는 적당한 기회가 왔을 때, 상사에게 자신이 이해하고 있는 대로 읊어보라. 제대로 이해했다면 상사의 얼굴 표정에서 그 사실을 읽을 수 있을 것이다. 그다음에는 자기가 영향력을 미치는 부하 직원들에게 비전을 그대로 전달하라. 그러면 조직이나 부하 직원들뿐 아니라 당신 자신에게도 이득이 될 것이다. 상사의 꿈을 전파하라. 그 보답은 승진이 될 수도 있다.

문제가 나를 발전시킨다

오늘, 내가 처한 역경을 통해 어떻게 변화할 것인가?

한 젊은 여성이 아버지에게 사는 게 힘들다고 푸념을 늘어놓았다. "따라오너라. 보여줄 게 있다." 아버지는 불평하는 딸을 데리고 부엌으로 가서 스토브 위에 물 주전자 세 개를 올렸다. 물이 데워지는 사이 아버지는 당근을 썰어서 물이 끓고 있는 첫 번째 주전자에 넣었다. 두 번째 주전자에는 달걀 두 개를 넣고 세 번째 주전자에는 커피 가루를 넣었다. 잠시 후 아버지는 당근을 건져올려 그릇에 담았다. 달걀은 껍질을 까서 다른 그릇에 담고, 커피를 컵에 따른 다음 딸 앞에 갖다놓았다.

"왜 이러시는 거예요?" 딸이 짜증 섞인 투로 묻자 아버지는 "역경을 어떻게 받아들여야 할지 알려주는 거란다. 당근은 처음엔 단단했지만 끓는 물에 삶으니 물렁해졌고, 달걀은 처음 물속에 들어갈 때는 깨지기 쉬웠지만 삶아진 다음에는 단단하고 쫄깃해졌지. 그리고 커피를 넣어 끓이자 밍밍했던 물이 맛있는 차로 변하지 않았니"라고 답하고는 이어 말했다. "애야, 너도 네 앞에 놓인 문제들을 어떻게 대응할지 선택할 수 있어. 문제가 널 나약하게 만들 수도 있고, 그것이 널 강하게 만들 수도 있단다. 또한 그 문제들을 활용해서 이득을 얻을 수도 있지. 모든 건 네게 달린 거야."

자신의 결점을 파악하라

나의 결점이 보일 때마다 다른 사람에 대해 더 많이 참자.

당신은 자신의 결점을 알고 있는가? 나는, 가까운 사람들이 내 특이한 성격 '인내심 부족'을 참고 견딘다는 것을 잘 알고 있다. 그 밖에도 많이 있을 것이다. 그래서 나는 내 비서인 린다 에거스에게 오랫동안 참고 견뎌왔던 내 결점을 적어보라고 했다. 시간은 오래 걸리지 않았다.

- 휴대전화나 안경을 수도 없이 잃어버린다.
- 앞으로의 계획을 논의할 때 여러 경우의 수를 수없이 요구한다.
- 출장 계획이나 지시사항을 수시로 변경한다.
- 일정을 과하게 잡아서 결국 프로젝트를 기한 내에 끝내지 못하게 한다.
- "노"라고 말하는 걸 정말 싫어한다.
- 하루 24시간, 1년 365일 중 언제든 비서에게 전화해도 된다고 생각한다.

다른 사람들이 여러 면에서 나를 참아주고 있다는 사실을 알고 있으면 나도 다른 사람에게 인내심을 가져야겠다는 생각을 하는 데 도움이 된다. 여러분도 나처럼 한번 해보면, 같은 생각이 들 것이다.

변화를 가져오기 위해 분투하고 있는가, 아니면 타성에 젖은 삶을 살고 있는가?

우리 대부분은 안정적인 상태를 좋아한다. 안정적인 상태에 대한 욕구는 자연스러운 것이며, 심리학자 에이브러햄 매슬로는 안정감을 인간의 기본 욕구 중 하나로 인정했다. 그러나 끊임없이 자신을 향상시켜 잠재력을 완전히 발휘하기 위해서는, 기꺼이 낯선 길을 택하고 의미를 위해 안정감을 포기해야 한다.

성공한 사업가에서 종교 지도자로 변신했던 밥 버포드는 자신의 저서 《하프타임》에서 우리의 관심을 안전한 삶에서 '의미 있는 삶'으로 돌릴 수 있는 분기점의 중요성에 대해 설명했다. 그에 따르면 우리의 인생은 자연스럽게 반으로 나눌 수 있는데 그 분기점이 대체로 30대에서 40대 사이다.

그는 "인생의 전반부는 무언가를 이해하고 경험을 쌓고, 배우고, 벌어들이는 단계다. 후반부로 넘어가면 새로운 도전에 대한 위험도가 높아진다. 눈앞에 닥친 현실 그 너머를 보아야 하기 때문이다"라고 말했다. 여기에 덧붙여 "전반보다 나은 후반의 삶을 살기 위해 지금까지 살아온 삶에 대한 책임감을 느끼지 않고, 제대로 마무리하지도 않은 채 후반을 맞이한다면, 그날그날 타성에 젖어 아무 준비 없이 은퇴의 길로 들어서는 사람들의 대열에 합류하게 될 것이다"라고 했다. 버포드에 따르면 인생의 후반을 의미 있게 사는 열쇠는 삶의 무게 중심을 안전성보다는 의미 있는 것으로 옮기는 것이다. 그렇게 되면 우리는 목적이 있는 삶을 경험하게 될 것이며, 우리에게 주어진 사명을 완수할 수 있을 것이다.

'안정적인 삶'에서 '의미 있는 삶'으로 바꾸는 일을 인생의 중반기에 하든 다른 시기에 하든 상관없다. 다만 그 일이 성공을 향해 가는 여정에서 가장 중요하며 인생을 완전히 바꾸는 한 걸음, 다시 말해 어떤 분기점이 된다는 사실만 알고 있으면 된다. 인생을 통째로 바꾸는 변화에 대한 결정은 어떤 대가를 치르든 그만한 가치가 있다.

책임감을 실천에 옮겨라

내 삶의 페이지를 어떻게 채울 것인가?

1986년 노벨 평화상을 수상했던 엘리 비젤은 홀로코스트 생존자였다. 그는 나치의 강제 수용소 생활을 끝낸 후 오랫동안 사람들에게 자기가 받은 것을 돌려주려고 노력하며 살았다. 그가 젊은이들에게 자주 하는 질문 중 하나는 "사회가 당신에게 부여한 특권에 어떻게 보답하고, 의무는 어떻게 수행할 것인가?"이다. 그는 젊은이들에게 조언을 할 때 자신이 남들에 대해 느끼는 책임감을 이야기했다.

"내가 받은 것은 반드시 다른 사람들에게 돌려주어야 합니다. 내가 얻은 지식을 내 머릿속에 가둬두어서는 안 된다는 말입니다. 그 지식을 얻기 위해 많은 사람들에게 빚을 졌기 때문입니다. 나는 늘 내게 주어진 것에 보답해야 한다고 생각합니다. 감사하는 마음이라고나 할까요? 우리가 뭔가를 배운다는 것의 의미는 이 세상이 내가 태어나기 훨씬 이전에 시작되었다는 전제를 받아들이는 겁니다. 나보다 앞서 다른 사람들이 살았고, 나는 그들의 발자국을 따라 걷는 것이지요."

책임감을 실천에 옮기면 굉장한 일들이 일어날 것이다. 재능은 단련되고, 능력은 강화되며, 기회는 늘어난다. 또 낮에는 삶의 질을 높여주고, 밤에는 숙면할 수 있게 해준다. 더불어 주변 사람들의 삶까지 개선시킨다.

자신의 삶을 감명 깊은 이야기로 채우고 싶다면, 그 이야기의 작가는 자기 자신이라는 사실을 깨달아야 한다. 우리에게는 매일 그 이야기의 새로운 페이지를 쓸 기회가 주어진다. 그 페이지들이 나 자신은 물론 남들에 대한 책임까지 다했다는 이야기로 가득 채워지길 바란다. 그렇게 한다면 그 이야기의 결말이 결코 실망스럽지 않을 것이다.

'아이디어 맨'이 되라

회의 시간에 아이디어를 내는 사람이 되자.

나는 회의 시간에 대화에 적극 참여하거나 다른 사람들의 가치를 높이는 능력이 있는 사람을 '아이디어 맨'이라고 표현한다. 누구나 이런 일을 할 수 있는 건 아니다. 살아가는 동안 어떤 사람들은 늘 '손님'이 되기를 원한다. 어디를 가든 그들은 대접을 받아야 하고, 자신들의 욕구가 충족되기를 바라며, 무언가 받으려고만 한다. 그런 태도를 가진 사람은 다른 사람들을 위해서 결코 아이디어를 내지 않는다. 그러나 시간이 지나면 그런 행동은 '주인' 역할을 하는 사람을 지치게 만든다.

조직의 리더로서 나는 늘 창의적이고 아이디어가 풍부한 사람들을 찾는다. 또한 건설적인 사고를 가진 사람들도 상당히 높이 평가한다. 그들은 누군가가 제안한 아이디어를 더 나은 것으로 만드는 사람들이다. 괜찮은 아이디어와 훌륭한 아이디어의 차이는 협동적인 사고 과정을 거쳐 가치가 더해진 것인가 그렇지 않은가에 달려 있다.

상사와 회의할 때 늘 가치 있는 아이디어를 내려고 노력한다면, 직장에서 최악의 상황은 피할 수 있을 것이다. 그러나 손님 노릇만 하려고 든다면, 결국 해고통지서를 받게 될 수도 있다.

팀으로 일하라

동료와 함께 시간을 보내며 즐거운 경험을 공유하라.

이런 글을 읽은 적이 있다. "인생이라는 게임을 다 끝낸 후에도, 잊혀지지 않는 기억은 함께 했던 팀일 것이다. 경기 내용이나 득점, 점수 등은 잊을 수 있지만 동료들은 결코 잊지 못할 것이다." 이는 함께 일하면서 시간을 보내는 동료들 사이에 형성되는 공동체 의식을 말한다.

동료들 사이에 공동체 의식과 일체감을 증진시키는 유일한 방법은 모임을 가지는 것이다. 직장에서뿐 아니라 사적인 모임도 가져야 한다. 나와 팀원들 혹은 팀원들 간에 서로를 결속시키는 방법은 수없이 많다. 가족 내에 결속력이 필요한 경우에는 캠핑이 답이라고 생각할 수 있듯이 직장 동료와는 직장 밖에서 어울리는 것이 좋다. 때와 장소는 중요하지 않다. 중요한 것은 팀원들이 경험을 공유하는 것이다.

썩은 사과는 골라내라

태도가 불량한 팀원은 팀에 남겨두지 말자.

팀에 다른 사람들에게 악영향을 끼치는 존재가 있다면, 일단 그 사람을 따로 불러 현재 처한 상황에 대해 얘기해야 한다. 이때 단도직입적으로 처리하는 것이 중요하다. 상대방에게 얘기할 때 내가 관찰한 내용을 알려주고, 동시에 그에게 잘못이 없을 수도 있다는 점도 밝혀야 한다. 내가 잘못 알고 있을 수도 있으므로 해명을 듣고 싶다는 전제에서 시작하라. 악영향을 미치는 존재가 여럿이라면 그들 중 가장 우두머리격인 사람부터 만나서 얘기하라. 내 판단이 틀린 것으로 드러나고, 그 판단으로 인해 팀이 위축되거나 내상을 입지 않았다면 오해를 푼 것으로 끝낼 수 있다. 또한 문제를 일으킨 사람과의 관계도 전보다 더 부드러워지는 계기가 될 수도 있다.

그러나 내 견해가 옳았고 그 사람의 태도에 문제가 있음이 밝혀지면, 그에게 내가 기대하는 것을 명확히 밝히고 그가 변화할 수 있는 기회를 주어야 한다. 그런 다음에는 결과에 대한 책임을 물어라. 다행히 그가 변화한다면 팀을 위해 좋은 일이 될 것이고, 그렇지 않다면 그를 팀에서 제거해야 한다. 그의 불량한 태도 때문에 팀이 피해를 입을 것 같다면 그대로 남아 있게 해서는 안 된다.

진심으로 귀를 기울여라

상대의 말에 의식적으로 귀를 기울이자.

세계 최고의 협상가 중 한 사람으로 꼽히는 허브 코헨은 "남의 말을 제대로 들으려면 상대가 내뱉는 말만 듣는 것으로는 부족하다. 전달되는 말에 담긴 의미를 찾고 이해해야 한다. 결국 의미는 말 안에 있는 것이 아니라 사람 안에 있다"라고 말했다. 많은 사람들이 전달되는 내용에만 집중하느라 말하는 사람의 존재는 거의 잊어버린다. 그래서는 안 된다. 진심으로 귀를 기울여라.

　수동적으로 듣는 것과 적극적으로 듣는 것은 차이가 있다. 마음으로 듣기 위해서는 적극적으로 들어야 한다. 미 해군 함정 벤폴드 호의 전설적인 함장이자 퇴역 후에는 리더십 전문가로 변신한 마이클 아브라쇼프는 저서 《당신이 이 배의 주인이다It's Your Ship》에서 "사람들은 적극적으로 듣기보다 적극적으로 말하는 경우가 더 많다"라고 했다. 또 "의식적으로 남의 말에 귀를 기울이겠다고 결심하자, 나 자신과 조직에 엄청난 변화가 일어났다"라고도 했다.

가진 것은 공유하라

나의 마음가짐은 풍요로운가, 아니면 늘 부족한가?
그것이 나의 리더십에 어떤 영향을 미치는가?

토머스 제퍼슨은 "양초는 다른 양초에 불을 붙여도 그 빛이 사라지지 않는다"라고 말했다. 이 말은 파트너십의 진정한 본질을 표현하고 있다. 그러나 안타깝게도 많은 사람들이 이런 식으로 생각하지 않는다. 사람들은 '공유하는 것'은 '뭔가 손해 보는 일'이라고 생각한다. 하지만 그렇지 않다.

우리는 누구나 '풍요의 사고' 아니면 '결핍의 사고' 중 한 가지 사고 방식을 가지고 있다. 결핍의 사고방식을 지닌 사람은 항상 자기에게 돌아올 몫이 정해져 있다고 생각한다. 그래서 가능한 한 모든 것을 끌어모으고 무슨 일이 있어도 자신이 가진 것을 지키려고 한다. 반대로 풍요의 사고방식을 지닌 사람은 자기에게 돌아올 몫이 항상 충분하다고 생각한다. 아이디어가 있다면 그것을 공유하라. 다른 아이디어를 또 생각해내면 된다. 돈을 가지고 있다면 어느 정도는 나누어주라. 돈은 더 벌면 된다. 파이 한 조각이 있으면 다른 사람과 나누어 먹어라. 파이는 언제라도 또 구울 수 있다.

나는 이런 사고방식을 가지고 살아갈 때 자신이 기대하는 것을 얻을 수 있다고 믿는다. 얼마 되지 않는 재산을 쌓아두기만 하면 더 이상 늘지 않지만, 가진 것을 나누면 풍성한 보상을 받게 될 것이다. 강조해 말하지만 태도가 차이를 만든다. 다른 사람과 동업을 하게 되면 넉넉하게 베풀어라. 그러면 어떤 식으로든 당신이 베푼 것보다 더 많은 것을 돌려받을 것이다.

살아가면서 부딪히는 역경을 받아들이고, 그것을 혜택으로 보는 훈련을 하자.

역경만큼 사람에게 동기를 유발하는 것은 없다. 다이빙 부문 올림픽 메달리스트인 팻 맥코믹은 이런 말을 했다. "나는 실패가 가장 위대한 동기 부여 요인이라고 생각한다. 1948년 국가대표 선발전에서 아슬아슬하게 떨어졌을 때 비로소 내가 진실로 얼마나 잘할 수 있는지 알게 되었다. 그 패배를 계기로 전력을 다해 훈련하고 목표에 집중했다." 맥코믹은 1952년 헬싱키 올림픽에서 금메달 두 개를 땄고, 4년 후인 멜버른 올림픽에서 또다시 두 개의 금메달을 획득했다.

눈앞에 닥친 어려운 상황에서 한 걸음 물러나 생각할 수 있다면, 역경이 주는 긍정적인 면을 발견할 수 있다. 대부분의 경우 그렇다. 역경이 주는 이점을 찾겠다는 의지만 있으면 된다. 다만 지금 내가 겪고 있는 역경을 지나치게 개인적으로 받아들이지만 않는다면 말이다.

직장을 잃었다면, 그 상황을 딛고 일어설 회복력을 키우고 있다고 생각하라. 무모한 일을 하다 살아남았다면, 그 도전을 통해 자신의 어떤 면을 알게 되었는지, 그것이 앞으로의 도전에 어떤 힘이 되어줄지 따져보라. 사진사가 되려고 책을 주문했지만 엉뚱한 책이 배달된 덕분에 복화술의 대가가 된 에드거 버겐의 사례처럼, 그 책이 새로운 기술을 익힐 기회가 될 수 있을지 곰곰이 생각해보라. 당신의 경력에 대형사고가 발생하면 내면을 성숙시키는 경험이라고 생각하라. 칼럼니스트 윌리엄 보한은 "인생이라는 게임에서 어느 정도의 패배를 일찍 경험하는 것은 좋은 일이다. 무패 행진을 이어가야 한다는 스트레스를 줄여주기 때문이다"라고 말했다. 언제나 자신이 추구하는 꿈의 크기에 버금가는 장애물을 찾아라. 모든 것은 장애물을 바라보는 시각에 달려 있다.

개인의 성장이 곧 조직의 성장

사람들이 큰일을 하도록 북돋아줄 수 있는 환경을 만들어라.

어느 회사든 사람이 주요 자산이다. 제품을 만들어 파는 제조업이든 남이 생산한 제품을 판매하는 소매업이든 혹은 무형의 서비스를 제공하는 서비스업이든 마찬가지다. 직원들이 움직이지 않으면 아무것도 할 수 없다. 미국 내 기업을 대상으로 실질적인 리더십을 연구한 결과, 대개의 경우 경영진은 업무 시간의 4분의 3을 대인 업무에 보낸다고 한다. 대부분의 비즈니스에서 가장 큰 단일 비용은 역시 사람이다. 어떤 기업이든지 가장 크고 가치 있는 자산은 '보유 인력'이다. 경영 계획이 제대로 수행되느냐 아니냐의 문제도 결국은 사람에게 달려 있다.

종교 지도자이며 저명한 연설가인 윌리엄 J. H. 보엣커에 따르면 사람들은 스스로를 다음의 네 가지 유형으로 분류한다고 한다.

1. 주어진 일보다 항상 적게 일하는 사람

2. 주어진 만큼만 하고 그 이상은 하지 않는 사람

3. 주어지지 않은 것까지 일하는 사람

4. 다른 사람들까지 일하고 싶게 만드는 사람

위에서 언급한 네 가지 유형 중 어떤 사람이 될지는 자신에게 달려 있다. 랄프 왈도 에머슨은 "상대를 믿어라. 그러면 그들도 우리를 진실하게 대할 것이다. 상대가 위대한 사람인 것처럼 대우하라. 그러면 그들 스스로 위대한 사람이라는 사실을 입증할 것이다"라고 했다.

끈기를 길러라

매일 끈기를 가지고 일하자.

보험금융서비스 회사인 프리메리카Primerica를 설립한 아서 L. 윌리엄스 주니어가 이런 말을 한 적이 있다. "일을 열심히 하는 것만으로도 전체 미국인의 절반은 이길 수 있다. 정직하고 진실한 사람이 명분 있는 목적까지 갖췄다면 나머지 40퍼센트도 이길 수 있다. 그렇지만 마지막 남은 10퍼센트를 이기려면 자유 경쟁 체제하에서 치열한 싸움을 벌여야만 한다." 다음은 끈기를 기르는 데 도움이 되는 조언들이다.

더 열심히 그리고 더 효율적으로 일하라. 아니면 둘 중 하나라도 하라. 근무 중에 시계만 쳐다보며 어떤 일이 있어도 퇴근시간 후에는 일하지 않는, 정시 퇴근을 고수하는 직장인이라면 습관을 바꿀 필요가 있다. 사무실에 30~45분 정도 일찍 도착하고, 정상 근무시간 이후에도 그만큼 더 사무실에 남아 매일 60~90분 정도 추가로 일해보라. 이미 그런 식으로 초과 근무를 하고 있다면 근무 시간을 보다 효율적으로 운용하는 방법을 찾는 데 더 많은 시간을 할애하라.

명분 있는 목적을 찾아라. 성공하기 위해서는 누가 뭐래도 진실하게 행동해야 한다. 그런데 거기에 목적의 힘까지 더한다면 당신은 또 다른 우위를 점하는 셈이다. 매일의 업무가 전체 목표와 어떻게 연결되는지 보여주는 카드를 작성하라. 매일 그 카드를 들여다보며 열정이 식지 않도록 하라.

일을 게임으로 여겨라. 타고난 경쟁 본능보다 끈기를 길러주는 것은 없다. 일을 게임처럼 하면서 그 본능에 날개를 달아주라. 조직 내에서 자신과 비슷한 목표를 가진 사람을 찾아 선의의 경쟁을 조장한다면 자신뿐 아니라 모두에게 동기 부여가 될 수 있다.

문제와 역경을 구별하라

문제와 역경을 구별하고 그에 걸맞게 대응하라.

철학자 에이브러햄 캐플런은 문제와 역경을 구별했다. 우리의 능력 안에 있다면 그것은 문제이고, 우리의 능력 밖에 있다면 역경이다. 다시 말해 역경은 감당하고 견뎌내야 하는 일이다. 역경을 문제로 받아들일 때 우리는 좌절하고 분노하고 절망한다. 에너지를 낭비하고 그릇된 결정을 내린다. 반대로 문제를 역경으로 받아들이면 현실에 안주해버리거나 포기하고 자신을 희생양으로 생각한다.

25여 년 전, 어려운 사안을 처리하는 과정에서 나는 문제를 올바로 보는 데 도움이 되는 것들을 적어보았다. 그리고 그 과정을 통해 문제를 '새롭게' 규정할 수 있게 되었다. 당신에게도 도움이 될 것이다.

문제란?

P - predictors(예측변수) 미래의 틀을 짜는 데 도움이 된다.

R - reminders(상기시키는 것) 혼자서는 성공할 수 없다는 사실을 일깨워준다.

O - opportunities(기회) 틀에 박힌 사고에서 벗어나 창의적인 생각을 하도록 해준다.

B - blessings(축복) 문제가 없었다면 아예 가려고 하지도 않았을 곳의 문을 열어준다.

L - lessons(교훈) 새로운 도전에 부딪힐 때마다 교훈을 준다.

E - everywhere(보편성) 누구든 어려움을 겪는다는 사실을 알려준다.

M - messages(메시지) 잠재된 재앙에 대해 경고해준다.

S - solvable(해결 가능성) 어떤 문제든 해결책이 있다는 사실을 일깨워준다.

문제와 역경을 구별할 수 있다면 역경에 보다 수월하게 대처하고, 문제 해결에도 훨씬 유리한 입지를 확보할 수 있을 것이다.

신뢰가 형성되면 과정은 생략하라

오늘부터 곧바로 본론으로 들어가는 훈련을 하자.

극작가 빅토르 위고는 "인생은 짧다. 그런데 우리는 아무 생각 없이 시간을 낭비함으로써 인생을 더욱 짧게 만들고 있다"라고 말했다. 내가 지금까지 만났던 리더들은 모두 결론에 빨리 도달하고 싶어 했다. 왜 그럴까? 그들은 언제나 결과물을 원하기 때문이다. 그들의 좌우명은 "과정은 중요하지 않다. 결과가 중요하다"이다.

처음 상사와 함께 일하기 시작할 때는 어떤 결과를 내기까지 과정 설명이 필요할 수도 있다. 관계 초기에는 신뢰를 얻어야 하기 때문이다. 그러나 시간이 흐르고 상사와의 관계가 형성되면 바로 본론으로 들어가야 한다. 내가 맡은 업무를 설명하는 데 필요한 자료를 충분히 확보했다고 해서 그것을 상사와 공유할 필요는 없다. 상사가 좀 더 상세한 내용이나 업무 수행 과정에 대해 알고 싶다면 먼저 요청할 것이다.

리더를 만드는 리더로 키우는 법

아직 누군가의 멘토가 되지 못했다면 오늘 당장 시작하자.

《하버드 비즈니스 리뷰》에 조셉 베일리의 '성공하는 경영자가 되기 위해 필요한 것들'에 대한 조사 결과가 실린 적이 있다. 베일리는 서른 명의 최고경영자들을 인터뷰한 결과, 그들 모두가 멘토로부터 직접 배웠다는 사실을 알아냈다. 리더를 키워낼 수 있는 리더를 기르고 싶다면 당신이 그들의 멘토가 되어야 한다.

병원 응급실 간호사들 사이에 이런 격언이 있다. "하나만 배우고, 하나만 하고, 하나만 가르쳐라." 이 말은 한 가지 기술을 빨리 배워서 바로 환자에게 적용하고, 그것을 다른 간호사에게 전수해야 한다는 의미다. 리더를 양성하는 멘토링 과정도 이와 유사하다. 미래의 리더를 당신 휘하에 두고, 그들을 계발하고, 권한을 부여하고, 영향력 있는 사람이 되는 법을 알려주라. 그런 다음 세상 밖으로 내보내 다른 리더들을 양성하게 하라. 이런 과정을 거칠 때마다 당신은 더 큰 성공의 씨앗을 심는 것이다. 소설가 로버트 루이스 스티븐슨은 "그날 하루를, 수확한 것으로 판단하지 말고 뿌린 씨앗으로 판단하라"라고 조언했다.

아이디어 공유

창의적인 사람들을 주변에 두고 그들의 아이디어에서 영감을 얻자.

아이디어의 가치는 얼마나 될까? 모든 상품은 아이디어에서 시작된다. 서비스 역시 마찬가지다. 모든 비즈니스, 책, 새로운 발명은 아이디어에서 시작된다. 아이디어는 세상을 진보시킨다. 누군가에게 아이디어를 주었다면, 그것은 엄청난 선물을 한 것과 같다.

책을 집필할 때 내가 가장 좋아하는 일 중 하나는 책을 끝내기까지의 과정이다. 대부분은 내가 정말 가르치고 싶은 개념에서부터 시작한다. 몇 가지 아이디어를 종이 위에 적은 다음, 창의적 생각을 가진 사람들을 대상으로 그 개념을 시험해보고, 아이디어에 대해 서로의 의견을 교환하면서 전체 윤곽에 살을 붙여나간다. 이런 과정을 거칠 때마다 그들은 나 혼자서는 결코 생각해내지 못했을 굉장한 아이디어들을 제공했다. 나는 그들에게 정말 고맙다는 말을 하고 싶다.

내가 창의적인 사람들을 좋아하는 가장 큰 이유는 그들이 아이디어를 사랑하고 언제나 더 많은 아이디어를 가지고 오기 때문이다. 그런 사람들과는 아이디어를 나눌수록 새로운 아이디어가 더 많이 나오는 것 같다. 창의력과 기꺼이 나누려는 마음은 서로 시너지 효과를 낸다. 그것이 내가 다른 사람들과 아이디어를 공유하는 데 주저하지 않는 이유다. 장담하건대 시간이 모자랄 뿐이지 아이디어가 고갈되는 법은 없다. 아이디어를 내 안에서 잠자게 하는 것보다 다른 사람에게 나눠주고 그들의 성공에 보탬이 되는 편이 훨씬 낫다.

10

October

위험을 감수하라

더 큰 성공을 위해 실패의 위험을 감수할, 아니 실패할 각오가 되어 있는가?

살다 보면 완벽하게 안전한 장소나 위험 요소가 전혀 없는 활동은 존재하지 않는다. 장애인들의 대변인인 헬렌 켈러는 "안전성이란 대체로 미덥지 못한 것이다. 자연뿐 아니라 자연 속에서 살아가는 인간 세상에서도 안전한 것은 없다. 장기적으로 볼 때, 위험을 회피하는 것은 위험에 그대로 노출되는 것보다 결코 안전하다고 할 수 없다. 인생은 대담한 모험이거나 아무것도 아니거나 둘 중 하나다."

세상살이의 모든 것이 위험을 초래한다. 대담하게 뭔가를 시도하면 실패할 위험을 감수해야 한다. 성공하지 못할 수도 있기 때문이다. 반대로 현재의 상태를 유지하고 새로운 시도를 전혀 하지 않는다 해도 역시 실패의 위험은 도사리고 있다. G. K. 체스터튼은 "어떻게 하든 자신의 운명을 피해 갈 수 없다는 말을 나는 믿지 않는다. 그러나 아무것도 하지 않는다면, 운명을 피해 갈 수 없다고 믿는다"라고 했다. 모험을 시도하고, 실패할 위험을 감수할수록 성공할 확률도 높아진다.

마음가짐

내가 목표에 도달했다고 생각하는가, 아니면 아직도 배울 것이 많다고 생각하는가?

학습 능력이란 "내가 많은 것을 알고 있다 해도 이 상황에서 배울 것은 많다"라는 태도이자 마음가짐이다. 이는 역경을 혜택으로 바꿀 수 있고, 험난한 상황에서도 우리를 승자로 만들어준다. 칼럼니스트 시드니 해리스는 배우겠다는 마음가짐을 이루는 요인을 "승자는 남들이 전문가라고 인정해도, 자신은 아직 배울 것이 많다고 생각한다. 패자는 자신의 무지는 깨닫지 못하고 사람들이 전문가로 인정해주기만 원한다"라고 정리했다.

비즈니스 관련 저술가 짐 자블로스키는 이렇게 썼다. "나는 사업 분야에서도 실수는 반드시 필요한 요소라고 생각한다. 하루에 다섯 번 정도는 실수를 해야 일을 제대로 한다고 볼 수 있다. 일을 많이 할수록 실수도 많아지기 때문이다. 실수를 많이 할수록 더 많은 것을 배우게 되고, 더 많이 배우면 더 좋은 것을 얻을 수 있다. 가장 중요한 말은 '배운다'이다. 그렇다고 같은 실수를 두세 번 반복한다면 거기에서 배울 것은 아무것도 없다. 자신이 저지른 실수와 이전에 선배들이 범했던 실수를 통해 배워야 한다."

실수를 통해 배우는 능력은 사업뿐만 아니라 인생 전반에 걸쳐 가치를 발휘한다. 배우기 위해 살아가다 보면 살아가는 법을 터득하게 될 것이다.

의도적 방치

오늘 꼭 해야 할 일을 우선으로 하고 정말 중요하지 않은 것들은 나중에 하자.

철학자 윌리엄 제임스는 현명해지는 기술에 대해 "눈 감아야 할 것들을 아는 기술"이라고 말했다. 우리는 사소하고 일상적인 일에 많은 시간을 빼앗기고, 많은 사람들이 그릇된 것들을 추구하며 살고 있다.

앤소니 캠폴로 박사는 95세 이상 노인 50명을 대상으로 사회학 관련 연구를 했다. 그는 노인들에게 이런 질문을 했다. "다시 태어나면 당신이 진정으로 하고 싶은 일은 무엇인가?" 정답이 없는 질문이었지만, 몇 가지 대답이 반복해서 나왔고, 모든 응답의 대부분을 차지했다.

다음의 세 가지가 그것이다.

- 다시 태어나면, 더 많이 반성할 것이다.
- 다시 태어나면, 더 많은 위험을 감수할 것이다.
- 다시 태어나면, 내가 죽고 난 후에도 길이 남을 일들을 더 많이 할 것이다.

한 젊은 바이올리니스트가 성공의 비밀을 묻는 질문에 이렇게 답했다. "의도적으로 방치하는 거죠. 학교에 다닐 때 해야 할 일이 너무 많았어요. 아침을 먹고 나면 제 방 침대를 정리하고, 방을 치우고, 바닥을 닦고, 그 밖에도 눈에 띄는 일은 다 했죠. 그리고 서둘러 바이올린 연습을 했어요. 하지만 생각만큼 바이올린 실력이 나아지지 않기에 순서를 바꿔보았죠. 연습 기간이 끝날 때까지 바이올린 이외의 일은 의도적으로 무시했어요. 이런 방치 전략 덕분에 성공했다고 생각해요."

도움을 주는 사람

누가 나를 '담장 위'로 올려주었는가?
그리고 지금 나는 누구를 '담장 위'로 올려주고 있는가?

세계적인 베스트셀러 《뿌리》의 저자 알렉스 헤일리 사무실에는 담장 위에 거북이가 앉아 있는 그림이 걸려 있었다. 헤일리는 오래전에 배운 교훈을 잊지 않기 위해 걸어둔 것이라고 했다. "거북이가 담장 위에 올라가 있는 것을 보면, 분명히 누군가의 도움이 있었을 거라는 사실을 알 수 있지요. '와! 내가 이렇게 대단한 일을 해내다니!'라는 생각이 들 때마다 나는 그 그림을 봅니다. 그리고 거북이가 어떻게 담장 위까지 올라갔을지 생각하죠."

리더로 성장한 사람이나 그를 리더로 키워낸 사람이나 모두 그 거북이와 같다. 그들은 많은 사람들의 도움을 받아 정상까지 올라갔다. 담장 위에서 내려다보는 광경은 다른 사람들이 있었기에 가능했던 것이다. 새로운 리더나 그들의 스승 모두 그러한 성장 과정을 거치면서 삶의 가치를 높여간다.

한 사람의 가치를 높이는 것은 개인적인 승진이나 조직의 발전 그 이상의 일이다. 개인적 발전이 있어야 승진할 수 있고, 팀원의 발전에 헌신하는 리더가 있을 때 조직이 발전하는 것은 사실이다. 그러나 한 사람의 가치를 높이는 것은 그보다 훨씬 더 대단한 일임을 잊지 마라. 그것은 그 사람의 삶의 질을 풍요롭게 해줄 뿐 아니라 삶의 목적과 능력을 확장시킨다. 인재 계발은 그 일과 관련된 모든 사람의 삶을 변화시킨다. 앨런 맥기니스는 《최고의 자질을 끌어내는 법Bringing Out the Best in People》에서 "이 세상에서 다른 사람을 돕는 일만큼 고귀한 소임은 없다"라고 말했다.

긍정적 사고와 열의

처리할 수 없는 어려운 문제가 있다면 나의 태도에 잘못이 없는지 확인해보자.

랄프 왈도 에머슨은 말했다. "정치, 전쟁, 무역, 다시 말해 인간의 역사를 만들어내는 힘의 비밀은 '집중력'이다." 그 집중력을 어디에 쏟아야 할까? 사명이다. 실수했을 때 그것에 연연하지 마라. 방어하지도 말고 실수를 만회하겠다고 아까운 비용을 들이지도 마라. 다시 사명에 집중하고 더욱 전진하라. 과거에 매달리는 사람치고 더 나은 내일을 만드는 사람은 없다.

아이젠하워 정부에서 국무장관을 지낸 존 포스터 덜레스는 "성공의 척도는 처리해야 할 난제들이 아니라, 그 난제들이 작년에 겪은 것과 같은 것인가 아닌가다"라고 말했다. 이미 해결된 문제들은 미래의 성공을 위한 발판이 된다. 무엇을 잃었는가가 아니라 무엇을 배웠는가가 핵심이다. 문제를 통해 배울 수 있다면 미래의 가능성을 향해 문이 활짝 열릴 것이다.

긍정적인 태도는 현재에서 배우고 미래를 바라볼 수 있게 한다. 《긍정적 사고방식The Power of Positive Thinking》의 저자 노먼 빈센트 필은 "긍정적인 사고란 문제를 생각하는 방식에 관한 것이고, 열의란 문제를 느끼는 방식에 관한 것이다. 긍정적 사고와 열의가 합쳐져서 우리가 문제에 대처하는 방식을 결정한다"라고 설명했다. 결국 이 두 가지가 가장 중요하다.

사람은 모두 다르다

동료, 가족, 친구들에게서 나와 다른 점이 보이면 그 가치를 인정하자.

내가 쓴 다른 책에서도 언급했지만, 젊은 시절 나는 성공하려면 모두 나처럼 해야 한다고 생각했다. 시간이 흘러 나는 많이 성숙해졌고, 지금은 여행과 다양한 유형의 사람들을 만날 수 있었던 것이 내가 성공할 수 있었던 이유 중 하나라고 생각한다. 플로렌스 리타우어의 저서 《기질 플러스Personality Plus》 시리즈 역시 많은 도움이 되었다.

세월이 흐르면서 다른 모든 사람들과 마찬가지로 나에게도 기술과 능력에 중대한 허점이 있다는 사실을 깨닫게 되었다. 각기 다른 재능과 기질을 지닌 사람들이 함께 일한다면 같이 성공하고, 더 많은 일을 해낼 수 있으며, 인생 여정 또한 훨씬 더 즐거울 것이다.

여러분도 자신을 이상적인 사람이라고 생각한다면 나와 같은 덫에 걸릴 수 있다. 마음 한구석에 모두가 자신과 같아야 한다는 생각을 품고 있다면 사람들의 신뢰를 얻을 수 없다. 사람은 모두 다르다는 사실을 받아들이고, 하느님이 우리를 그렇게 만든 것을 다행으로 여겨야 한다.

리더의 태도가 영향을 미친다

내 태도가 팀에 긍정적인 영향을 미치는가?

리더십은 영향력이다. 그래서 사람들은 리더와 가까워지면 감기에 옮듯 그 태도를 옮아 닮게 된다. 그래서 나는 리더로서 내가 미치는 영향에 대한 생각이 늘 머릿속을 떠나지 않는다. 내가 좋은 태도를 갖는 것은 나 자신의 성공뿐만 아니라 다른 사람들의 이익을 위해서도 매우 중요하기 때문이다.

《4분 에세이4 Minutes Essay》의 저자 프랭크 크레인 박사는 벽에 부딪힌 공은 던질 때와 똑같은 힘으로 다시 튕겨나온다는 사실을 우리에게 상기시켜 주었다. 물리학 법칙 중에 '작용 반작용의 법칙'이 있다. 작용하는 힘과 반작용의 힘은 항상 동일하다는 것이다. 영향력에도 이 법칙이 적용된다. 실제로 그 효과는 리더의 영향력에 따라 증폭되기도 한다. 리더가 한 번 미소 지으면 수많은 미소가 돌아오지만, 리더가 화를 터뜨리면 수많은 사람들의 화가 되돌아올 것이다.

나는 리더의 태도는 추종자들을 통해 알 수 있다고 믿는다. 행동은 따르지 않더라도 그의 태도가 그를 따르는 사람들에게 반영된다. 그리고 태도는 말로 하지 않아도 겉으로 드러난다.

리더가 다른 사람들에게 미치는 영향력 때문에 임원을 선발할 때 후보자의 태도를 고려하는 것은 매우 중요하다. 심리학자들이 임원 승진 대상에 오른 직원들을 평가할 때 중요하게 고려해야 할 항목을 정리해놓은 목록이 있다. 야망, 조직의 방침에 대한 태도, 동료에 대한 태도, 업무 감독 능력, 시간과 에너지 투자에 대한 태도 등이다. 이 항목에 하나라도 부합하는 게 없는 후보자는 바람직하지 않은 태도를 지니고 있을 가능성이 높고, 무능한 리더가 될 것으로 판명될 것이다.

기술을 연마하라

편안함과 타성에 젖은 삶에서 탈피해 새로운 일을 시도해보자.

1892년 《약의 효능과 활용The Principles and Practice of Medicine》이라는 책을 쓴 내과의사 윌리엄 오슬러는 의학도들이 모인 자리에서 이렇게 말했다. "미래는 잊어라. 지금 이 시간, 그리고 이 시간에 해야 할 일에만 충실하며 살아야 한다. 성취해야 할 것, 극복해야 할 어려움, 달성해야 할 목표에 대해서는 생각하지 말고, 다만 가까이 있는 작은 임무에 진지하게 임하라. 그리고 그날 하루는 그것으로 충분하다고 생각하라. 칼라일이 말했듯 우리의 의무는 '멀리서 희미하게 빛나고 있는 것을 바라보는 게 아니라 눈앞에 있는 일을 확실하게 해내는 것'이기 때문이다."

발전을 위한 유일한 방법은 자신의 기술을 완벽해질 때까지 갈고 닦는 것이다. 처음에는 자기가 할 줄 아는 일을 하는 게 좋다. 기술을 연마하면 할수록 아는 게 더 많아질 것이다. 그러나 기존의 방식과 달라져야 할 것들 또한 많이 생길 것이다. 그 시점에서 결단을 내려야 한다. 지금까지 해오던 식으로 계속 할 것인가? 아니면 해야 할 것 같은 생각이 드는 일들을 더 많이 할 것인가? 발전하기 위해서는 현실에 안주하는 데서 벗어나 새로운 일들을 시도해야 한다.

사람들은 종종 내게 묻는다. "어떻게 하면 사업을 성장시킬 수 있을까요?" 혹은 "어떻게 하면 우리 부서를 더 개선할 수 있을까요?" 내 대답은 자신의 '개인적 성장'이다. 조직을 성장시킬 수 있는 단 한 가지 방법은 조직을 운영하는 리더들이 성장하는 것이다. 나 자신부터 개선되어야 다른 사람들도 개선시킬 수 있다. 잭 웰치는 이런 말을 했다. "리더가 되기 전에는 자기 성장이 성공의 전부다. 그러나 리더가 된 후에는 다른 사람들을 성장시키는 것이 성공의 전부다." 그리고 오늘이 바로 그 일을 시작해야 할 때다.

핵심을 명확하게 전달하라

견해를 명확히 전달하고 나머지는 상대의 선택에 맡기자.

투자 전문가 워렌 버핏은 "때로는 당신이 노를 얼마나 열심히 젓느냐가 아니라 물살이 얼마나 빠른가가 문제가 된다"라고 말했다. 상사를 대할 때는 언제나 그 물살을 잘 살펴야 한다.

자신의 견해를 상사에게 명확하게 전달하는 요령을 익히는 것은 매우 중요하다. 자신이 알고 있는 내용을 전달하거나, 특정 주제에 대한 견해를 밝히는 것은 당신의 의무다. 그러나 의사소통을 하는 것과 자신의 의견을 상사에게 강요하는 것은 완전히 다른 문제다. 상사의 판단은 상사 자신의 몫이기 때문이다. 자신의 의견을 명확히 밝혔으면 더 이상 그것에 대해 언급하지 않는 것이 좋다.

아이젠하워 대통령은 이렇게 말했다. "사람들의 머리를 때려서 끌고 가서는 안 된다. 그것은 공격이지 리더십이 아니다." 자신이 전달하려는 핵심을 명확히 전달하고 난 다음에도 그 말을 계속 반복한다면 자기 뜻을 관철시키려고 애쓰는 것밖에 안 된다.

좋은 항해사는 동승자들과 함께한다

오늘, 내 배에 오른 사람들을 위해 훌륭한 항해사 역할을 하자.
그렇게 해서 그들의 잠재력을 최대한 끌어내자.

좋은 항해사는 자기 배의 동승자들과 함께 간다. 가야 할 방향만 지시하는 게 아니라 그들과 친구가 되어 함께 항해한다. 자기 계발 강연자인 리처드 엑슬리는 우정에 대해 이렇게 말했다. "진정한 친구는 나의 깊은 내면을 털어놓을 때 그것을 들어주고 이해해주는 사람이다. 내가 고군분투하고 있을 때 지지해주며, 잘못했을 때 애정을 담아 잘못을 바로잡아준다. 또한 실수를 해도 용서해주고, 내가 성장할 수 있도록 자극하고, 잠재력을 최대한 발휘할 수 있도록 격려한다. 가장 놀라운 점은 나의 성공을 자신의 성공인 것처럼 축하해준다는 사실이다."

자신의 영향력 안에 있는 사람들 곁을 지키며 그들의 멘토가 되어주면 어려운 시기도 함께 겪어낼 수 있다. 나도 완벽하지 않으며 그들 역시 마찬가지이기 때문이다. 헨리 포드가 했던 말을 귀담아두라. "가장 좋은 친구는 우리 내면의 잠재력을 최대한 발휘할 수 있게 해주는 사람이다." 자, 이제 당신도 좋은 친구가 되는 것을 목표로 삼아 최선을 다하라. 그러면 많은 사람에게 도움을 줄 수 있을 것이다.

친분을 쌓을 기회를 놓치지 마라

나 자신을 친해지기 어려운 사람으로 만들고 있지는 않은가?

우리가 다른 사람들과 관계를 맺거나 더 깊은 관계로 발전할 수 있는 기회들을 수없이 놓치는 이유는, 우리 스스로가 다른 사람이 접근하기 어렵게 만들기 때문이다. 여기서 '스스로 만든다'라는 표현에 주목하기 바란다. 접근성이란 상대의 무모함이나 내성적 성격과는 상관이 없다. 이는 전적으로 내가 어떻게 처신하는지, 상대에게 어떤 메시지를 보내는지에 달려 있다. 오래전에 '사람들과 잘 지내는 기술'이라는 글을 읽은 적이 있는데 다음은 그중 일부이다.

"현명한 사람은 인생에는 갠 날과 흐린 날, 승리와 패배, 주고받는 일이 모두 섞여 있다는 사실을 알고 있다. 그들은 또 지나치게 예민한 것이 인생에 별로 도움이 되지 않는다는 것, 어떤 일들은 오리의 깃털 위로 물이 흘러내리듯 머릿속에서 흘려보내야 한다는 사실을 안다. 흥분하면 지기 쉽고, 누구나 아침에 먹을 토스트를 태우기도 한다는 사실을 알 뿐만 아니라, 다른 사람들도 대체로 나 정도의 야심을 가지고 있고, 머리도 나만큼 좋거나 나보다 훨씬 좋으며, 머리가 좋은 것보다는 성실한 것이 성공의 비결이라는 사실을 안다. 현명한 사람은 누구도 혼자서는 1루에 진출할 수 없으며, 전진하기 위해서는 협동이 필요하다는 사실을 안다. 다시 말해서 '사람들과 잘 지내는 기술'의 98퍼센트는 다른 사람들을 대하는 내 행동에 달려 있다는 말이다."

다른 사람들에게 호감을 주고 친해지기 쉬운 사람이 되고 싶다면, 먼저 상대를 편안하게 해주라. 다른 사람들을 통해 우리는 성공에 더 가까이 갈 수 있다. 나 스스로를 친해지기 쉬운 사람으로 만들어라.

두려움에 굴복하지 마라

두려움은 한 편으로 밀어놓고, 자기 발전을 위한 작은 발걸음을 내딛자.

성공 비결 중 하나는 할 수 없는 일에 매달리지 않는 것이다. 할 수 없는 일에 매달리면 할 수 있는 일도 못하게 된다. 나는 현재 대중을 상대로 한 강연자로 잘 알려져 있다. 그러나 내가 처음부터 강연을 잘했던 것은 아니다. 예전에 정말 많이 두려워했던 기억이 난다.

대학교 4학년 때 어떤 행사에서 강연을 한 적이 있었는데, 그때는 정말 구제불능이었다. 당시 내 지인들은 내가 "너무 경직되어 있다"고 했다. 그러나 나는 포기하지 않았다. 효율적인 의사소통에 관해 공부했고, 기회가 있을 때마다 소규모 그룹을 대상으로 강연을 했다. 강연을 편안하게 하기까지는 무려 7년이나 걸렸고, 그때서야 나만의 커뮤니케이션 스타일을 개발하고 연마할 수 있었다.

드디어 더 많은 청중들 앞에서 연설할 기회가 생겼다. 내가 1,000명이 넘는 사람 앞에서 처음으로 강연을 했던 곳은 오하이오주에 있는 재향군인회 강당이었다. 처음으로 청중이 1만 명이 넘었을 때는 1980년대 일리노이주립대학에서 열린 청년집회였다. 이후 1990년대에 인디애나폴리스의 RCA 돔에서 6만 8,000명의 군중 앞에서 연설을 했고, 2000년대에는 생방송으로 미국 전역에 중계되는 TV 강연을 했다. 내 자랑을 하려는 게 아니다. 맨 처음 강연을 했을 때는 어찌나 떨었는지 내가 무슨 말을 하고 있는지도 몰랐다. 하지만 나는 주눅 들지 않고 오히려 나 자신의 발전을 위해 치러야 할 대가로 받아들였다.

셰익스피어는 말했다. "벌침이 두려워서 벌집을 피하는 자는 꿀을 차지할 자격이 없다." 두려움이 자기 발전을 위해 내딛는 작은 발걸음들을 막아서게 해서는 안 된다. 그 작은 발걸음들이 나를 어디로 데려갈지는 아무도 모르기 때문이다.

다른 사람을 배려하라

이 세상에는 나자신 빼고는 전부 다른 사람들이라는 사실을 잊지 말자.

사람들의 신뢰를 얻는 문제에 대해 얘기할 때는 남을 먼저 생각하는 시각에서부터 시작해야 한다. 자기중심적이고 이기적인 사람은 사람들과 쉽게 어울리지 못한다. 그런 사람들은 자신의 생활방식을 탈피하기 위해 큰 그림이 필요하다. 큰 그림을 보고 다른 이들을 우선으로 여기는 시각을 계발하고 싶다면 다음과 같이 해보라.

자기만의 작은 세상에서 벗어나라. 자신에게만 집중하는 편협한 습관에서 벗어나기 위해서는 자기만의 작은 세상에서 벗어나야 한다. 지금까지 한 번도 가보지 않은 장소에 가보고, 자기가 잘 모르는 유형의 사람들을 만나보고, 전에는 해보지 않았던 일들을 해보라. 그러면 시각이 바뀔 것이다. 나도 그랬으니까.

자아는 문 앞에 두고 들어가라. 자기 생각을 지나치게 많이 하는 사람을 자아가 강하다고 하지만, 사실은 다른 사람 생각을 너무 적게 하는 사람이라는 표현이 정확할 것이다. 우리는 사랑의 반대는 증오라고 오해하는 경우가 종종 있다. 하지만 나는 그건 틀린 말이라고 생각한다. 누군가를 사랑하는 것의 반대는 자기중심적인 것이다. 중심이 항상 자기 자신에게 맞춰져 있으면 결코 긍정적인 관계를 맺을 수 없다.

나에게 성취감을 안겨주는 것은 무엇인가. 성취감이란 궁극적으로 다른 사람들과의 협업을 통해 얻을 수 있다. 그렇기 때문에 오로지 자신에게 초점을 맞추고 있는 사람은 항상 무언가를 갈망하고 초조해한다. 충만한 인생을 살고 싶다면 건전한 인간관계를 쌓아야 한다. 건전한 인간관계는 자기 자신을 내려놓을 때만 가능하다.

배우기에 가장 좋은 때는 오늘이다

오늘, 내일을 위해 지금까지 미루어왔던 일을 하라.

어느 대규모 목재용 나무 농장 사무실 한쪽 벽에 이런 문구가 걸려 있다. "나무를 심는 최적기는 25년 전이다. 그리고 그다음의 최적기는 오늘이다." 내가 가진 기술의 전문가가 되기에 지금만큼 좋은 때는 없다. 조금 더 빨리 시작했으면 좋았을 것이라고 생각할지도 모른다. 아니면 오래전에 더 좋은 스승이나 멘토를 만났으면 좋았을 것이라고 생각할 수도 있다. 그러나 그런 것들은 전혀 중요하지 않다. 뒤를 돌아보며 애석해하는 것은 앞으로 나아가는 데 전혀 도움이 되지 않는다.

어느 날 시인 롱펠로에게 한 친구가 삶에 끊임없이 흥미를 느끼는 비결을 물었다. 그러자 롱펠로는 가까이에 있는 사과나무를 가리키며 대답했다. "저 사과나무의 목적은 매년 새로운 가지를 조금씩 자라게 하는 것이지. 나도 그러하다네." 그 친구는 롱펠로의 시詩에서도 비슷한 생각을 찾아볼 수 있었을 것이다.

> 우리가 가야 할 길 혹은 가는 길은 기쁨도 슬픔도 아니라네
> 내일은 오늘보다 더 나은 내가 되기 위해 노력하는 것일 뿐

당신은 지금 자기가 있어야 할 곳에 있지 않을지도 모른다. 지금 모습이 자신이 원하는 모습이 아닐 수도 있다. 그렇다고 과거의 모습을 간직해야 할 필요도 없다. 또 반드시 목적을 달성할 필요도 없다. 다만 지금 이 시간에 최선의 내가 되는 법을 배워야 한다. 나폴레옹 힐은 이렇게 말했다. "출발지는 바꿀 수 없지만, 가는 방향은 바꿀 수 있다. 중요한 것은 앞으로 할 일이 아니라 지금 하고 있는 일이다."

첫 시도에 성공했다면, 더 어려운 일에 도전하라

위험의 한계치를 높이자.

성공에 이르는 가장 중요한 열쇠는 기꺼이 더 큰 위험을 감수하겠다는 의지다. 위험을 감수하면, 다음 두 가지 문제가 해결될 것이다.

첫째, 지금까지 자신이 설정한 목표를 모두 달성했다면 위험을 감수하겠다는 의지를 한 단계 높일 필요가 있다. 다음 단계로 가는 길은 언제나 힘겨운 오르막이기 때문에 타성에 빠질 여지가 없다. 둘째, 그와 반대로 자신이 세운 목표를 달성하지 못하는 경우가 많다면, 지나치게 위험을 피해 가고 있는 것일 수도 있다. 다시 한번 말하지만 정답은 더 큰 위험을 기꺼이 감수하는 태도에 있다. 모순되게도 위험과 관련해서는 극과 극이 언제나 만나게 되어 있다.

앞으로 성취해야 할 큰 계획에 대해 생각하고, 그 계획을 완수하기 위한 세부 계획을 글로 적어보라. 그러고 나서 그 계획 안에 위험을 감수해야 할 부분이 충분히 포함되어 있는지 검토해보라. 그렇지 않다면, 그 계획을 실천하는 과정 안에서 자신의 한계를 초월하고 더 많은 위험을 감수하여 성공의 기회를 높일 수 있는 지점을 찾아내라.

태도는 선택에 달려 있다

삶의 기로에서 나는 어떤 선택을 하는가?

시인이자 평론가인 새뮤얼 존슨은 "자신의 기질은 그대로 두고 그 나머지들을 바꿔서 행복을 얻으려는 사람은 인간의 본성을 이해하지 못하는 사람이다. 그런 사람들은 헛된 노력으로 인생을 낭비하고, 피하고자 했던 탄식은 몇 배로 불어날 것이다"라고 말했다. 대부분의 사람들은 자신의 삶을 개선시키기 위해 세상을 바꾸려고 하지만, 먼저 바꾸어야 할 것은 바로 자신의 내면이다. 이는 선택에 관한 문제이다. 변화를 원치 않는 사람들도 있기 때문이다.

우리는 살면서 점점 더 많은 선택의 기로에 놓인다. 아이라면 무엇을 먹을지, 어떤 장난감을 가지고 놀지, 숙제를 할지 텔레비전을 볼지 결정한다. 좀 더 크면 어떤 친구를 사귈지, 대학에 갈지 취업을 할지 결정하고, 성인이 되어서는 누구와 결혼하고, 무엇을 하며 생계를 꾸려갈지 결정한다. 살아갈수록 선택해야 할 것들은 더욱 많아지고 결국 우리의 삶은 우리가 선택한 대로 만들어진다.

나는 당신이 살아오면서 어떤 일들을 겪었는지 모른다. 정말 힘든 시간을 보냈을 수도 있고 극한 역경이나 끔찍한 비극을 당했을 수도 있다. 그럼에도 당신의 태도는 온전히 자신의 선택에 달려 있다.

영향력을 미치는 사람

영향력이 가장 큰 사람에게 내 자신을 투자하자.

원대한 꿈을 꾸며 팀워크를 이룰 사람이 필요하다면, 당신과 같은 배를 탈 장래의 리더감으로 영향력 있는 사람을 골라야 한다. 무엇보다 영향력이 리더십이기 때문이다. 영향력 있는 리더는 두 가지 공통점을 갖고 있다. 첫째는 어디든 목적지가 있다는 점이고, 둘째는 같은 배를 타고 갈 사람들을 설득할 능력이 있다는 점이다. 주변에 있는 사람들을 볼 때는 다음 사항들을 염두에 두라.

누가 그들에게 영향을 미치는가? 그들의 영웅이나 멘토가 누군지 알면 앞으로 그들이 누구에게 어떤 영향을 미칠 것인가에 대해 많은 것을 알 수 있다.

누가 그들의 영향을 받는가? 그들에게 영향 받는 사람들을 보면 현재 그들의 리더십이 어느 수준에 있는지 판단할 수 있다.

그들의 영향력은 커지고 있는가, 줄어들고 있는가? 그들이 미치는 영향력의 정도를 살펴보면 그가 이미 저무는 리더인지 떠오르는 리더인지 알 수 있다.

장래 리더감을 제대로 판단하기 위해서는 단순히 그 사람만 볼 것이 아니라 그 사람이 영향을 받고, 영향을 미치는 사람들을 모두 보아야 한다. 영향력이 커질수록 리더십의 잠재력도 커지며, 목표를 달성하기 위해 사람들을 자기와 함께 일하게 만드는 능력도 커진다.

애정과 존중을 보여라

주변 사람들을 격려하고 인정하며, 안정감과 희망을 주자.

어떤 면에서 보면 사람도 동물들과 비슷하게 반응한다. 육체적뿐만 아니라 정서적인 측면에서도 보살핌이 필요하다는 점에서 특히 그렇다. 주변을 둘러보라. 그러면 당신의 격려, 인정, 보호, 희망 같은 정서적 보살핌을 필요로 하는 사람들을 찾을 수 있을 것이다. 그 과정은 '양육'이라고 불린다. 이는 모든 인간 존재에게 반드시 필요한 것이다. 다른 사람들의 삶에 영향을 미치는 사람이 되고 싶다면 그들을 보살피는 일부터 시작하라. 흔히 권위 있는 인물을 영향력 있는 인물로 오해하고 있다. 다시 말해 다른 사람의 잘못을 고쳐주거나, 사람들이 모르는 자신의 약점을 지적해주고, 건설적인 비판을 하면 영향력 있다고 오해하는 경우가 많다. 그러나 16세기 종교개혁가 존 녹스가 400여 년 전에 했던 말은 오늘날에도 여전히 유효하다. "적대감과 선한 영향력을 동시에 줄 수는 없다."

양성의 핵심은 상대에 대한 진정한 관심이다. 주변 사람들에게 도움을 주고 영향을 미치려면 그들에게 긍정적인 감정을 보이고 관심을 기울여야 한다. 긍정적인 영향을 주고 싶다면, 상대를 싫어하거나 경멸하거나 폄하해서는 안 된다는 말이다. 애정을 보이고 존중해주어야 한다.

새로운 리더를 길러내라

팀원들을 리드하는 것은 물론 리더의 재목을 길러내는 데도 힘을 집중하자.

팀원들을 이끌어가는 사이 리더도 성장한다. 그러나 자신의 리더십을 극대화하고, 조직의 잠재력을 최대한으로 끌어내고 싶다면 새로운 리더를 길러내야 한다. 폭발적 성장을 경험할 수 있는 방법은 그것뿐이다.

- 스스로를 성장시킨다면, 개인적 성공을 얻을 것이다.
- 팀을 계발하면, 조직이 성장할 것이다.
- 리더를 길러내면, 조직이 폭발적 성장을 이룰 것이다.

팀원들을 끌어모으는 일만 하기보다는 리더를 양성하는 일을 시작하라. 그래야만 나 자신의 잠재력도 최대한 발휘할 수 있고, 조직의 가치 있는 목표도 달성할 수 있다. 새로운 리더를 키우는 리더는 자신의 조직이 기하급수적으로 발전하는 것을 목격하게 될 것이다. 그 발전의 정도는 다른 방식으로는 결코 달성할 수 없을 정도이다.

모범이 되는 인격

나의 인격은 어떻게 소통하는가?

리더에게 신뢰는 얼마나 중요할까? 두말할 것 없이 신뢰는 무엇보다 중요하며 리더십의 근간이 된다. 그렇다면 어떻게 신뢰를 구축할 수 있을까? 모범이 되는 인격을 일관성 있게 보이는 것으로 가능해진다. 굳건한 토대 위에 세워진 훌륭한 인격은 짧은 시간 안에 사람들에게 많은 것을 전파해준다. 다음은 그중에서도 가장 중요한 것들이다.

1. 인격은 **일관성으로 소통한다**. 내면의 힘이 없는 리더는 한결같은 믿음을 주지 못한다. 일을 수행하는 능력이 계속해서 변하기 때문이다.

2. 인격은 **잠재력으로 소통한다**. 인격이 결핍된 리더는 카운트다운에 들어간 시한폭탄과 같다. 인격의 부재로 그 사람의 리더십과 업무 수행 능력이 날아가버리는 것은 시간문제일 뿐이다.

3. 인격은 **존경심으로 소통한다**. 리더는 어떻게 존경심을 얻을까? 그들은 명쾌한 결정을 내리고, 실수했을 때는 선뜻 인정하고, 개인적 사안보다는 부하 직원과 조직을 위해서 스스로 최선을 다하는 것으로 존경심을 얻는다.

접근하기 쉬운 사람이 되라

상사, 부하 직원, 동료, 가족들에게 내가 쉽게 접근할 수 있는 사람인지 물어보자.

우리는 살아가는 동안 냉정하고 무서워 보이는 사람들도 만나고, 반대로 처음 만난 순간부터 오래 알고 지낸 것 같은 사람도 만난다. 이는 단순히 세간의 주목을 받는 사람들만의 문제가 아니다. 당신의 삶에서 가장 중요한 사람들은 접근하기 쉬운 사람들인가? 당신의 상사는 편하게 질문할 수 있는 사람인가, 아니면 말을 꺼내기도 어려운 사람인가? 어려운 주제에 대해 배우자와 의논할 때 대화가 잘 되는가, 아니면 싸움으로 끝나는가?

그렇다면 나는 어떤 타입인가? 가까운 사람들이 나에게 어떤 이야기든 터놓고 할 수 있는가? 나에게 마지막으로 아주 나쁜 소식을 전해주었던 사람은 누구였나? 마지막으로 누군가가 내 생각에 강력하게 반대했던 것이 언제였는가? 내가 잘못한 일을 누군가가 정면으로 들고 나왔던 때는? 그게 제법 오래전이라면 나는 그다지 접근하기 쉬운 사람이 아닐 수도 있다.

친근하게 행동하는 것을 경박하다고 치부하는 사람들도 있지만, 친근한 사람이 될 수 있다면 좋은 것이다. 사실 좋은 것 이상이다. 접근하기 쉽다는 것은 관계를 형성하는 데 필요한 훌륭한 도구이기 때문이다.

자신의 능력에 대해 이야기하라

내가 가진 능력과 관련해 배울 점이 있는 사람과 만나 이야기를 나누자.

능력이 숙련된 수준에 도달하면 나와 비슷하거나 더 나은 수준의 사람들과 그 능력에 대해 이야기해보라. 기타를 치는 사람들은 기타에 대해, 부모들은 자식을 키우는 일에 대해, 골프 치는 사람들은 골프에 대해 이야기해보라. 그러면 즐겁고, 열정이 되살아나고, 새로운 기술과 식견을 얻게 되고, 그것들을 행동에 옮길 수 있는 준비가 된다.

나 역시 훌륭한 리더들과 리더십에 대해 이야기하는 것을 좋아한다. 1년에 여섯 번 정도 내가 존경하는 사람들과 식사를 하면서, 가르침을 얻을 기회를 만드는 것을 원칙으로 삼고 있다. 나는 그들을 만나기 전 그들이 쓴 책을 읽고, 그들이 말했던 교훈을 공부하고, 그들의 강연을 듣는다. 그래야 그들을 잘 이해하고 장점을 배울 수 있기 때문이다. 그러나 궁극적인 목적은 그들이 성공했던 분야에서 배울 점을 찾아내고 그것으로 나의 발전을 꾀하는 것이다. 배운 것은 반드시 자신의 상황에 적용해야 한다.

효과적인 만남의 비결은 경청이다. 경청을 통해 훌륭한 리더의 위대한 점을 직접 배울 수도 있고, 그 사람과 좋은 관계도 맺을 수 있다. 이런 것이 바로 나의 목적이다.

이미 일어난 일에서 배워라

최근에 저지른 실수에 대해 반성하고, 다시 한번 살펴보자.

찰스 슐츠의 만화 《피너츠》에 이런 내용이 있다. 찰리 브라운이 해변에 아름다운 모래성을 쌓았다. 모래성이 완성되자 찰리는 일어나 자신의 작품을 바라보며 감탄한다. 그때 커다란 파도가 밀려와 멋진 모래성이 무너져버리고 만다. 마지막 컷에서 찰리는 이렇게 말한다. "여기에는 분명히 교훈이 있을 텐데, 그게 뭔지 모르겠군."

이것이 일반적인 사람들이 역경에 접근하는 방식이다. 그들은 눈앞에 벌어진 사건에 압도된 나머지 혼란에 빠져서 뭔가 교훈을 얻을 수 있는 경험 전체를 놓쳐버린다. 그렇지만 실패와 실수에는 늘 교훈이 있게 마련이다. 이 사실을 잘 알고 있었던 시인 바이런 경은 "역경은 진실에 다가가는 가장 빠른 길이다"라고 말했다.

실수를 통해 배우는 방법에 대한 일반적인 지침은 없다. 상황이 모두 다르기 때문이다. 그러나 실수했던 과정을 되새겨 배우겠다는 태도를 유지하고, 달리할 수 있었던 일이 무엇인지 알려고 노력한다면 자신을 발전시킬 수 있을 것이다. 올바른 마음가짐을 가지고 있으면 모든 장애가 자신을 만나는 기회가 될 것이다.

지금, 여기가 중요하다

인생 여정을 최대한 즐기면서 지금, 여기서 할 수 있는 일을 하자.

미국의 퍼스트레이디였던 바버라 부시 여사가 미래를 기차 여행에 비유해서 말했던 적이 있는데 나는 그 비유를 아주 좋아한다.

"우리는 태어나는 순간 그 기차에 올라탄다. 그리고 대륙을 횡단하고 싶어 한다. 그곳 어딘가에 우리가 가야 할 역이 있을 것이라는 생각 때문이다. 인생이라는 기차의 차창 밖을 내다보며 우리는 한적한 작은 마을을 지나고, 곡식이 여물어 가는 들판과 곳간을 지나며, 건널목도 지난다. 철로 옆 도로를 달리는 만원 버스를 지나고, 도시와 공장들도 지나치지만, 그 어느 것도 눈에 들어오지 않는다. 그저 빨리 역에 닿고 싶은 마음뿐이기 때문이다……. 살아가는 동안 내려야 할 역들이 바뀐다. 대부분은 열여덟 살이 되어 고등학교를 졸업하는 것으로 시작한다. 첫 번째 정거장이다. 그다음 역은 첫 승진이고, 그다음 역은 자녀들의 대학 졸업이고, 그다음 역은 은퇴이며, 그다음 역은……. 그리고 너무 늦게 진리를 깨닫는다. 인생의 여정 그 안에 기쁨이 있고, 여정 그 자체가 기쁨이며, 하느님이 지으신 도시의 또 다른 한쪽에는 역이라는 게 없다는 사실을. 머지않아 우리는 정거장이란 애초에 없으며, 여정 그 자체가 삶의 진실이라는 사실을 깨닫게 될 것이다. 책을 더 많이 읽고, 아이스크림을 더 많이 먹고, 더 많이 맨발로 걸어다니고, 어린아이를 더 많이 안아 주고, 낚시를 더 자주 가고, 더 많이 웃어야 한다. 머지않아 종착역에 도달할 것이다. 그러니 가는 동안 이 세상을 더욱 아름답게 만들 방법을 찾아야 하지 않겠는가."

목적지에 집중하는 것은 좋은 생각이 아니다. 내일은 올 수도 있고 오지 않을 수도 있다. 우리가 힘을 쓸 수 있는 곳은 현재뿐이다.

정도를 걸어라

남들이 하는 말이나 행동에 상관없이 항상 정도를 걷자.

사람들은 정도正道를 잘 걷지 않는다. 그러나 정도를 걷는 사람들은 다른 사람들에게 자비를 베푸는 도구가 되는 동시에 자비의 수혜자가 된다. 정도를 걷는 사람들의 목표는 평범함을 넘어서는 것이다. 다음과 같이 행동하면 그 목표를 달성할 수 있을 것이다.

- 남들이 기대하는 것 이상으로 더 큰 관심을 가져라.
- 남들이 안전하다고 생각하는 것 이상으로 더 큰 위험을 감수하라.
- 남들이 실용적이라고 생각하는 것 이상으로 더 큰 꿈을 꾸어라.
- 남들이 가능하다고 생각하는 것 이상으로 더 크게 기대하라.
- 남들이 충분하다고 생각하는 것 이상으로 더 많이 일하라.

자기가 세운 기준에 따라 엄격하게 자기 관리를 하면, 다른 사람의 공격에 방어하기 위해 정도가 아닌 길을 택할 가능성도 줄어든다. 스스로 최선을 다해 자신이 할 수 있는 일을 다했다는 것을 아는 사람은 어깨 위로 떨어진 빗방울이 흘러내리듯 어떤 비판도 흘러버릴 수 있을 것이다.

사람들의 가치를 높여주라

나는 사람들을 조종하고 있는가, 아니면 동기 부여를 하고 있는가?

리더십의 모든 것은 사람들에 대한 태도에서 출발한다. 인간관계 전문가 레스 기블린은 "마음속으로 상대를 하찮게 여기면, 그 사람은 당신과 함께 있을 때 자신이 소중한 사람이라는 느낌을 받지 못한다"라고 말했다.

우리가 사람을 대하는 방식은 그들에게 동기를 부여하거나 그들을 이용하거나 이 두 태도에서 크게 벗어나지 않는다. 자기는 남들을 돕지 않으면서 남들이 자기를 도와주길 바란다면 문제가 생길 수밖에 없다. 개인적 이득을 위해 사람들을 움직이는 것은 그들을 조종하는 것이고, 서로의 이익을 위해 사람들을 움직이는 것은 동기 부여다. 다른 사람들의 가치를 높여주는 것은 서로에게 이득이 된다.

당신은 사람들을 어떻게 대하는가? 자신이 줄 수 있는 가치의 잠재적 수혜자로 보는가? 아니면 자신의 성공가도를 달리는 데 끼어든 귀찮은 존재로 보는가? 작가 시드니 J. 해리스는 이렇게 말했다. "사람들은 감명받기보다는 인정받기를 원한다. 누구나 인격체로 대우받기를 원하지 남들의 자부심을 높여주기 위한 공명판이 되기를 원하지 않는다. 누군가의 허영심을 만족시키는 수단이 아니라 스스로가 목적이기를 바라는 것이다. 다른 사람들의 가치를 높여주고 싶다면 무엇보다 그들을 소중하게 여겨야 한다."

시기를 놓치지 마라

내 눈에 기회가 보이면 때를 놓치기 전에 상사에게 알리자.

"나중에 두 마디 하는 것보다 때맞춰 한마디 하는 게 낫다"라는 속담이 있다. 오래전에 통했던 이 말이 시장과 정보가 눈부시게 변화하는 오늘날에 더욱 설득력 있게 들린다.

미국 콘티넨털오일의 사장을 역임했던 콘스탄틴 니칸드로스는 이런 말을 했다. "경쟁이 치열한 시장에서는 때를 잘 만나 반짝했다가 바로 사라지는 아이디어가 많다. 대중들의 관심이 빠르게 움직이며 새로운 무언가를 계속 찾기 때문이다. 반면 같은 시장에서 때를 잘못 만나 한번 피어보지도 못하고 사라지는 아이디어도 부지기수다."

기다리다가는 조직이 기회를 놓칠 게 불 보듯 뻔하다면 위험을 감수하고 밀고 나가라. 상사는 언제든 내가 하는 조언에 대한 선택의 자유가 있다. 그러나 때를 놓친 후에 "저는 이렇게 될 줄 알았어요"라는 말을 듣고 싶어 하는 상사는 없다. 상사에게 결정할 기회를 주라.

문제가 인생에 의미를 더해준다

문제를 더 큰 창의력과 힘을 배양하는 동력으로 삼자.

한 철학자는 독수리가 좀 더 빨리, 좀 더 쉽게 날기 위해 극복해야 할 유일한 장애물은 '공기'라고 말했다. 그러나 공기를 모두 없앤 다음 진공 상태에서 새를 날게 하면, 새는 그 즉시 땅바닥으로 떨어져 아예 날 수 없게 될 것이다. 공기는 비행하는 데 저항이 되는 동시에 비행을 위한 필수 조건이기 때문이다. 모터 보트가 극복해야 할 주요 장애물은 프로펠러에 부딪히는 물이다. 그러나 그 저항 없이는 보트가 움직일 수 없다.

마찬가지로 인간의 삶에서도 장애물이 성공의 조건이다. 장애나 역경이 없는 인생은, 가능성도 에너지도 제로로 만들 것이다. 문제가 없어지면 삶에 창조적 긴장감이 사라져버린다. 대중의 무지는 교육의 존재 의미이고 병은 의학의 존재 의미이며, 사회적 무질서는 정부가 존재해야 할 이유다.

누구나 자기 인생에서 문제와 의무를 없애버리고 싶어 하는 경향이 있다. 나는 이런 유혹이 생기면 한 젊은이가 외로운 노인에게 했던 질문을 떠올린다. 젊은이가 "인생에서 가장 무거운 짐은 무엇인가요?"라고 묻자 노인이 슬프게 중얼거렸다. "짊어지고 가야 할 짐이 아무것도 없는 것이지."

사람들의 잠재력을 믿고, 그 믿음을 표현하라

오늘, 누군가에게 믿음을 표현해 그에게 '중요한 순간'을 만들어주자.

철학자이자 시인이었던 요한 볼프강 폰 괴테는 말했다. "누군가를 현재 눈에 보이는 대로 대하라. 그러면 그 사람은 더 나빠질 것이다. 그러나 이미 자신의 잠재력을 끝까지 발휘한 사람처럼 대해보라. 그러면 그는 기대에 부응하는 사람이 될 것이다."

자신의 삶에 영향을 주었던 사람들을 생각해보라. 내게 성공할 수 있다는 믿음을 준 선생님, 내 능력을 보여줄 기회를 준 상사, 내게 변화할 수 있고 더 나은 삶을 살 수 있음을 일깨워준 상담 교사, 나와 결혼을 약속할 만큼 나를 사랑한 배우자. 그들은 내 인생의 중요한 순간에 거기 '있어' 주었을 뿐 아니라 내 인생의 중요한 순간을 '만들어' 준 사람들이다.

그 사람들이 내게 긍정적인 영향을 미쳤던 거의 모든 순간, 그들은 나를 신뢰하고 있었다. 그들은 나 자신도 미처 몰랐던, 내 안에 있는 뭔가를 보았는지도 모른다. 당신도 다른 사람들에게 그런 사람이 되고 싶지 않은가? 그렇다면 그들을 사랑하고, 그들에게 만점을 주려고 노력하라. 가족이 있다면 배우자나 자녀들부터 시작하라. 그런 다음 범위를 넓혀가라. 사람들이 지닌 최고의 능력을 믿어라. 그러면 그들의 최선을 끌어낼 수 있을 것이다.

선의의 경쟁을 하라

같은 분야에서 일하는 사람들과 자신의 성취도를 비교해보고
평가하는 시간을 마련하자.

직장에서 내가 얼마나 효율적으로 일하고 있는지 측정할 수 있는 가장 빠른 방법은 무엇일까? 대부분 월간 목표나 연간 목표같이 장기적인 측정 도구는 가지고 있을 것이다. 그러나 오늘 했던 일을 평가하고 싶다면 어떻게 할 것인가? 어떻게 그것을 측정할 것인가?

오늘 해야 할 일의 목록을 볼 수도 있다. 하지만 목표가 지나치게 낮게 설정되어 있다면? 아니면 상사에게 물어볼 수도 있을 것이다. 그러나 가장 좋은 방법은 나와 같은 분야에서 일하는 사람들이 어떻게 하는지 보는 것이다. 내가 그들보다 현저하게 뒤처져 있거나 훨씬 앞서 나가고 있다면 뭔가 집히는 게 있지 않을까? 만약 뒤처져 있다면 내가 잘못하고 있는 것이 무엇인지 알아보려고 하지 않을까? 이것이 스스로를 평가하는 유일한 방법은 아니지만, 현실을 파악하기에 좋은 도구임은 분명하다.

주변 사람들을 발전시켜라

오늘, 누군가의 성장을 돕기 위해 내가 할 수 있는 일은 무엇인가.

내 주변 사람들이 성장하도록 돕는 데에 나의 시간을 따로 떼어놓는 것, 이것이 나의 원칙이다. 어떤 사람은 내게 "목사님은 벌써 10년 이상 일부러 시간을 내서 저의 멘토가 되고, 코치가 되어주었습니다"라고 말하기도 한다. 나는 나와 함께 일하며 성장했던 리더들을 위해 조언하고 상담할 시간을 마련한다. 그들이 어려운 상황에서 분투할 때 도움을 주기 위해서다. 또한 정기적으로 시간을 할애해서 그들이 리더의 자격을 갖출 수 있도록 훈련시킨다. 내가 한 달에 한 번 하는 리더십 강의가 들을 만한 가치가 있다고 말하는 사람들도 있다. 또 나와 함께했던 경험을 상기시켜주는 사람도 있었다. 그녀는 "존 맥스웰 목사님은 언제나 자기 주변 사람들에게 그분이 누리는 특권과 기회들을 공유할 수 있게 해주지요"라고 말했다.

나는 내 주변 사람들에게 줄 수 있는 것을 모두 주려고 노력한다. 때로는 그들과 함께 시간을 보내는 것일 수도 있고, 때로는 인도자의 역할일 수도 있다. 뿐만 아니라 귀중한 경험을 나누어줄 수 있으면 그렇게 한다. 예를 들면 어떤 직원이 나의 주선으로 세계에서 가장 큰 교회 목사인 한국의 조용기 목사와 함께 조찬을 했던 적이 있었다. 또 다른 한 직원은 빌리 그레이엄 목사를 직접 만날 날을 늘 꿈꿔왔는데, 내가 그분을 만날 기회가 생겼을 때 그 직원을 데려간 적이 있다. 이 두 사건은 우리 직원들을 몹시 흥분시켰다. 그러나 그 두 사건이 내가 그들과 일상을 공유하고 성장해나가는 경험보다 더 가치 있다고 할 수는 없다. 나는 항상 주변 사람들과 나 자신을 공유할 기회들을 찾는다. 여러분도 그렇게 하기 바란다.

11

November

조직에 적응하라

팀의 성공을 위해 나를 팀에 맞출 수 있는가?

팀워크와 자기 주장은 함께할 수 없다. 다른 사람들과 협업을 잘하고 싶고, 좋은 팀플레이어가 되고 싶다면 자신을 팀에 맞춰야 한다. 적응력이 높은 팀플레이어에게는 다음과 같은 특징이 있다.

학습 능력이 좋다. 작가이자 저널리스트인 다이애나 나이애드는 이렇게 말했다. "나는 무슨 일이든지 경험할 의향이 있다. 내게 있어서 일시적 고통이나 불편은 아무것도 아니다. 그 경험이 나를 새로운 세계로 데려다줄 것이란 사실을 알기만 한다면 말이다. 나는 미지의 것에 흥미를 느낀다. 그리고 미지의 것에 이르는 유일한 길은 장벽을 깨는 것뿐이다." 적응력이 높은 사람은 항상 새로운 분야를 개척하는 일을 최우선 순위에 둔다. 그들은 학습 능력이 탁월하기 때문이다.

정서적으로 안정되어 있다. 정서적으로 불안정한 사람들은 거의 모든 일을 자신에 대한 도전이나 위협으로 여긴다. 그들은 팀에 재능 있는 사람이 들어오거나, 직책이나 직위 또는 기존의 업무 처리 방식에 변화가 생기면 경직되거나 의심부터 한다. 반면에 안정적인 사람들은 새로운 상황에 부딪히거나 업무에 변화가 생기면, 먼저 변화를 통해 얻을 수 있는 혜택을 생각하고 그것을 바탕으로 상황을 평가한다.

창의적이다. 창의적인 사람들은 힘든 상황이 닥치면 해결 방법을 찾는다. 그리고 창의력은 적응력을 길러준다.

봉사 정신이 있다. 자기 자신에게 집중하는 사람들은 변화에 다소 소극적일 수 있다. 팀의 목표 달성을 자신의 목표로 삼으면, 팀의 변화에 적응하는 일이 어렵지 않다.

팀플레이어가 되기 위한 첫 번째 열쇠는 팀이 자기에게 맞춰줄 것을 기대할 것이 아니라 흔쾌히 자신을 팀에 맞추는 것이다.

20 대 80의 법칙

오늘 내가 하는 모든 일에 20 대 80의 법칙을 적용해보자.

오래전 경영학을 공부할 때, '파레토 법칙'에 대해 배웠다. 이 법칙은 흔히 20 대 80의 법칙이라고도 하는데, 당시 나는 이 법칙을 몰랐는데도 이를 내 삶에 적용하기 시작했다. 그리고 20년이 지난 후에야 나는 이 법칙이 개인이든 조직이든 우선순위를 정하는 데 아주 유용한 도구임을 알게 되었다.

리더라면 누구나 인사 관리나 리더십 분야에서 파레토의 법칙을 이해할 필요가 있다. 가령, 어떤 회사의 실적을 100이라고 했을 때, 그 회사 직원의 20퍼센트가 실적의 80퍼센트를 달성한다는 법칙이다.

다음은 조직의 생산성을 높이기 위해 리더가 취해야 할 전략들이다.

1. 상위 20퍼센트의 생산성을 내는 직원들을 파악하라.
2. 직원 관리에 쏟는 시간의 80퍼센트를 이들 상위 20퍼센트에 투자하라.
3. 모든 직원에게 지급하는 자기계발 비용의 80퍼센트를 이들 상위 20퍼센트에 투자하라.
4. 전체 수익의 80퍼센트 성과를 올리는 업무 20퍼센트를 알아내라. 그리고 업무 효율성이 떨어지는 나머지 80퍼센트의 업무에는 보조 직원을 훈련시켜 투입하라. 그렇게 하면 생산성 높은 직원들이 비효율적인 업무에서 해방되어 자기 능력을 최대한 발휘할 수 있게 된다.
5. 생산성 상위 20퍼센트의 직원들에게 그 바로 아래 20퍼센트의 직원들에 대한 현장 훈련을 맡겨라.

기억하라. 우리는 자기가 아는 것만 가르칠 수 있고, 자기와 똑같은 사람을 만들어낸다. 콩 심은 데 콩 나고 팥 심은 데 팥 나는 법이다.

자신의 가치를 높여라

나의 가치를 높이기 위해 지식과 경험, 능력을 확장시킬 방법을 강구하자.

"자기에게 없는 것을 줄 수는 없다"라는 이야기가 있다. 세상에는 마음씨도 착하고, 베풀려는 마음도 있지만, 줄 수 있는 게 거의 없는 사람들이 있다. 왜 그럴까? 자기 스스로의 가치를 높이지 않았기 때문이다. 자신의 가치를 높이는 일이 전적으로 이기적인 행동이라고 할 수는 없다. 지식을 습득하거나 새로운 기술을 익히고 경험하면, 자신만 발전하는 게 아니라 다른 사람들을 도울 수 있는 능력 또한 향상된다.

1974년에 나는 개인적인 성장을 추구하겠다고 나 스스로에게 약속했다. 그렇게 하면 더 훌륭한 목회자가 될 수 있다는 사실을 알았기 때문이다. 그래서 꾸준히 독서를 하고, 강연 테이프를 듣고, 컨퍼런스에 참석하고, 나보다 훌륭한 리더들로부터 배우기 시작했다. 그 당시에는 그런 노력이 다른 사람을 돕는 데 가장 중요하고 필요한 일이라고 생각조차 못했는데, 세월이 지나면서 그게 사실이라는 것을 깨닫게 되었다. 자기가 성장할수록 다른 사람들의 발전에도 더 큰 도움을 줄 수 있다. 여러분도 예외가 아니다.

능력을 확장시키는 방법을 가르쳐라

팀원들이 개인적으로 성장하고 앞날에 대한 계획을 세울 수 있도록 지도하자.

"모든 교사의 목표는 교사 없이도 학생 스스로 잘 해나갈 수 있는 준비를 시키는 것"이라는 말이 있다. 이는 다른 사람들의 능력을 확장시킬 임무가 있는 리더들에게도 적용된다. 함께 일하는 사람들의 능력을 확장시키려면, 그들에게 필요한 것을 주어 자기 자신을 관리할 수 있게 하라. 자기 안에 있는 자원을 찾아내는 법을 가르치고, 스스로의 힘으로 타성에서 벗어나도록 독려하라. 그리고 그들이 배우고 성장하는 데 도움을 줄 수 있는 사람들을 알려주라. 그들이 평생 배우는 자세로 살아갈 수 있게 해준다면 당신은 그들에게 엄청난 선물을 준 것이다.

"다른 사람들을 풍요롭게 해주지 못하는 사람은 결코 풍요로워질 수 없다"라는 말이 있다. 사람들이 스스로 능력을 확장시키고 성장하는 것을 도와 그들이 풍요로워지면 그들뿐 아니라 나 자신도 기쁨을 느낄 수 있다는 의미다. 이는 다른 사람들의 삶에 감동을 선사할 수 있는 능력을 키워주고, 나 자신의 영향력까지 높여준다.

비전이 주는 메시지

오늘, 비전에 대해 팀원들과 다시 소통하자.

팀을 이끄는 리더는 팀의 비전에 대해 소통하고, 팀원들이 그 비전을 지속적으로 마음에 새기게 해야 할 책임이 있다. 결코 쉬운 일은 아니다. 나는 팀원들과 함께 비전을 만들 때, 다음의 체크리스트를 활용한다. 비전에 담긴 메시지가 필요한 사항들을 갖추고 있는지 확인하기 위해서다.

- **명확성** 비전에 관한 이해를 쉽게 한다.
- **연결성** 과거와 현재, 미래를 통합한다.
- **목적** 가야 할 방향을 제시한다.
- **목표** 달성해야 할 내용을 명확히 한다.
- **진솔함** 비전에는 진실성을, 비전을 만든 사람에게는 신뢰감을 준다.
- **이야기** 비전을 중심으로 관계를 형성한다.
- **도전** 비전을 확장시킨다.
- **열정** 비전을 타오르게 할 연료가 된다.
- **모델 제시** 비전에 책임감을 부여한다.
- **전략** 비전을 실현하는 데 필요한 과정을 제시한다.

위 확인 사항들을 따른다면 팀원들이 좀 더 쉽게 비전에 접근하고, 즉각적으로 받아들일 수 있을 것이다. 그렇게만 되면 팀원들의 방향성과 자신감이 높아지는 것은 시간문제다.

실패는 가장 좋은 친구

부정적 경험을 더 나은 행동으로 이끌어주는 촉진제로 활용하자.

부정적인 경험을 통해 뭔가를 배우고 그 경험을 긍정적으로 받아들일 수 있다면, 그건 인생의 중대한 전환점을 만드는 것과 같다. 나는 오랫동안 '변화'라는 주제를 이해하는 데 도움이 된다고 생각하는 것들을 가르쳐왔다.

사람들은 이럴 때 변화한다⋯⋯
변화해야 할 만큼 큰 상처를 입었을 때
변화를 원할 만큼 많은 것을 알게 되었을 때
변화할 수 있을 만큼 많은 것을 얻었을 때

그런데 1998년 12월 18일, 나는 위에서 언급한 말이 진실임을 확실히 깨달았다. 그날 회사에서 나는 가슴에 심한 통증을 느끼며 정신을 잃고 쓰러졌다. 심각한 심근경색이었다. 심근경색은 무서운 경험이었지만, 나는 하느님께서 그 과정을 통해 내게 큰 자비를 베푸셨다고 생각한다. 내 심장병 주치의인 마셜 박사는 일찌감치 심근경색을 경험했던 사람들은 한 번도 심근경색을 겪어보지 않은 사람들보다 훨씬 건강하고 오래 사는 법을 알게 된다고 했다. 나도 그 경험을 통해 교훈을 얻겠다는 각오를 했다. 식이요법을 시작하고, 운동을 하고, 더욱 균형 잡힌 삶을 살기 위해 노력했다. 그렇게 하려면 때때로 힘들고 어렵다는 점은 인정하지만, 잘 견뎌내고 있다.

나는 철학자인 짐 론이 했던 말에 진심으로 동의한다. "배움을 아는 것으로 끝나게 하지 마라. 행동으로 이어지도록 하라."

이름을 기억하라

오늘, 내가 만나는 사람들의 이름을 반드시 기억하자.

1937년 탄생한 데일 카네기의 《인간관계론How to Win Friends and Influence People》은 '관계의 기술'에 관한 최고의 책으로, 오늘날까지 3,000만 부이상 팔려나갔다. 이 책이 더욱 가치 있는 건 인간의 본성에 대한 카네기의 이해였다. 나는 단순하고 지혜로운 그의 가르침을 좋아한다. 내가 카네기로부터 배운 교훈은, '사람의 이름을 기억하고 불러주라'는 것이다. "우리는 이름이 가지고 있는 마법을 인식해야 한다. 이름은 한 개인을 다른 사람들과 구별해주고, 사람들 속에서 그 사람을 드러나게 해준다. 어떤 상황에 직면할 때 상대의 이름을 불러주면 우리가 전달하는 정보나 원하는 요구가 그에게 유독 중요하게 다가갈 것이다. 식당 종업원에서 대기업의 경영진에 이르기까지 사람들을 상대할 때 이름은 특별한 마법을 발휘한다."

1937년에 진실이었던 이 교훈이 빠르게 변화하는 오늘날에 와서 더욱 빛을 발하는 것은 재미있는 일이다. 오늘날에는 계정번호나 직책이 사람들의 이름을 대신하는 경우가 많기 때문이다. 사람의 이름을 기억하면 당신의 이미지가 좋아지고 품격도 높아진다. 그러나 무엇보다 중요한 점은 다른 이들에게 미치는 영향력이 증대된다는 사실이다.

언제나 변화할 준비를 하라

나는 상황이 변할 때마다 즉각적이고 유동적으로 대처할 수 있는가?

나폴레옹 보나파르트는 전쟁사상 가장 위대한 장군 중 한 사람으로 기록된다. 그는 스물여섯 살의 나이로 정식 장군으로 진급했고, 자신의 장기인 기민한 전략, 강인하고 민첩한 대처, 전격적인 속도전을 활용하여 수많은 승리를 거두었다. 워털루 전쟁에서 그를 패배시켰던 최대의 라이벌 웰링턴 공작은 "전쟁터에서 나폴레옹의 존재는 병사 4만 명과 맞먹을 정도다"라고 말하기도 했다.

나폴레옹이 패배한 적장에게 이런 말을 한 적이 있다. "당신이 항상 저지르는 실수는 전투 바로 전날 전략을 짠다는 것이다. 그때는 아직 적의 동태를 파악할 수 없지 않은가?" 유연성이 뛰어났던 나폴레옹은 패배한 적장의 약점을 알고 있었다. 바로 유연성 부족이었다. 변화를 기꺼이 받아들이고 팀의 목적에 맞춰 자신을 변화시킨다면 언제라도 승리의 기회를 잡을 수 있을 것이다.

신뢰의 척도

나는 어디에, 누구와 있든 상관없이
진실한 마음으로 일관성 있게 행동하고 있는가?

인간관계에서 진실성이 갖는 가장 큰 장점은 나를 신뢰할 수 있는 사람으로 만들어준다는 점이다. 사람들의 신뢰를 얻지 못하면 아무것도 할 수 없다. 신뢰는 구성원들을 결속시키는 접착제인 동시에 영향력을 얻을 수 있는 열쇠다. 또한 개인적 관계는 물론 업무상 관계에 있어서도 매우 중요하다.

한때는 신뢰할 수 없는 이유가 생기기 전까지는 사람들이 서로 신뢰한다고 생각했을지도 모른다. 그러나 오늘날에는 신뢰성부터 입증해보여야 한다. 그것이 바로 영향력을 얻는 데 진실성이 중요한 이유이다. 빈틈없는 인격의 본보기를 보여줄 때만 사람들의 신뢰를 얻을 수 있다.

"어린아이들을 대할 때, 타이어에 펑크가 났을 때, 상사가 자리를 비웠을 때 그리고 자기가 한 일을 아무도 모를 것이라 생각할 때를 봐야 그 사람이 정말로 어떤 사람인지 알 수 있다"라는 말이 있다. 어디에 있든, 누구와 있든, 어떤 상황에 놓여 있든 일관성을 유지하고 원칙을 지키는 사람이 되라.

마음에 없는 얘기는 하지 마라

가장 가까운 사람들에게 나의 언행이 일치하는지 물어보자.

리더가 된다는 것은 사람들의 신뢰를 얻는 것이다. 윈스턴 처칠은 "정치가로서 가장 근본적인 자질은 무엇인가?"라는 질문에 이렇게 대답했다. "다음 날, 다음 달, 다음 해에 무슨 일이 일어날지 예측하는 능력입니다. 그리고 나중에 그 일이 왜 일어나지 않았는지 설명할 수 있는 능력이기도 합니다." 처칠은 20세기를 살았던 그 누구보다 정치의 역동성에 대해 잘 알고 있었다. 정치 지도자들은 엄청난 중압감을 느낀다. 그 중압감을 이기지 못해 무너지기도 하고, 자기가 진정으로 믿는 것보다는 사람들이 듣고 싶어 하는 말을 하기도 한다. 그러다가 모든 정치인들의 발목을 잡는 부정적 평판에 시달려야 한다.

사람들의 신뢰를 얻고 싶다면 능력 그 이상이 필요하다. 믿을 만한 사람이 되어야 하고, 한결같은 모습을 보여야 한다. 이런 자질을 얻기 위해서는 내가 하는 말에 따르는 행동 그리고 행동에 따르는 말들, 이 모든 것이 서로 일치해야 한다. 언행이 일치한다면 함께 일하는 동료들이 내가 믿고 의지할 수 있는 사람이라는 사실을 조만간 알게 될 것이다.

감정을 다스려라

나는 어떤 감정에 자양분을 주고 있는가? 믿음과 용기를 기르는 감정을 선택하자.

살아가면서 우리 내면에서는 믿음도 생기고 두려움도 일어난다. 무엇이 내 안의 주인이 될지는 본인이 선택할 문제다. 누군가는 이렇게 썼다.

> 내 마음 속에는 두 가지 본성이 싸우고 있다.
> 하나는 추악한 것이고, 다른 하나는 성스러운 것이다.
> 하나는 내가 사랑하는 것이고, 다른 하나는 내가 혐오하는 것이다.
> 내가 자양분을 주어 자라게 하는 것이 결국 내 마음의 주인이 될 것이다.

이들 두 감정은 '늘' 우리 안에 존재한다. 우리가 지속적으로 자양분을 주는 감정이 우리의 삶을 지배할 것이다. 두려움이 저절로 사라지기만을 바라서는 안 된다. 계속해서 두려움에 집중하고, 두려움의 기분을 맞춰주고, 두려움에 굴복한다면 두려움은 더욱 커질 것이다.

두려움을 극복할 궁극적인 방법은 두려움을 굶주리게 하는 것이다. 자신의 두려움에 시간과 에너지를 쏟지 마라. 가십거리나 부정적인 뉴스, 공포 영화 같은 것들로 두려움에 자양분을 공급하지 마라. 자신의 믿음에 집중하고 거기에 자양분을 공급하라. 믿음에 더 많은 시간과 에너지를 쏟으면 믿음은 더욱 강해질 것이다.

어떤 일을 하기가 겁날 때마다 주저하지 말고 일단 저질러보라. 그렇게 태도의 프로그램을 새로 짜야 한다. 두려운 생각이 들면 그것을 '정지'가 아닌 '출발' 신호로, '포기하라'가 아닌 '더 힘껏 싸워라'라는 의미로 받아들여라.

리더십은 하루아침에 생기지 않는다

나는 지금 리더십의 어느 단계에 있는가?

리더가 되는 것은 주식 시장에서 성공적인 투자를 하는 것과 매우 흡사하다. 하루 만에 떼돈을 벌려고 한다면 성공할 수 없다. 가장 중요한 것은 오랜 시간에 걸쳐, 매일 하는 것이다. 리더십 향상을 위해 지속적으로 투자할수록 당신의 '자산'은 복리로 늘어나고, 시간이 지나면서 필연적으로 '성장'이라는 결과가 따라올 것이다. 다음은 리더십 계발 단계다.

· 제1단계 내가 무엇을 모르는지 모른다. 자기가 무엇을 모르는지 모른다면, 성장할 수 없다.

· 제2단계 내가 배워야 한다는 것을 안다. 많은 사람들이 자신을 리더의 위치에 놓고 주변을 둘러보기만 한다. 그러면 자신을 따르는 사람이 아무도 없다는 사실만 알게 될 뿐이다. 그런 상황이면 사람들을 리드하는 법부터 배워야 한다.

· 제3단계 내가 무엇을 모르는지 안다. 하지만 내가 리더로 성장하기 위해 지녀야 할 기량이나 답을 모두 가지고 있지는 않다는 사실을 알고 있다. 성장을 위한 여정을 함께할 사람들이 필요하다.

· 제4단계 이제 알게 되었고, 성장하고 있다. 그리고 리더의 싹이 보이기 시작한다. 자신의 역량 부족을 깨닫고 개인적 성장을 위해 매일 단련을 시작한다면 가슴 뛰는 일들이 벌어질 것이다.

· 제5단계 내가 아는 것들을 믿고 그저 앞으로 전진한다. 리더십 능력이 거의 자동적으로 발휘된다. 엄청난 직관력이 길러졌다. 이 단계에 이르면 굉장한 보상이 따를 것이다.

나는 사람들이 모여 있는 곳으로 가서 "당신들 여기 있었군요"라고 하는가?

앨런 짐머만이 성공적인 변호사이자 세일즈맨에다 미국연설가협회의 설립자인 캐빗 로버츠에 관한 일화를 들려주었던 적이 있다.

어느 날 아침, 로버츠가 창밖을 내다보고 있는데 집집마다 문을 두드리며 책을 팔고 있는 깡마른 소년이 눈에 들어왔다. 소년은 열두어 살 정도 되어보였다. 이제 그 소년이 로버츠의 집을 향해 오고 있었다. 로버츠는 아내를 돌아보며 말했다. "내가 저 아이에게 세일즈에 관해 한 수 가르칠 테니 당신은 보고만 있어요." 부인은 자기 집 현관문을 두드리는 소년을 보았다. 로버츠가 문을 열더니 빠른 말투로 자기는 아주 바쁜 사람이라고 했다. 그는 책을 살 마음이 전혀 없었음에도 소년에게 말을 건넸다. "내가 너에게 1분을 주지. 1분 후에 나는 나가야 해. 비행기를 타러 가야 하거든."

어린 세일즈맨은 로버츠가 완전히 무시하는데도 전혀 주눅 들지 않았다. 소년은 그저 키가 크고, 머리가 희끗희끗한, 준수한 외모의 신사를 뚫어지게 바라보기만 했다. 소년은 로버츠가 꽤 유명한 사람이고 상당한 부자라는 사실을 알고 있었다. 소년이 물었다. "선생님, 혹시 선생님이 그 유명한 캐빗 로버츠씨인가요?" 그 물음에 대한 로버츠의 대답은 "애야, 안으로 들어가서 얘기할까?"였다.

결국 로버츠는 소년이 파는 책을 몇 권 샀다. 그가 결코 읽지 않을 법한 책들이었다. 그 소년은 상대가 스스로를 중요하다고 느끼게 만드는 방법을 잘 알고 있었고, 그것이 효과를 발휘했던 것이다.

카리스마는 한마디로 이렇게 요약할 수 있다. 카리스마가 '없는' 사람은 사람들이 모여 있는 곳으로 걸어가서 "나 여기 왔어요"라고 하고, 카리스마가 '있는' 사람은 "당신들 여기 있었군요"라고 말한다.

가족과 함께하라

가장 가까운 사람들이 나를 사랑하고 존경하는가?

결혼 생활 초기, 아내 마거릿과 나는 내 직업상 여행할 기회가 꽤 많다는 사실을 알게 되었다. 그래서 우리는 출장지가 흥미로운 곳이거나 재미있어 보이는 행사가 잡히면 함께 다니기로 했다. 경제적으로 어려울 때도 계속 그렇게 했다. 나는 업무차 출장을 갈 때도 가족을 데리고 가기를 좋아한다. 내게 주어진 기회와 여행이 주는 혜택을 공유하고 싶기 때문이다. 그렇게 했던 여행들은 정말 재미있었다. 그러나 가족과 함께 세계 곳곳을 함께 다녔던 그 여행과는 비교할 수 없는 또 다른 여행이 있다. 바로 성공으로 가는 여정이다.

다행히 요즘은 가정을 파탄내고 행복을 바라는 것은 환상이라는 사실을 깨달은 사람들이 점점 많아지고 있다. 결혼 생활을 포기하거나 자녀를 소홀히 대하면 진정한 성공을 얻을 수 없다. 단란한 가정을 이루고 유지하는 것은 성공으로 가는 여정뿐 아니라 모든 면에서 이롭다.

나는 내가 인생에서 거둔 최고의 성취는 바로 마거릿과 결혼한 일이라고 생각한다. 우리는 모든 면에서 좋은 파트너이며, 아내가 없었다면 그 어떤 성공도 이루지 못했을 것이다. 몇 년 전, 나는 가장 가까운 사람들로부터 애정과 존중을 받지 못한다면 이 세상 어떤 성공도 의미가 없다는 사실을 알게 되었다. 나는 내 인생의 종말이 다가올 때 아내 마거릿과 두 아이, 엘리자베스와 조엘 포터가 내게 좋은 작가이고 강연가이고 목사이고 리더라고 말해주기를 원치 않는다. 나는 아이들에게는 좋은 아버지, 아내 마거릿에게는 좋은 남편이길 바란다. 이것이 가장 중요하며, 진정한 성공을 재는 척도이다.

사람들의 사연을 기억하라

오늘, 상대방의 사연을 이끌어내는 것으로 관계의 첫 단추를 끼우자.

누군가의 사연에 대해 알아야 하는 이유는 수없이 많다. 다음은 그 일을 실천하기 위해 동기 부여를 해주는 몇 가지만 고른 것이다.

- "당신은 좀 특별할 것 같은데요"라는 말로 그 사람의 이야기를 듣고 싶다고 '요청한다.'
- "당신은 특별해요"라는 말로 그 사람의 이야기를 '기억해준다.'
- "당신은 제게는 특별합니다"라는 말로 그 사람의 이야기를 '되새긴다.'
- "당신은 다른 사람들에게도 특별한 사람일 것입니다"라는 말로 그 사람의 이야기를 다른 사람들에게 '반복해서 들려준다.'

그 결과는 상대방에게 당신이 아주 '특별한' 존재가 된다는 것이다.

새로운 사람을 만나면 소개가 끝나고 가벼운 대화가 몇 마디가 오간 다음에는 주저하지 말고 그 사람에게 몰두하라. 그리고 그의 사연에 대해 물어보라. 방법은 얼마든지 있을 것이다. 그저 단순하게 "당신 얘기 좀 해보세요"라고만 물어도 된다. 상대에게 그 자신의 이야기를 들려 달라고 청하라. 어디 출신인지, 어떻게 그 분야에서 일하게 되었는지 물을 수도 있다. 그저 자연스럽게 내 방식대로 하면 된다.

강점의 한계를 확장하라

나와 다른 생각, 다른 행동을 하는 사람들과 함께 시간을 보내자.

우리는 직장 밖에서도 자신과 같은 강점을 지닌 사람들을 존중하고 그들에게 끌리는 경향이 있다. 스포츠 선수들은 선수들끼리 어울리고, 배우들은 배우들끼리 결혼하고, 기업가들은 다른 기업가들과 사업에 관한 이야기를 나눈다. 문제는 자신과 비슷한 사람들과 어울리는 시간이 지나치게 많아지면, 자신이 속한 세계가 너무 좁아지고 사고가 제한된다는 점이다.

내가 창조적인 유형이라면 나가서 분석적인 사람을 만나보라. 예민하고 쉽게 긴장하는 사람은 느긋한 사람들의 강점을 인정하라. 사업을 하는 사람이면 비영리 단체에서 활동하는 사람들과 시간을 보내고, 사무직에서 일하는 사람이라면 현장 노동자들과 교제해보라.

자신과 상반되는 강점을 지닌 사람들을 만나면, 그들의 능력에 찬사를 보내고 그들에 대해 좀 더 알려고 노력하라. 그러면 경험의 폭이 넓어지고 사람들에 대한 이해도 높일 수 있을 것이다.

위험을 피하지 마라

어떤 식으로든 벼랑 끝으로 나가보자.

인생은 위험을 의미한다. 자기 관리를 소홀히 하는 사람들은 실패할 것을 걱정하기보다는 시도해보지도 않은 채 놓쳐버린 기회를 걱정해야 한다. 연설문 작가인 찰스 파넬이 이에 대해 했던 말이 있다. "너무나 많은 사람들이 '가사 상태'에 빠진 것처럼 살아가고 있다. 그들은 인생을 번트만 대고 살아간다. 실패할까봐 두려워 큰 상은 받을 엄두도 내지 않고, 홈런이 주는 짜릿한 기분도 결코 알지 못한다. 뿐만 아니라 원 스트라이크에서도 방망이를 휘두르지 않는다."

프랑스의 시인 기욤 아폴리네르는 이렇게 썼다.

벼랑 끝으로 오너라
싫어요, 벼랑 아래로 떨어질 거예요
벼랑 끝으로 오너라
싫어요. 벼랑 아래로 떨어질 거예요
그리고 그들이 벼랑 끝으로 오자
그분은 그들을 벼랑 아래로 밀었다.
그러자 그들은 하늘을 날았다.

하늘을 날기 위해서는 먼저 벼랑 끝으로 가야만 한다. 기회를 잡고 싶다면 위험을 감수해야 한다. 성장하고 싶다면 실패를 해야 한다. 자신이 가진 잠재력을 최대한 발휘하고 싶다면 위험을 감수해야 한다. 그렇지 않으면 모든 것을 접고 평범한 삶을 택해야 할 것이다. 실패하지 않은 사람은 언젠가는 실패하는 사람들 밑에서 일하게 된다. 그리고 결국은 자신이 택했던 안전한 삶을 후회하게 될 것이다.

협력의 힘

오늘, 작정하고 내가 하는 모든 일에 협동과 협력의 기운을 불어넣자.

나는 협력적인 사람인가? 팀에 해를 입히지 않는다고 해서 팀의 이익을 위해 일한다고 말할 수는 없다. 나는 협력을 통해 팀원들의 가치를 높이고 있는가? 심지어 같이 일하고 싶지 않은 사람들과도 협력할 수 있는가? 팀에 기여하는 사람이 되기 위해서는 다음과 같은 자세가 필요하다.

나, 팀원, 팀 모두의 성공에 대해 생각하라. 다른 사람들과 협동하면 나 자신뿐 아니라 동료와 팀 전체까지 성공하는 결과를 이끌어낼 수 있다. 팀 안에서 나와 비슷한 업무를 하는, 경쟁 관계에 있는 사람을 찾아라. 그리고 나와 팀 모두에게 이득이 될 수 있도록 그 사람과 정보를 공유하고 함께 일할 수 있는 방법을 찾아라.

팀원들과 상호 보완적으로 일하라. 협조의 또 다른 방법은 내가 취약한 부분에서 강점을 지닌 사람과 함께 일하는 것이다. 반대의 경우도 마찬가지다. 팀 내에 나와 상호 보완적인 자질을 가지고 있는 사람을 찾아서 그와 함께 일하도록 하라.

자신은 한 발짝 물러서 있어라. 무엇이 팀에 최선인지 묻는 습관을 들여라. 다음번에 문제 해결을 위한 회의가 열렸을 때, 팀원들이 모두 아이디어를 내고 있다면 내 아이디어를 내세우지 마라. 내가 한 발짝 뒤로 물러나 있을 때, 팀원들이 어떻게 달라질지 생각해보라. 그리고 그 편이 더 나을 것 같으면, 적극적으로 팀원들을 참여시키고 발전시킬 수 있는 아이디어를 제안하라.

절차를 생략하지 마라

지름길로 가려고 하면 결코 성과를 낼 수 없다는 사실을 기억하자.

'성공'을 막는 장애물 중에는 과정을 생략하고 지름길을 택하려는 욕구도 포함된다. 그러나 장기적으로 볼 때 지름길은 결코 좋은 성과를 내지 못한다. 많은 사람이 가치 있는 것을 성취하는 데 소요되는 시간을 과소평가하는 경향이 있다. 그러나 성공하려면 꼭 지불해야 하는 대가가 있다. 제임스 와트는 증기 기관을 완성하기까지 20여 년이라는 시간을 대가로 지불했고, 근대 의학의 선구자 윌리엄 하비는 인체에서 혈액의 순환 방식을 알아내기 위해 8년 동안 밤낮으로 실험에 몰두했다. 뿐만 아니라 그의 이론이 옳다는 것이 의학적으로 입증되는 데까지는 그로부터 또다시 25년의 세월이 필요했다.

과정을 무시하는 것은 자기 수양과 인내심 부족 때문이다. 그러나 과정을 차근차근 밟아간다면 성공의 돌파구를 찾아낼 수 있다. 작가 앨버트 그레이는 "성공을 이루는 공통분모는 실패하는 사람들이 하기 싫어 하는 일을 습관처럼 몸에 익히는 것이다"라고 말했다.

내가 끊임없이 기분이나 충동에 좌우된다면 일에 대한 접근 방식을 바꿀 필요가 있다. 최선의 방법은 스스로 '책임감이 요구되는 기준'을 세우는 것이다. 기준이 없다면 일을 완수하지 못한 데서 오는 괴로움 때문에 무리하게 일을 계속 추진하게 될 것이다. 그러나 적절한 기준을 세웠다면 기분에 좌우되지 말고 그 기준에 따라 일하라. 그렇게 하면 계속 올바른 방향으로 갈 수 있을 것이다.

자기 수양은 훈련을 통해 얻어지는 자질이다. 심리학자 조셉 맨쿠시는 "진정으로 성공한 사람은 저절로 되지 않는 일들을 해내는 법을 익힌 사람이고, 진정한 성공은 두려움과 혐오감에도 불구하고 그 일을 끝까지 해낼 수 있는가에 달려 있다"라고 했다.

남들의 인정보다 성취가 중요하다

항상 정도를 걷고, 다른 사람의 좋은 점을 얘기하자.

세간의 인정은 변덕스럽고 일시적이다. 살아가면서 영향력을 미치고 싶다면 남에게 칭찬받을 일보다는 자신이 성취할 수 있는 중요한 일을 선택해야 한다. '어떤 집단에 속한 사람'이 되어서는 주어진 운명을 따라갈 수 없기 때문이다.

언젠가 한 친구가 이를 잘 설명해주는 일화를 들려주었다. 그는 어릴 때 대서양 연안에서 살았는데, 그곳 사람들은 꽃게를 잡아 저녁거리를 준비했다고 한다. 사람들은 꽃게를 잡으면 바구니나 양동이에 던져 넣었는데, 양동이 안에 꽃게가 한 마리만 들어 있으면 기어나가지 못하도록 뚜껑을 덮어두어야 하지만, 두 마리 이상이 들어 있으면 뚜껑을 덮지 않아도 된다는 것이었다. 그 친구의 설명을 듣기 전까지는 나는 도저히 그 상황을 이해할 수 없었다. 그 이유는 여러 마리가 한 양동이 안에 있으면 게들이 서로 위로 기어나가려고 다른 놈을 끌어내리기 때문에 한 놈도 밖으로 나가지 못한다는 것이었다.

나는 성공하지 못하는 사람들 중에 그 꽃게처럼 행동하는 사람들이 있다는 사실을 알게 되었다. 그들은 다른 사람들이 앞으로 나가는 것을 막기 위해 무슨 짓이든 한다. 다른 사람들이 자기 계발이나 변화를 이루려고 할 때, 그를 막기 위해 권모술수를 쓴다. 평범한 게 최고라고 주장하고 행동의 일관성을 보이지 않는 등 갖은 수단을 다 동원한다.

그러나 다행히 남들이 뭐라고 하든 내가 그런 사람들에게 휘둘리지 않으면 된다. 꽃게처럼 행동하기를 거부하고 바구니 밖에 남아 있을 수도 있다. 어쩌면 반대에 부딪히거나 불안정한 시기를 보내야 할지도 모른다. 그러나 동시에 자유로워지고 잠재력이 높아지며 만족감을 느낄 수 있을 것이다. 자기 자신뿐 아니라 다른 사람들과 함께 성장하라.

험담하지 마라

다른 사람의 험담을 하는 데 끼지도 말고, 누군가를 끌어들이지도 말자.

"위대한 사람은 아이디어에 대해 이야기하고, 보통 사람은 자기 이야기를 하고, 소인배는 다른 사람에 대해 이야기한다"는 말이 있다. 다른 사람 얘기가 바로 뒷담화다. 뒷담화는 우리를 소인배로 만든다. 험담에는 긍정적인 면이라고는 전혀 없다. 뒷담화는 험담을 하는 사람뿐 아니라 심지어 험담을 듣고 있는 사람의 가치마저 떨어뜨린다. 때문에 뒷담화를 하는 사람이 되어서도, 듣는 사람이 되어서도 안 된다.

내가 험담을 용납하지 않으면 도마 위에 올랐던 사람에게 미안한 생각도 안 들 것이고, 나 자신에 대해서도 흐뭇하게 느껴질 것이다. 뿐만 아니라 나에게 다른 사람의 험담을 하는 사람은 결국 언젠가는 다른 사람에게 나에 대한 험담을 할 것이 불 보듯 뻔하지 않은가.

영국 수상이었던 윈스턴 처칠은 "독수리는 입을 다물고 있지만 앵무새들은 재잘거리며 다닌다"라고 말했다. 좋은 리더들은 독수리와 같다. 그들은 하늘로 솟아오르고, 영감을 주고, 높이 난다. 그들은 내면의 목소리에 귀를 기울일 뿐 많은 말을 하지 않는다. 자기만족을 위해 누군가를 깎아내리는 말은 결코 하지 않는다.

누군가와 문제가 생기면 개인적으로 찾아가 직접 이야기하지 제3자를 통하지 않는다. 그들은 칭찬은 공개적으로 하고, 비판은 개인적으로 한다. 그리고 당사자가 듣고 싶어 하지 않을 이야기는 어떤 것도 다른 사람에게 옮기지 않는다. 왜냐하면 그 이야기가 결국엔 당사자의 귀에 들어가리라는 것을 알기 때문이다.

격려의 메시지는 오래 기억된다

오늘, 누군가에게 격려의 글을 써주자.

나는 오랫동안 사람들에게 개인적으로 메모를 써주는 일을 실천하고 있다. 써주고 나면 내가 무슨 말을 썼는지 잊어버릴 때도 종종 있지만, 가끔씩 메모를 받은 사람들이 그때 받은 메모가 얼마나 큰 힘이 되었는지 얘기할 때가 있다. 그럴 때 나는 손으로 직접 쓴 메시지가 사람들에게 얼마나 지속적이고 반복적인 격려가 되는지 다시금 되새긴다.

누군가가 좌절하거나 삶이 어려울 때, 우리가 건넨 격려의 말이 상대방을 얼마나 환하게 해주고 지탱해주는 힘이 되는지 모른다. 《마음을 열어 주는 101가지 이야기》 시리즈의 첫 권에 헬렌 로슬라 수녀 이야기가 실려 있다. 그녀는 자신이 가르치던 학급에 즉흥적으로 내주었던 어떤 과제가 학생들에게 얼마나 힘이 되었는지에 대해 얘기하고 있다.

언젠가 헬렌 수녀가 담당했던 고교 1학년 수학 반에는 유별나게 거친 학생들이 많았다. 어느 날 헬렌 수녀가 학생들에게 함께 수업을 듣는 친구들에 대해 좋아하는 점을 써보라고 했다. 그리고 학생들이 제출한 과제를 걷어 주말 내내 개인별로 목록을 작성했다. 그리고 다음 월요일에 아이들에게 그 목록을 나누어주었다.

몇 년이 흐른 뒤, 그때 학생 중 한 명이었던 마크가 베트남 전쟁에서 목숨을 잃었다. 그의 장례식에 참석했던 헬렌 수녀는 오랜만에 당시 같은 반이었던 제자들을 만났다. 그때 마크의 아버지가 문상 온 친구들에게 "마크가 죽을 때 지니고 있던 겁니다"라며 뭔가 건네주었다. 아버지가 내민 것은 수없이 접었다 폈다 해서 너덜너덜해진, 여기저기 테이프로 붙여놓은 한 장의 종이였다. 바로 헬렌 수녀가 오래전에 학생들에게 나누어주었던 그 목록이었다. 그러자 마크와 같은 반

친구였던 찰리가 "나도 그 목록을 서랍 속에 가지고 있어요"라고 했고, 이어 척의 부인도 "척은 그걸 저희 결혼 앨범에 보관하고 있답니다"라고 말했다. 여기저기서 "나도 가지고 있어요", "나는 일기장에 넣어 뒀어요"라는 소리가 들려왔다.

사람들은 자신이 받은 격려의 글을 소중히 간직한다. 그것이 바로 따뜻한 몇 마디 말이 지닌 힘이다.

유연하게 대처하라

내가 속한 조직에서 '이미 끝난 일'에 연연해하고 있는 경우가 없는지 찾아보고
올바른 방식으로 해결하자.

성취나 개인적 성장, 성공을 가로막는 가장 끈질긴 적은 아마도 '완고
함'일 것이다. 언젠가 한 친구가 '죽은 말을 다루는 10대 전략'이라는
글을 보내준 적이 있는데, 기막히게 재미있는 글이었다.

1. 강한 채찍을 산다.

2. 기수를 바꾼다.

3. 말에 대한 연구위원회를 구성한다.

4. 말을 소생시키기 위한 팀을 찾는다.

5. 사실은 말이 죽지 않았다는 공문을 돌린다.

6. '진짜 문제'를 찾아내기 위해 몸값이 비싼 컨설턴트를 고용한다.

7. 말의 속도와 효율성을 높이기 위해 죽은 말 몇 마리를 한데 묶는다.

8. 살아 있는 말에 대한 기준과 정의를 새로 쓴다.

9. 죽었을 때 비로소 말이 더 빠르고 저렴해지며 질이 좋아진다고 발표
   한다.

10. 죽은 말을 관리직으로 승진시킨다.

아마 직장에서 이런 '10대 전략' 중 한두 가지 정도가 시행되는 것
을 본 적이 있을 것이다. 그러나 사실 문제를 효과적으로 다룰 수 있
는 유일한 방법은 말이 죽으면 말에서 내리는 것이다. 변화를 좋아하
지 않는 사람이라도 성공을 위해서는 기꺼이 변화를 받아들여야만
한다.

맡은 일에 전념하라

더 많이 헌신하고, 자신이 중요하게 여기는 부분에 대해서는
태도를 확고히 하자.

나에게 '전념'은 얼마나 중요한 의미를 지니는가? 나는 업무 완수와 충성도를 가치 있게 여기는가? 상황이 힘들어질 때 굳건히 버티는 편인가, 아니면 적당히 타협하거나 그만두는 편인가? 좀 더 구체적으로, 나는 팀에 얼마나 전념하고 있는가? 나의 버팀목은 견고한가? 내가 헌신하고 있다는 점은 부인할 수 없는 사실인가?

자신의 가치와 헌신을 연계하라. 자신이 가치를 두는 일과 전념할 수 있는 능력은 긴밀하게 연관되어 있다. 이에 대해 생각할 시간을 가져야 한다. 먼저 개인적으로나 직업적으로 전념하고 있는 일의 목록을 만들어라. 그다음 자신의 핵심 가치들을 명확하게 작성하라. 두 개의 리스트가 모두 작성되면 그 둘을 비교해보라. 전념하는 일 중에 자신의 가치와 상관없는 일도 있을 것이다. 그런 것은 다시 평가하라. 또한 실천하지 못하고 있는 가치도 있을 것이다. 그런 것들에 전념하라.

위험을 감수하라. 어떤 일에 전념하게 되면 위험이 개입된다. 자신이 전념하고 있는 일이 실패할 수도 있고, 같이 일하는 팀원들에게 실망을 느낄 수도 있다. 목표를 달성한다고 해도 내가 원하는 결과가 나오지 않을 수 있다. 어찌되었던 전념하는 데에 따르는 위험을 감수하겠다는 자세가 중요하다.

팀원들의 헌신 수준을 평가하라. 어느 특정한 팀원과의 관계에 헌신하기 어렵고, 그 이유를 내 안에서 찾을 수 없다면 "나에게 헌신하지 않는 사람에게 내가 헌신할 수 없다"는 점을 고려해보라. 내가 헌신해야 할 대상이 신뢰할 수 없는 사람이어서 헌신하기가 꺼려지는 것은 아닌지 관계를 점검해보라.

실패는 성공으로 인도하는 길잡이

가슴을 활짝 열고 실패로 위장하고 찾아오는 축복을 받아들이자.

올리버 골드스미스는 1700년대 아일랜드에서 가난한 목사의 아들로 태어났다. 어릴 적 그는 '돌대가리'라고 불렸을 정도로 그리 뛰어난 학생이 아니었다. 대학 학위를 받긴 했으나 꼴찌로 졸업했다. 자기가 하고 싶은 일이 뭔지도 몰랐다. 처음에 목사가 되려 했으나 그 일은 적성에 맞지 않았을 뿐 아니라 목사로 안수를 받지도 못했다. 다음에는 법학에 도전했으나 실패했고, 그다음엔 의학 분야로 옮겼지만 거기서도 열정을 느끼지 못했다. 그 후에도 몇몇 직업을 전전했으나 모두 오래가지 못했다. 결국 그는 빈곤과 질병에 시달렸고, 먹을 것을 사기 위해 전당포에 옷을 맡겨야 할 지경까지 전락하기도 했다.

그는 결코 자신의 길을 찾지 못할 것 같았다. 그러나 결국 집필과 번역 분야에서 자신의 흥미와 적성을 발견해냈다. 처음에는《플리트 스트리트Fleet Street》지의 자유기고가로 시작했다. 점점 자기가 흥미를 느끼는 분야의 작품들을 쓰기 시작했고, 소설《웨이크필드의 목사The Vicar of Wakefield》로 작가로서의 명성을 굳혔다. 그는 〈버림받은 마을The Deserted Village〉이라는 시와 〈지는 것이 이기는 것She Stop to Conquer〉이라는 희곡 등을 발표하며 문학 전 분야에서 재능을 발휘했다.

내 친구인 팀 마스터스는 늘 실패가 성공을 이루는 데 부분적으로 기여한다고 말한다. 실패는 우리가 그 길로 다시 들어서지 않게 해주고, 그 산을 다시 넘지 않게 해주며, 그 계곡을 다시는 지나지 않아도 되게 해준다. 마더 테레사 수녀는 우리를 하느님께 인도해주는 역할을 하는 실패를 '예수님의 키스'라고 표현했다. 실수했을 당시에는 그것이 '예수님의 키스'라고 느끼지 못할 것이다. 하지만 올바른 태도를 지니고 있으면 실패는 우리가 가야 할 길로 이끌어준다.

사람을 다루는 기술

나의 대인관계 기술은 어디까지 발전했는가?

지금까지 내가 경험한 것들 중에서 성공에 가장 큰 장애가 되는 한 가지를 꼽으라면 사람에 대한 이해력 부족을 꼽을 것이다. 오래전에 《월스트리트 저널》에서 임원들이 실패하는 이유에 관한 기사를 실은 적이 있다. 그중 1위가 '타인과 효과적인 관계를 맺는 능력 부족'이었다.

얼마 전 나는 입찰에 실패하고 불만에 가득 차 있는 사람들과 대화를 나눈 적이 있다. "공정한 입찰이 아니었어요." 한 사람이 이렇게 말했다. "그 계약에 관계된 사람들이 모두 아는 사이더라고요. 우리한테는 기회조차 없었죠. 모든 게 정치적이라니까요." 그러나 그것은 정치적인 것이 아니라 관계의 문제였다.

작가 캐롤 하야트와 린다 고틀립은 업무에 실패한 사람들이 '직장 내 정치'를 공통적인 실패의 원인으로 꼽는다는 사실을 알아냈다. 그러나 현실적으로 그들이 정치라고 일컫는 것들의 대부분은 다른 사람들과의 일상적인 소통이지, 그 이상이 아니었다.

아직 사람들과 잘 지내는 방법을 익히지 못했다면, 성공하기 위해 항상 전쟁을 치러야 할 것이다. 그러나 대인 관계의 기술을 익혀 자신의 강점으로 만든다면 우리가 갈고닦은 어떤 기술보다 더 큰 보상을 안겨줄 것이다. 사람들은 자기가 좋아하는 사람과 함께 일하는 것을 선호한다. 시어도어 루스벨트 대통령은 "성공 방정식에서 가장 중요한 요소는 사람들과 잘 지내는 능력이다"라고 했다.

배를 태워버려라

나는 팀의 성공을 위해 필요하다면
배를 태워버릴 만큼 모든 것을 헌신할 수 있는가?

진정한 헌신을 어떻게 정의할 수 있을까? 멕시코의 정복자 에르난 코르테스가 내린 정의를 들어보자.

1519년, 코르테스는 쿠바 총독 벨라스케스의 후원을 받아 쿠바에서 멕시코 본토로 가는 항해를 시작했다. 조국 에스파냐를 위해서는 보물을, 자신을 위해서는 명성을 얻기 위한 것이었다. 34세의 젊은 에스파냐 선장에게는 인생을 걸고 준비해온 기회였다. 그러나 코르테스 휘하의 병사들은 그만큼 헌신할 생각이 없었다. 배가 멕시코에 상륙하자 병사들은 쿠바로 돌아가겠다고 반란을 일으켰다. 코르테스의 반란 진압책은 무엇이었을까? 그는 배를 불태워버렸다.

나는 팀을 위해 어떤 방식으로 헌신하고 있는가? 팀에 전적으로 헌신하고 있는가 아니면 일이 제대로 되지 않으면 팀을 박차고 나가버릴 생각인가? 열정 없이는 챔피언이 될 수 없다는 사실을 기억하라.

팀의 공로를 인정하라

다른 사람이 잘한 것은 칭찬하고, 잘못한 것은 내 탓으로 돌리자.

짐 콜린스는 자신의 저서 《좋은 기업을 넘어 위대한 기업으로Good to Great》에서 최고의 조직에 속한 리더들(그는 이들을 '5단계 리더'라고 부른다)의 특성은 겸손과 주목받기를 꺼리는 경향이라고 지적했다. 그런 리더들은 재능이 없다는 말일까? 물론 아니다. 그럼 자아가 강하지 않다고? 그것도 아니다. 그들은 팀 구성원 모두를 중요하다고 생각한다. 또 사람들은 자신이 기여한 바를 인정받을 때 일을 더 잘하고 훨씬 많은 노력을 기울인다는 사실을 이해하고 있다는 말이다.

팀이 발전하는 데 도움을 주고, 팀 구성원들이 그들의 재능을 연마하고 잠재력을 극대화하도록 돕고 싶은가? 그렇다면 상황이 제대로 돌아가지 않을 때는 자신에게 돌아올 비난보다 더 많은 비난을 감수하고, 상황이 잘 돌아갈 때는 그 공로를 모두 팀에 돌려야 한다.

이름을 불러주라

사람들의 이름을 기억하기 위해 어떤 방법이든 사용해보자.

누가 내 이름을 잘못 부르면 기분이 어떤가? 친절하게 정정해주고 함께 시간을 보내고 난 후에도 계속 잘못 알고 있다면? 반대로 오랫동안 만나지 못했던 사람이 아직도 당신의 이름을 기억해준다면 기분이 좋은 것은 물론 깊은 인상까지 남지 않을까? 사람들이 내 이름을 기억할 만큼 내게 관심을 가지면, 나 자신이 소중하게 여겨질 것이다.

내 친구인 제리 루카스는 친구들 사이에서 '기억 박사'라고 불린다. 그는 수년간 미국농구협회에서 학생들부터 성인들에 이르기까지 기억력을 증진시키는 다양하고 혁신적인 방법을 가르쳐왔다. 그가 가르치는 기억술 중 한 가지가 'SAVE 법'이다.

S - Say 대화 중에 상대의 이름을 세 번은 말하라.
A - Ask 상대의 이름에 얽힌 얘기나 그 사람 자신에 관련된 질문을 하라.
V - Visualize 눈에 띄는 신체적 혹은 성격적인 특징들을 연상해서 기억하라.
E - End 이름을 언급하면서 대화를 끝내라.

수년 전에 제리는 NBC 방송의 '투나잇 쇼'에 출현해 객석에 있는 사람들의 이름을 모두 외움으로써 자신의 기억 방식이 얼마나 유용한지 입증했다. 나는 그 방법이 우리에게도 효과가 있을 것이라고 믿는다. 당신도 그렇게 연습하면 사람들의 이름을 더 잘 기억할 수 있을 것이다.

진실성 측정법

평판에 신경쓰기 전에 내 자신의 내면을 더욱 면밀히 들여다보자.

좋은 평판이 황금과 같다면, 진실성은 광산을 소유하는 것과 같다. 다음은 진실성을 측정할 때, 특히 주의해야 할 점을 보여준다.

1. 내게 줄 것이 아무것도 없는 사람들을 얼마나 잘 대하고 있는가?

2. 나는 사람들을 투명하게 대하는가?

3. 누구와 함께 있는지에 따라 나의 행동이 달라지는가?

4. 혼자 있을 때와 주목받을 때의 모습이 일치하는가?

5. 어떤 압력 없이도 자신의 잘못을 빨리 인정하는 편인가?

6. 내 개인적 사안보다 다른 사람들의 사안을 우선시하는가?

7. 도덕적인 결정을 내릴 때 변치 않는 기준을 가지고 있는가, 아니면 상황에 따라 선택이 달라지는가?

8. 개인적 손실이 따른다 해도 어려운 결정을 내릴 수 있는가?

9. 할 말이 있을 때 당사자에게 직접 하는가, 아니면 당사자 아닌 다른 사람에게 하는가?

10. 나의 생각과 말과 행동에 책임을 나눠질 수 있는 사람이 적어도 한 명은 되는가?

각각의 질문에 대해 숙고하는 시간을 갖고 솔직하게 대답해보라. 그런 다음 가장 크게 문제가 되는 부분부터 고쳐나가라.

12

December

경청하는 법

자기 말은 적게 하고 상대의 말에 온전히 귀 기울이는 훈련을 하자.

학습 능력의 첫 걸음은 경청하는 법을 습득하는 것이다. 미국의 작가이자 철학자 헨리 데이비드 소로는 "진실을 말할 때는 두 사람이 필요하다. 말하는 사람과 듣는 사람이다"라고 말했다. 경청은 다른 사람을 깊이 이해하고, 다른 사람이 배운 것들을 습득하고, 상대를 하나의 소중한 독립된 인격체로 대하는 데 도움을 준다.

에이브러햄 링컨은 학습 능력이 매우 뛰어난 대통령이었다. 하지만 그도 처음부터 훌륭한 리더는 아니었다. 성장을 거듭함으로써 대통령 자리까지 오른 것이다. 그는 언제나 상대의 말에 열심히 귀 기울이는 사람이었고, 대통령에게 자기 견해를 전달하고 싶은 사람이면 누구에게나 백악관의 문을 활짝 열어두었다. 링컨 대통령은 자주 시간을 내어 민심의 소리를 들었고, 그 시간을 '민심으로 목욕하는 시간'이라고 불렀다. 그리고 사람들을 만나면 그들의 생각과 의견을 보내 달라고 요청했다. 그 결과 이전의 대통령들보다 훨씬 많은, 매월 수백 통에 달하는 편지가 백악관에 배달되었다. 그 편지들을 통해 링컨은 많은 것을 배울 수 있었다. 편지에 담긴 주장을 모두 수용하지는 못했지만, 편지를 쓴 사람이 왜 그런 생각을 하게 되었는지 알 수 있었다. 그리고 그렇게 해서 알게 된 견해들은 그가 정책을 수립하거나 그 정책이 통과되도록 사람들을 설득하는 데 도움이 되었다.

살아가면서 남의 말을 듣지 않고 자기 말만 한다면 아무것도 배울 수 없다는 사실을 명심하라. 옛말에 "입은 하나지만 귀는 둘인 데는 그만한 이유가 있다"라는 말이 있다. 상대가 하는 말을 경청하고 겸손한 태도를 지녀라. 그러면 하루하루 당신의 재능을 키우는 데 필요한 것들을 배울 수 있을 것이다.

기질로 승부하라

오늘, 가슴에서 우러나는 일을 하자.

실수를 하고도 앞으로 나가려고 시도하는 순간은 자신의 기질을 시험하는 순간이다. 포기하는 것이 견뎌내기보다 더 쉬운 순간, 참고 견디기보다 항복에 더 끌리는 순간은 늘 있다. 그럴 때 계속 앞으로 나가기 위해 우리가 의지해야 할 것은 기질밖에 없다.

NBA 우승팀 감독인 팻 라일리는 "승패를 가르는 결정적인 순간이 있다. 진정한 투사는 극도의 집중과 직관으로 그 순간을 알아채고 결코 놓치지 않는다. 그 노력은 머리가 아닌 바로 가슴에서 나오는 것이다"라고 말했다.

완전히 지쳐 쓰러진 후에도 다시 일어설 의지, 재기할 계획을 세울 수 있는 지성 그리고 행동할 용기가 있다면 이 사실을 알아두라. 당신 역시 그런 결정적인 순간을 경험할 것이다. 그리고 그 순간에 당신은 승자도 될 수 있고, 중도 포기자도 될 수 있다.

작은 일에도 최선을 다하라

오늘, 사소한 일에도 최선을 다하겠다고 다짐하자.

우리 삶에서 대부분의 순간들은 자신이 특별하다고 느낄 때 비로소 특별해진다. 평범한 날들은 우리가 그날을 특별하게 만들지 않아서 평범하게 느끼는 것이다.

더 좋은 경험을 쌓아나가는 가장 좋은 방법은 최선을 다하는 것이다. 그래야 그 경험이 특별해진다. 평범한 대화도 깊은 관심을 가지고 경청하면 더 훌륭한 대화가 된다. 평범한 관계도 특별한 노력을 기울이면 더 나은 관계로 발전한다. 별 볼 일 없는 행사도 창의력으로 양념해주면 뭔가 특별한 것이 된다. 아무리 사소한 일이라도 최선을 다하면 정말로 중요한 일이 될 수 있다.

문제에 적극적으로 대처하라

직관을 따르고, 머릿속에 떠오르는 생각을 실천하자.

훌륭한 리더십이 있는 곳에서는 문제가 걷잡을 수 없이 커지는 일이 거의 없다. 조기에 문제를 인식하고 바로잡기 때문이다. 뛰어난 리더들은 대체적으로 다음과 같은 순서로 문제를 인식한다.

1. 문제가 발생하기 전에 감지한다. (직관)
2. 문제의 원인을 찾기 시작하고 질문을 한다. (호기심)
3. 데이터를 모은다. (정보 처리)
4. 자신이 느낀 점과 알아낸 사실들을 소수의 신뢰하는 동료들과 공유한다. (의사소통)
5. 문제점을 규정한다. (문서화)
6. 확보하고 있는 자원을 점검한다. (평가)
7. 의사 결정을 내린다. (리더십)

위대한 리더들에게는 사각지대라는 것이 거의 없다. 자기가 입은 타격이 크다고 생각하는 경우도 거의 없다. 다만 타격이 날아오는 것을 보지 못했다고 생각할 뿐이다. 그런 이유로 그들은 항상 문제의 조짐이나 지표를 주시하고 있다. 앞으로 다가올 문제와 그 문제를 해결할 수 있는 방법을 찾아내기 위해서다. 훌륭한 리더들이 문제를 처리하는 방식은 인디애나에 있는 한 농장에서 무단 침입자를 처리하는 방식과 유사하다. 그 농장 울타리에는 이런 경고 표지판이 걸려 있다. "이 농장에 무단 침입을 하는 자는 적어도 9.8초 이내에 여기서 나가라. 10초가 넘으면 들소 떼가 덮칠 것이다."

어떤 직원을 채용할 것인가?

능력 있는 팀원들과 일을 해도 실패할 수 있다.
하지만 그들과 함께 하지 않으면 성공할 수 없다는 사실을 명심하자.

리더십 강연을 하다 보면 이런 질문을 하는 사람들이 종종 있다. "어떤 사람을 고용하면 좋을지 … 방법이 없을까요?" 그럴 때마다 나는 웃으며 대답한다. "저도 그건 정말 모르겠어요." 그리고 지금까지 내가 겪었던 경험에 비추어 봐도 여전히 어려운 문제다. 하지만 여러분들을 위해 내가 직원을 채용할 때 참고하는 몇 가지 지침을 소개한다.

- 사람을 구하기 전에 먼저 사람이 필요한 분야를 파악하라.
- 시간을 두고 그 분야에 대해 조사하라.
- 지원자의 신원에 대해 여러 사람에게 조회하라.
- 여러 차례 면접을 하라.
- 동료들을 면접에 참석시키고, 그들의 조언을 구하라.
- 지원자들의 배우자와 면담을 하라.
- 지원자들의 경력 사항을 검토하라.
- 지원자가 주어진 업무에 적임자인지 알아보는 테스트 기간을 가져라.
- 어려운 질문들을 하라. "직장은 왜 그만두었습니까?", "당신이 기여할 수 있는 것은 무엇입니까?", "어떤 일이든 해낼 의지가 있습니까?" 등등
- 직감을 믿어라.

자신이 고려하고 있는 지원자가 서류상으로 손색이 없지만 당신 마음 한구석에서 뭔가 석연치 않다면 시간을 두고 생각해라. 한발 뒤로 물러나서 다른 동료에게 면접을 부탁하고 결과를 비교해보라. 나는 보기에도 좋고 느낌도 좋은 사람만을 채용한다.

의사소통 능력

오늘, 팀원들과 효과적인 의사소통을 시도해보자.

당신은 의사소통을 잘 해나가고 있는가? 자기 팀의 모든 팀원들과 업무 협조는 잘 되는가? 의사소통하는 데 있어 누군가를 소홀히 하거나 배제한 적은 없는가? 자신의 생산성을 높이려고 혼자 일한 적은 없는가? 팀에 속해 있으면서 다른 팀원들과 의사소통하지 않으면 팀워크에 문제가 생긴다. 다음은 의사소통 능력을 키우는 데 도움이 될 것이다.

솔직해라. 열린 의사소통 구조는 신뢰를 높인다. 안건을 숨기거나 제3자를 통해 의사소통을 하거나 나쁜 소식을 에둘러 전하는 것은 팀워크에 해가 된다. 팀원들 중에 나와 관계가 좋지 않은 사람을 찾아보라. 그리고 그 사람에게 솔직하지 못했다면 내가 바뀌어야 한다. 팀원들과 대화할 때는 항상 진실하고 친절하게 말한다는 원칙을 세워라.

신속해라. 당신에게 어떤 문제가 생겼을 때 말로 표현하지 않고 그냥 넘어가버리는 경향이 있다면, 어렵더라도 어떤 문제든 24시간 안에 처리한다는 '24시간 법칙'을 활용해보라. 팀원들과 갈등이 생기면 적당한 기회에 반드시 그 갈등에 대해 터놓고 이야기하라. 그리고 다른 사람들도 내게 그렇게 해줄 것을 요청하라.

공유해라. 말을 하라고 강요하지 않으면 정보를 독차지하고 있는 사람들이 있다. 이런 접근 방식은 안 된다. 다른 사람들과 공유하라. 물론 민감한 정보에는 신중해야 한다. 하지만 이 점을 기억하라. 사람들은 자신이 개입된 일에만 열의를 보인다. 열린 의사소통은 신뢰를 높이고, 신뢰는 주인 의식을 높이고, 주인 의식은 참여도를 높인다.

실패하더라도 포기하지 마라

수많은 실패를 경험했다면 축하할 일이다.

약 20년 전, 《타임》지에 한 심리학자의 연구에 대한 기사가 실렸다. 공장이 문을 닫아 세 번이나 일자리를 잃은 사람들에 대한 연구였다. 관련 기사를 작성한 기자들은 뜻밖의 결과에 매우 놀랐다. 그들은 해고당한 사람들이 의욕을 잃고 좌절했을 것이라고 예상했지만 실직자들은 놀라울 정도로 빠른 회복력을 보였다. 이유가 무엇이었을까? 기자들은 그들이 반복되는 역경을 견뎌내는 사이에 회복력을 습득했다고 결론을 내렸다. 그 사람들은 한 직장에서 한 번도 역경을 겪지 않고 일했던 사람들과 비교해 역경에 대처하는 능력이 한층 뛰어났다.

당신이 많은 실패를 경험했다면 그렇지 못한 사람들보다 성공할 가능성이 더 높다고 할 수 있다. 실패를 거듭하고, 끊임없이 제 발로 일어서고, 실패를 통해 계속 배워나가는 사이에 당신은 역경을 이겨내는 힘과 끈기, 경험과 지혜를 쌓았기 때문이다. 그런 자질들을 갖춘 사람들은 좋은 것들을 너무 빨리, 너무 쉽게 얻은 사람들과 달리 성공을 지속시키는 능력이 생긴다. 포기하지 않는 한 유리한 위치에 설 수 있다는 사실을 잊지 마라.

다른 사람의 성장을 지켜보라

사람들에게 용기를 북돋워주자. 그 사람의 능력이 활짝 꽃필 것이다.

인기 만화 《딜버트》의 작가 스콧 애덤스는 만화가로 데뷔했을 당시를 이렇게 말한다. "영향력을 발휘하기 위해 굳이 '영향력 있는 사람'이 될 필요는 없다. 내 인생에 가장 큰 영향력을 끼쳤던 사람들은 자신들이 내게 무엇을 가르쳤는지조차 모른다. 나는 전국지에 실리는 만화가가 되기 위해 만화 편집자들에게 포트폴리오를 쉬지 않고 보냈지만 잇달아 거절당했다. 심지어 어떤 편집자는 내게 전화해서 미술 수업을 듣는 게 좋겠다는 말까지 했다. 그런데 《유나이티드 미디어United Media》의 편집자이자 그 분야의 진정한 전문가 중 한 명인 사라 길레스피가 전화로 계약을 제의했다. 그래서 나는 내 그림 스타일을 바꿔야 할지, 파트너를 구해야 할지, 그림을 다시 배워야 할지 물었다. 그러나 그녀는 내가 전국지에 실릴 만화가로서의 자질이 충분하다고 했다. 나에 대한 그녀의 확신은 내 사고의 기준을 완전히 바꿔놓았고, 내 능력에 대해 가지고 있던 생각의 틀까지 바꿔버렸다. 사라 길레스피와 통화를 끝낸 그 순간부터 내 그림 실력이 월등히 나아졌다."

꿈을 실현하기 위해 애쓰는 주변 사람들에게 용기를 북돋워주라. 어떤 일이 벌어질지 아무도 모른다.

사생활을 관리하라

나는 가정을 얼마나 잘 이끌고 있는가?

직장에서 업무를 완벽하게 처리하고 자기 관리를 잘한다 해도 사생활이 엉망이면 결국 다른 모든 일까지 망치게 된다. 결혼 생활에 실패하고 자식들까지 나 몰라라 한다면 조직의 최고위직에 올랐다 한들 무슨 소용이 있겠는가? 오랫동안 상담일을 해온 사람으로서 나는 어떤 성공도 가족과 바꿀 만한 가치는 없다고 장담할 수 있다.

내가 오래전에 성공에 대해 내렸던 정의 중 하나는, 나와 가장 가까운 사람들이 나를 사랑하고 존경하는 것이다. 이는 무엇보다 중요하다. 나는 직장 동료들의 존경을 받기 전에 내 아내와 자식들, 손자손녀들의 사랑과 존경을 받기를 원한다. 오해하지 말길. 함께 일하는 동료들의 존경도 받고 싶지만, 가족을 희생하면서까지 존경받고 싶지는 않다는 말이다. 가정을 잘 관리하지 못한다면 직장을 포함한 내삶의 모든 영역이 좋지 않은 영향을 받을 것이다.

리더가 되고 싶다면 먼저 자신부터 관리하라. 그렇지 못하면 어떤 신뢰도 얻을 수 없다. 다음은 내가 진실이라고 믿는 것들이다.

• 나 자신을 관리하지 않으면, 남들이 나를 따르지 않는다.
• 나 자신을 관리하지 않으면, 남들이 나를 존경하지 않는다.
• 나 자신을 관리하지 않으면, 남들이 내 파트너가 되려 하지 않는다.

위의 내용은 내가 영향을 미치고 싶은 사람이 윗사람이든 아랫사람이든 같은 직급의 사람이든 상관없이 언제나 적용된다. 자신이 해야 할 일을 확실히 할수록 다른 사람들에게 미치는 영향력도 달라진다.

투지를 길러라

나 자신의 목표와 팀의 성공을 위해 투지를 잃지 않을 각오가 되어 있는가?

나폴레온 힐에 따르면 노력은 중도에 포기하지 않으면 충분한 보상을 해준다. 오랜 기간 견뎌낼 끈기를 기르려면 끊임없이 내면의 투지를 길러야 한다. 그러면 언젠가 당신의 이야기도 다음 중 하나와 비슷해질 것이다.

- 탐험가 피어리 제독은 일곱 번 실패한 후 여덟 번째 시도에서 북극 정복에 성공했다.
- 오스카 해머스타인은 공연 기간을 모두 합쳐서 6주도 채 안 되는, 실패작 다섯 편을 올린 후에야 공연 기간 269주, 총 수익 700만 달러를 달성한 브로드웨이 뮤지컬 〈오클라호마〉를 탄생하게 했다.
- 존 크레시는 출판사로부터 743번 퇴짜를 맞았지만, 결국 560권의 저서를 출간하여 도합 6천만 부 이상을 판매했다.
- 전설적인 경마 기수 에디 아카로는 첫 승리를 이루기까지 250회를 연속 패배했다.
- 앨버트 아인슈타인, 에드가 앨런 포, 존 셸리는 모두 지진아라는 이유로 퇴학을 당했다.

투지를 길러라. 뛰어난 사람이 평범한 사람과 다른 점은 쉬지 않고 노력하는 것이다.

내면에서 용기를 찾아라

먼저 나의 내면에서 벌어지는 전쟁과 싸울 용기를 가지자.

토머스 에디슨이 대공황 시기에 대중을 상대로 했던 마지막 연설에서 이런 말을 남겼다. "제가 여러분에게 하고 싶은 말은 이것입니다. '용기를 가져라!' 저는 오래 살았습니다. 그리고 역사가 거듭 반복되는 것도 보았고 불경기도 여러 번 겪었습니다. 그러나 미국은 언제나 더욱 강해지고 더욱 번창했습니다. 여러분의 선조들이 그랬던 것처럼 용기를 가지십시오. 믿음을 가지십시오. 앞으로 나아가십시오!" 에디슨은 두려움을 느낄 때가 바로 힘차게 앞으로 나아가야 할 때라는 사실을 알고 있었다. 앞으로 나아갈지 말지는 개인적인 결정이며 용기는 외부로 표출되기 전에 내면에서부터 시작된다.

영국의 일간지 《데일리 메일Daily Mail》에 실린 독자의 편지 중에 내가 아주 좋아하는 짧은 글이 있었다. 편집부에서 독자들에게 던졌던 질문은 "이 세상에서 무엇이 잘못되었다고 생각합니까?"였다. 작가인 G. K. 체스터턴이 그 질문에 대답을 보냈다.

편집부 귀하,

제 자신입니다.

G. K. 체스터턴 올림.

용기는 다른 모든 인격적 자질과 마찬가지로 내면에서부터 나오는 것이다. 용기는 용기를 내겠다는 결정과 함께 시작되어, 끝까지 그 용기를 지니고 가겠다는 선택과 함께 성장한다.

핵심 인력을 구성하라

핵심 인력을 구성할 때는 최대한 전략적으로 하자.

우리는 탁월한 재능을 지닌 사람을 보면, 그 사람이 타고난 재능 덕분에 성공한 것으로 치부하고 싶어 한다. 그러나 그것은 자기기만이다. 그 누구도 혼자서는 위대한 일을 해낼 수 없다. 리더들 또한 혼자서는 성공할 수 없다. 리더의 성공은 그와 가장 가까이 있는 사람들에 의해 결정된다. 중요한 것은 리더의 핵심 인력다.

핵심 인력의 법칙을 실천하기 위해서는 의도적으로 관계를 맺어야 한다. 다음은 핵심 인력을 뽑을 때 따져보아야 할 사항들이다.

1. 다른 사람들에게 얼마나 영향력을 미치는가?

2. 내가 취약한 부분에 강한가?

3. 나와 내 조직의 가치를 높이는가?

4. 다른 핵심 멤버들에게 긍정적인 영향을 미치는가?

개인적 편견을 뛰어넘어라

내가 가진 편견들을 인정하고, 그것들로 인해 쌓인 내면의 벽을 허물자.

프랑스 소설가 앙드레 지드는 "세상에서 가장 찾아보기 어려운 것은 편견 없는 마음일 것이다"라고 말했다. 유감스럽게도 그 말은 사실인 것 같다. 나는 인간은 모두 어느 정도의 편견을 가지고 있다고 생각한다. 우리는 만나보지도 않은 사람들을 인종이나 민족성, 성별, 직업, 국적, 종교 혹은 그가 속한 조직으로 미리 판단해버린다. 편견은 이처럼 우리의 한계를 규정짓는다.

주변 사람들과 자신의 생각이 만들어낸 한계들을 뛰어넘어 그 이상으로 발전하고 싶다면 머리와 가슴에 존재하는 편견의 벽을 무너뜨려야 한다. 소설가 그웬 브리스토는 "언제든 우리가 원하는 새로운 세계를 만들어낼 수 있다. 다만, 언제 어디서든 편견을 버릴 수 있어야 한다"라고 말했다.

바람직한 세상을 만들기 위해 투쟁하고 있다는 말 대신 그것을 행동으로 옮기면 원하는 세상이 될 것이다.

역량

역량을 최대한 발휘하여 주어진 업무를 수행하고,
팀원에게도 그렇게 하도록 요구하자.

영어로 'competent'(역량 있는)라는 단어에는 '그럭저럭 쓸 만한'이라는 뜻도 있다. 그러나 내가 팀원들에게 바라는 이 말을 할 때는 '자격이 충분하고 적합한'이라는 의미로 사용한다. 역량이 높은 사람들에게는 몇 가지 공통점이 있다.

그들은 최고가 되려는 각오가 되어 있다. 《훌륭한 기독교인Christian Excellence》의 저자 존 존슨은 말했다. "성공의 정도는 남들과 비교하여 결정되고 우수함의 정도는 자신의 잠재력을 바탕으로 결정된다. 많은 사람이 성공을 꿈꾸지만, 그 열매는 극히 소수에게 돌아가고, 우수함은 살아 있는 모든 존재에게 열려 있지만 … 받아들이는 사람은 극히 소수다."

그들은 결코 평균치에 만족하지 않는다. 영어로 'mediocre'(보통)라는 단어는 직역하면 '바위산의 중간'이라는 뜻이다. 따라서 보통이라는 말은 주어진 일의 절반만 달성했다는 의미로, 정상까지 가려면 아직 멀었다는 말이다. 역량 있는 사람은 결코 평균 수준에 안주하지 않는다.

그들은 디테일에 집중한다. 데일 카네기는 "사소해보이는 업무에도 최선을 다하라. 사소한 일들을 하나씩 정복해나갈 때마다 우리는 더욱 강해진다. 사소한 일을 잘 해내다 보면 큰일은 저절로 이루어진다"라고 말했다.

그들은 업무 수행에 있어 일관성을 지닌다. 역량이 높은 사람들은 업무 수행에 일관성이 있다. 그들은 언제나 최선을 다하는데, 그건 아주 중요한 자질이다. 만약 99.9퍼센트로 만족한다면, 앞으로 60분 내에 22,000장의 수표가 엉뚱한 은행계좌에서 결제되고, 오늘 하루에만 부모가 아닌 사람들의 손에 넘겨지는 신생아가 12명은 될 것이다.

목적의식

내가 원하는 산을 오르고 있다고 확신하는가?

역경에 처해 있어도 계속 전진할 수 있게 하는 것은 무엇보다 목적의식이다. 비즈니스 컨설턴트인 폴 스톨츠는 역경을 견뎌내는 데 필요한 자질을 광범위하게 연구했다. 그에 따르면 끈기를 만드는 가장 중요한요소는 다음과 같다. "자신이 넘어야 할 산, 즉 자기 삶의 목적을 알아내어 그 일에 의미를 부여하는 것이다. 나는 거의 매일 애당초 자기와맞지 않는 산을 오르고 있는 사람들을 만난다. 자기 인생의 20년 이상을 목적의식 없이 일하며 살아온 사람들이다. 그들은 어느 날 문득 뒤를 돌아보며 '내가 여태껏 무엇을 하며 살아온 거지?'라고 말한다."

만약 당신이 태생적으로 목적 지향적인 사람이라면, 역경을 극복하는 데 도움이 되는 방향 감각이 내재되어 있을 것이다. 그렇지 않다면 어느 정도 외부의 도움이 필요하다. 다음은 목적의식을 키우는 데도움이 되는 단계별 접근법이다. 활용해보라.

- 강한 의욕을 지닌 사람들 옆에 있어라.
- 현재의 상황에 대해 불만을 가져라.
- 가슴을 뛰게 하는 목표를 찾아라.
- 목표에 목숨을 걸어라.
- 목표 달성을 통해 얻은 보상을 누리는 자신의 모습을 상상해보라.

위의 방법을 따른다 해도 자신이 원하는 궁극적인 목적을 즉각 찾지 못할 수도 있다. 그렇지만 적어도 그 방향으로 움직이기 시작한 것이다. 에이브러햄 링컨은 "성공하겠다는 굳은 결의가 다른 무엇보다

중요하다는 사실을 항상 명심하라"라고 했다.

영향력에 관한 잘못된 통념

나는 직위에 기대어 다른 사람들을 리드하고 있는가,
아니면 영향력을 형성하기 위해 노력하고 있는가?

언젠가 우드로 윌슨 대통령과 그의 집에서 일했던 가정부에 관한 일화를 읽은 적이 있다. 윌슨의 가정부는 늘 자신과 남편이 좀 더 명망 있는 지위를 갖지 못한 것을 한탄했다. 그러던 어느 날 그녀는 노동부 장관이 사임했다는 소식을 듣고 대통령을 찾아가 말했다. "대통령님, 제 남편은 현재 공석인 노동부 장관 자리의 적임자입니다. 그는 노동이 무엇인지 잘 아는 노동자이고, 노동자들을 잘 이해하는 사람입니다. 새로운 노동부 장관으로 그를 고려해주십시오."

윌슨 대통령이 대답했다. "추천은 고맙게 생각하오. 그러나 노동부 장관이라는 자리가 아주 중요한 자리라는 사실을 알아야 합니다. 그 자리는 영향력을 발휘할 수 있는 사람이 앉아야 할 자리예요." 그러자 가정부가 말했다. "하지만 대통령님께서 제 남편을 노동부 장관으로 임명해주신다면 남편도 영향력을 발휘할 수 있을 거예요!"

리더십 경험이 없는 사람들은 리더라는 자리를 과소평가하는 경향이 있다. 아무에게나 리더의 자리를 줄 수는 있지만, 그에게 진정한 리더십까지 줄 수는 없다. 영향력은 자신의 힘으로 얻어야 한다. 자리가 기회가 될 수는 있다. 자신의 리더십을 시험할 수 있는 기회가 되고 잠시 동안은 사람들의 신뢰를 얻을 수도 있다. 그러나 어느 정도 시간이 지나면 좋은 쪽으로든 나쁜 쪽으로든 자신의 영향력을 형성하게 될 것이다. 좋은 리더는 자신에게 주어진 지위를 능가하는 영향력을 발휘할 것이고, 자질이 없는 리더는 애초에 그 자리에 합당한 영향력만큼도 발휘하지 못할 것이다. 기억하라. 자리가 리더를 만들어주지 않지만 리더는 자리를 만들 수 있다.

실패에 대한 새로운 정의

우리 팀은 얼마나 성공에 근접해 있는가?
돌파구를 찾기 위해 계속 밀고 나갈 의향이 있는가?

토머스 에디슨은 "우리가 겪는 대부분의 실패는 포기하는 그 순간 성공에 가장 가까이 와 있다는 사실을 깨닫지 못하는 데서 온다"고 믿었다. 실패를 바라보는 시각을 바꾸면 계속 달릴 수 있는 힘이 생긴다. '실패'를 발전을 위해 치러야 할 대가로 생각하라. 그러면 앞으로 다가올 실패에 대해 한층 더 유리한 위치에 설 수 있을 것이다.

어떻게 하면 실패에 대한 새로운 정의를 몸에 익히고, 성공과 실패에 대해 기존의 관점과는 다른 관점을 키울 수 있을까? 그것은 실수를 통해서 가능하다. 아이디어 커넥션 시스템사의 척 브라운은 연수생들에게 '실수할당제'를 적용하여 남다른 사고를 하도록 장려한다. 그는 훈련 과정에서 연수생들에게 각자 서른 번의 실수까지 허용하는 할당제를 시행한다. 자신에게 할당된 서른 번을 다 써버린다면? 그럼 또다시 서른 번의 실수를 할 수 있도록 한다. 그 과정을 통해 연수생들은 긴장을 풀고, 실수에 대해 완전히 새로운 시각으로 접근할 수 있게 된다.

기억하라. 실수가 곧 실패는 아니다. 실수는 성공으로 가는 여정에서 목적 달성을 위해 치러야 할 대가에 불과하다.

성공에 대한 새로운 전략

완벽에 이르겠다는 생각을 버리자.

레스터 서로우는 "경쟁 사회에서 우리가 선택할 수 있는 일은 두 가지다. 가만히 앉아서 실패를 받아들이거나 아니면 성공하기 위해 변화하는 것이다"라고 말했다. 계획을 세워 실행에 옮긴다고 해도 그것으로 끝난 게 아니다. 성공하고 싶다면 중도에 포기해서는 안 된다. 성공은 계속 이어지는 여정이며 끝나지 않는 과정이다. 아무리 열심히 노력해도 완벽한 계획을 세울 수는 없으며, 실수 없이 그 계획을 완수할 수는 없다. 더 이상 실수하지 않고 더 이상 실패하지 않는 수준까지는 영원히 도달할 수 없다. 그렇다고 걱정할 것은 없다.

실패는 성공으로 가는 길목에서 만나는 이정표다. 우리가 매번 계획을 세우고, 위험을 감수하고, 실패하고, 재평가하고, 수정할 때마다 다시 시작할 수 있는 더 나은 기회를 만난다.

토머스 에디슨은 67세 때 자신의 실험실이 화재로 전소되자 "천만다행이지 뭔가. 우리가 저지른 실수들이 모두 불타 없어졌으니, 이제 새롭게 다시 시작하면 되겠군!"이라고 말했다.

사소한 일에도 진실성을 보여라

인생의 사소한 순간에 나는 어떻게 처신하는가?

사소한 일에도 진실성을 유지하는 것은 매우 중요하다. 그런데 많은 사람들이 이를 잘못 생각하고 있는 것 같다. 사소한 일은 되는 대로 해도 된다고 생각하는 사람들이 많다. 중대한 실수가 없는 한, 별 탈이 없을 것이라고 믿기 때문이다. 그러나 세상일은 그렇게 돌아가지 않는다. 웹스터 사전에는 '진실성integrity'이라는 단어를 '도덕적, 윤리적 원칙을 고수하는 것; 건전한 도덕적 인격; 정직성'이라고 정의한다. 윤리적 원칙에 융통성이 있어서는 안 된다. 아주 작은 선의의 거짓말도 거짓말이다. 1달러를 훔치든, 1,000달러를 훔치든, 100만 달러를 훔치든, 도둑질은 도둑질이다. 진실성은 개인적 이득보다 인격을, 물건보다 사람을, 권력보다 섬김을, 편의성보다 원칙을, 그 순간보다 장기적 관점에 비중을 둔다.

19세기의 성직자 필립스 브룩스는 "인격은 사소한 순간에 형성된다"라고 말했다. 도덕적 원칙을 깨뜨릴 때마다 진실성의 기반에 작은 금이 생긴다. 게다가 어렵고 힘든 시기일수록 진실성을 잃지 않고 행동하기는 더더욱 어렵다. 인격은 위기에 처했을 때 형성되는 게 아니라 그때 실체가 드러나는 것일 뿐이다. 내가 과거에 행했던 모든 일들, 소홀히 했던 것들이 압박을 받는 상황이 되면 곪아서 터져나오기 때문이다.

진실성을 높이고 유지하기 위해서는 지속적으로 신경을 써야 한다. 오토매틱 데이터 프로세싱사의 CEO 조시 웨스턴은 이렇게 말했다. "나는 '다음 날 신문에 실리면 읽기 거북할 것 같은 일은 하지 않는다'라는 단순한 원칙을 지키려고 노력하며 살아왔다." 우리들 모두 본받아야 할 좋은 기준이다.

본보기가 되라

나는 팀원들에게 어떤 본보기를 보여주고 있는가?

어려운 시기가 닥치면 불확실성이 높아지고 사람들은 혼돈에 빠진다. 이럴 때 리더가 제시하는 명확한 그림이 무엇보다 절실하다. 리더가 보여주는 생생한 그림은 에너지와 열정, 포기하지 않고 앞으로 나갈 수 있는 동기를 부여한다. 사람들에게 좀 더 나은 본보기를 보이고 싶다면 다음을 기억하라.

1. 사람들은 늘 당신의 행동을 주시한다. 아이들이 부모를 보고 부모의 행동을 따라 하듯, 직원들도 상사를 보고 상사의 행동을 따라 한다. 사람들은 보이는 대로 따라 하기 마련이다.

2. 올바른 것을 가르치기보다 그것을 행동으로 옮기기가 더 어렵다. 노먼 빈센트 필은 "언행이 일치하지 않는 것만큼 혼란을 야기하는 것은 없다"라고 말했다. 말이 나온 김에 예를 하나 더 들겠다. "좋은 조언을 해주고, 스스로 좋은 본보기가 되는 것만큼 확신을 주는 것도 없다."

3. 다른 사람을 개선시키려 하기 전에 자신이 먼저 변해야 한다. 리더십을 키우는 데 가장 위험한 것은 자신은 변하지 않으면서 남들을 변화시키고자 하는 유혹이다.

4. 리더가 줄 수 있는 가장 중요한 선물은 훌륭한 본보기가 되는 것이다. 리더십은 가르치는 것이라기보다는 알아보는 것이다. 그러면 사람들이 어떻게 리더십을 알아볼까? 바로 행동하고 있는 훌륭한 리더를 통해서다.

비전 달성을 위해 귀 기울여야 할 소리들

나의 비전에는 잠재력을 최대한 발휘하는 데 필요한 모든 것들이 담겨 있는가?

비전은 어디서 오는 것일까? 리더십에 반드시 필요한 비전을 찾기 위해서는 진심으로 귀 기울여 듣는 사람이 되어야 한다. 다음은 우리가 들어야 할 소리들이다.

내면의 목소리 비전은 내면에서 시작된다. 나는 내 삶에 주어진 사명을 알고 있는가? 무엇이 내 마음을 움직이는가? 나는 무엇을 꿈꾸는가? 내가 추구하는 것이 내면의 욕구, 즉 가슴 깊이 자리 잡고 있는 본질이나 믿음에서 비롯된 게 아니라면 비전을 성취할 수 없을 것이다.

불만의 목소리 탁월한 아이디어는 어디서 올까? 무엇이 잘못되어 있는지 파악하는 데에서 시작된다. 현 상태에 불만을 가지는 것은 비전을 찾는 데 훌륭한 촉매가 된다. 나는 편안히 크루징 장치를 켜놓고 항해하는가? 아니면 자신의 세계를 바꾸고 싶어서 온몸이 근질거리는가? 역사상 위대한 리더 중에서 변화를 막기 위해 투쟁했던 사람은 없다.

성공의 목소리 누구도 혼자 힘만으로 위대한 업적을 이룰 수는 없다. 원대한 비전을 달성하기 위해서는 우수한 팀이 필요하다. 또한 나보다 앞서 갔던 선배들의 좋은 조언에도 귀 기울일 필요가 있다. 사람들과 함께 위대한 성취를 하고 싶다면 멘토를 찾아라. 나의 비전을 갈고닦는 데 도움을 줄 조언자가 있는가?

더 높은 곳의 목소리 비전은 자신의 내면에서 찾아야 한다. 그렇다고 자기 능력 안에서만 찾아서는 안 된다. 진정으로 가치 있는 비전 안에는 신이 존재한다. 오직 신만이 우리의 최대 능력치를 알고 있다. 비전을 찾을 때, 나 자신 그 너머, 내 삶 그 너머까지 살펴보았는가? 그렇지 않다면 자신의 진정한 잠재력과 삶이 주는 가장 좋은 선물들을 놓치고 있는지도 모른다.

공로를 다른 사람에게 돌려라

오늘, 일을 잘 해내고 있는 사람을 보면 공개적으로 칭찬해주자.

다른 사람에게 공로를 돌리는 것은 신뢰를 얻는 가장 쉬운 방법 중 하나이다. 공로를 돌리는 것과 관련해서 나는 H. 로스 페로가 했던 말을 아주 좋아한다. "직원들의 이마에서 아직 땀이 마르지 않았을 때 보상하라." 뭔가를 위해 바쳤던 노력과 희생이 사람들의 마음에 생생히 남아 있을 때가 바로 공로를 돌려야 할 최적의 순간이다. 기다릴 이유가 없다. 경영 전문가 켄 블랜차드는 "사람들이 일을 잘하고 있는 순간을 포착해야 한다"라고 했다. 얼마나 멋진 생각인가? 빨리 공로를 돌릴수록, 효과는 더욱 커진다.

2003년에 UCLA 농구팀 감독 존 우든과 면담을 했던 적이 있다. 그는 득점과 연결된 패스를 해준 선수를 향해 항상 웃어주라고 틈날 때마다 선수들에게 가르친다고 했다. 하다못해 윙크를 하거나 고개라도 끄덕여주라는 말이다. 그런데 어떤 선수가 이런 질문을 했다. "그 선수가 저를 보지 않으면요?" 그러자 우든은 "장담하건대 반드시 볼 것이다"라고 대답했다고 한다. 자신의 공로를 인정받는 것은 누구나 좋아한다.

능력을 확장하라

오늘, 뭔가 새로운 것을 배우자.

알베르트 슈바이처는 "성공의 가장 큰 비결은 자신을 완전히 소모하지 않는 것"이라고 말했다. 지속적으로 배우고 성장하겠다는 목표를 정했다면, 결코 자신을 '방전'시키지 않아야 한다. 언제나 배터리를 재충전하면서, 일을 하기 위한 더 나은 방법을 찾아야 한다. 계속 성장하고 있는지 판단하려면, 내가 아직도 뭔가 가슴 벅찬 일을 기다리고 있는지 스스로에게 물어보라. 만약 아무것도 생각나지 않거나, 미래가 아닌 과거를 돌아보고 있다면, 성장이 멈춰 있을 가능성이 높다.

"새로운 발견을 가로막는 가장 큰 장애물은 무지가 아니라 '안다'라는 환상이다"라는 말이 있다. 많은 사람들이 공식적인 교육 과정을 마치고 나면 개인적인 성장의 중요성을 간과한다. 당신에게는 그런 일이 일어나지 않게 하라. 개인적인 성장 없이 하루를 보낸다면 자신을 향상시키고 다른 이들을 성장시킬 기회를 놓치는 것이다.

조금 더 변화하라

오늘, 내가 변화해야 할 부분을 찾아내어 즉각 실행에 옮기자.

대부분의 사람들은 변화에 저항감을 느낀다. 개선을 원하기는 하지만 일상을 바꾸라고 하면 저항한다. 리더십 전문가 맥 디프리는 "현 상태를 유지하면서 자신이 원하는 미래를 얻을 수는 없다"라고 말했다. 자신의 재능을 갈고닦는 훈련을 하고, 열린 마음을 가지는 것만으로는 부족하다. 적극적으로 변화를 추구하고, 다른 사람들보다 좀 더 노력해야 한다. 자신을 더 나은 사람으로 만들어줄 변화를 시작하기 전에 에너지를 집중시키는 법과 추구해야 할 것들을 알아보자.

- 문제를 벗어날 만큼만 변화해서는 안 된다. 근본적으로 해결할 수 있을 때까지 변화하라.
- 자신의 삶을 개선하기 위해 환경을 변화시키지 마라. 자신을 변화시켜 환경을 개선하라.
- 예전과 똑같이 행동하면서 다른 결과를 기대하지 마라. 새로운 일을 통해 다른 결과를 얻어내라.
- 신호등이 바뀔 때까지 기다리지 마라. 이때다 싶으면 바로 시작하라.
- 변화를 고통스럽지만 어쩔 수 없이 해야 하는 일로 생각하지 마라. 내게 도움이 되고, 내가 충분히 해낼 수 있는 일로 생각하라.
- 변화를 추구하느라 당장 치러야 할 대가를 겁내지 마라. 지금 대가를 치르지 않으면 언젠가 궁극적인 대가를 지불하게 될 것이다.

시인이자 철학자인 프리드리히 실러는 "살아 있는 동안 최선을 다한 사람은 영원히 살아 있다"라고 했다. 최선을 다하기 위해서는 끊임없이 긍정적인 변화를 추구해야 한다.

조건 없이 베풀기

내가 처한 상황에 상관없이 먼저 베풀어라.

예수회 신학자 테야르 드 샤르댕은 이렇게 말했다. "인생에서 가장 만족감을 주는 일은 자신이 가진 많은 것을 다른 사람들에게 내주는 것이다." 자기 이익을 생각하지 않고 남을 도와준 적이 있는 사람은 누구나 이 말이 진리임을 안다. 그렇지만 남들에게 베푸는 것에 누구나 같은 마음일 수는 없다. 왜 그럴까? 나는 남에게 베푸는 일이 자신이 처한 환경과는 전혀 상관이 없다고 믿는다. 가진 것이 거의 없지만 작은 것도 나누고 싶어 하는 너그러운 사람도 있고, 부유하지만 자신의 시간이나 돈, 재능을 베푸는 데 인색한 사람도 있다. 문제는 태도의 차이다.

아무런 조건 없이 베푸는 사람들은 대부분 정신적으로 풍요롭다. 남들에게 베푼다고 해서 자기가 가진 자원이 고갈될 것이라고 생각하지 않기 때문에 너그러울 수 있는 것이다. 예일대 교수를 지냈던 헨리 나우웬 신부는 이런 말을 했다. "정신이 궁핍하여 베풀지 않는다면, 그나마 얼마 안 되는 보잘것없는 것들조차 더욱 줄어들 것이다. 정신이 풍요로워 너그럽게 베풀면, 베푼 것의 몇 배로 늘어날 것이다."

나는 이 말이 진리임을 안다. 언젠가 내게 자기가 왜 정신적 풍요로움을 받아들여야 하는지 모르겠다는 사람이 있었다. 나는 "만약 당신이 풍요롭다고 생각하면 풍요로워질 것이고, 부족하다고 믿으면 부족한 상태로 살아갈 것입니다"라고 대답했다. 그는 뜻밖의 대답에 놀라워했다. 그 이유를 설명하기는 어렵지만, 50여 년간 사람들의 태도를 관심 있게 살피고 그들의 삶이 어떻게 변하는지 관찰한 결과, 나는 이 대답이 사실이라는 것을 안다. 따라서 더 많이 베풀고 싶으면 풍요에 대한 사고방식과 태도부터 바꾸어야 한다. 그러면 다른 사람에게 한층 관대해질 뿐 아니라 자신의 삶까지 바뀔 것이다.

영향력을 나눠주라

권한 위임을 통해 다른 사람들이 더 많은 성취를 이루도록 하자.

다른 사람들에게 권한을 위임하는 능력은 개인적, 직업적 성공을 여는 열쇠 중 하나이다. 존 크레이그는 "내가 일을 얼마나 많이 할 수 있든, 얼마나 호감을 주는 성격이든 상관없이 다른 사람과 협동하지 않으면 사업적으로 크게 성공할 수 없다"라고 말했다. 또 미국의 대부호 J. 폴 게티는 "경영자가 사람들을 통해서 성과를 내지 못한다면, 그가 지니고 있는 다른 지식이나 경험은 큰 의미가 없다. 경영자로서 가치가 없다는 말이다"라고 주장했다.

권한을 위임하는 리더가 되면, 사람들과 함께 또는 그들을 통해서 일을 하긴 하지만 리더가 하는 일도 훨씬 많아진다. 함께 일하는 사람들이 개인적, 직업적 발전 단계를 최고 수준으로 끌어올리도록 해야 하기 때문이다. 간단히 말하면, 권한을 위임하는 것은 개인과 조직의 성장을 위해 다른 사람들에게 자신의 영향력을 부여하는 것이다. 자기 자신을 공유하는 일이며, 자신의 영향력과 지위, 권력, 기회들을 다른 사람과 공유하는 것이다. 즉 다른 사람들이 최선의 능력을 발휘하도록 하기 위해 그 사람들의 삶에 계속 투자하는 것이 그 목적이다.

다른 이들에게 권한을 위임하는 것은 내 삶을 변화시키며 나 자신뿐 아니라 권한을 위임받은 사람 모두에게 도움이 된다. 다른 이들에게 자신의 권한을 넘기는 일은 물건, 예를 들어 내 자동차를 누군가에게 거저 주는 것과는 전혀 다른 일이다. 만약 내 차를 누구에게 그냥 줘버린다면 나는 꼼짝할 수 없게 된다. 교통수단이 없어지기 때문이다. 하지만 다른 사람에게 권위를 나누어주는 행위는 정보를 공유하는 것과 같은 효과를 낸다. 내가 잃을 것은 아무것도 없다. 나는 아무런 손해를 보지 않고 다른 사람들의 능력을 증진시킬 수 있다는 말이다.

팀에 투자하면 팀원들이나 조직뿐 아니라 나 자신에게도 배당이 돌아올 것이다.

나만큼 경력이 쌓이면, 내가 하는 일의 거의 대부분을 팀이 관리한다. 그러나 내가 처음 자기 계발 세미나를 시작했을 때는 하나부터 열까지 모두 내 힘으로 해야 했다. 물론 도와주는 사람들이 있긴 했지만 아주 사소한 일까지 내 손으로 다해냈다. 그런데 지금은 몸만 가서 가르치기만 하면 된다. 유능한 우리 팀이 그 밖의 모든 일들을 책임지고 처리하고 있기 때문이다. 심지어 지금 여러분이 읽고 있는 이 책도 우리 팀의 노력으로 만들어진 것이다. 우리 팀은 나의 기쁨이다. 그들이 나를 위해 모든 것을 해주는 것처럼 나 역시 팀원들을 위해 무엇이든 할 것이다.

- 팀은 나를 현재의 나보다 더 발전하게 해준다.
- 팀은 나의 가치를 몇 배로 불려준다.
- 팀은 내가 가장 잘하는 것을 할 수 있게 해준다.
- 팀은 내 시간을 더 많이 가질 수 있게 해준다.
- 팀은 내가 갈 수 없는 곳을 대신 가준다.
- 팀은 함께 즐길 수 있는 공동체가 되어준다.
- 팀은 내 마음속의 욕구를 충족해준다.

팀을 구축하는 일은 미래를 위해 비상금을 비축하는 것과 같다. 처음에는 느리게 느껴질지 몰라도 복리로 이자가 붙듯이 고수익을 안겨준다. 당신도 한번 해보라. 배당의 법칙이 정말로 효과가 있다는 사실을 알 수 있을 것이다. 다시 한 번 강조하지만 팀에 투자하면 언젠가 그 혜택이 복리로 불어난다.

Dec 28   **성공을 위한 결정적 요소**

태도는 가장 큰 의무가 아니라 가장 큰 자산임을 명심하자.

태도만으로 훌륭한 리더가 될 수 있다고 하긴 어렵다. 그러나 태도가 좋지 않으면 잠재력을 완전히 발휘할 수 없다. 샌프란시스코에 있는 컨설팅 회사 로버트 하프 인터내셔널은 최근 미국 100대 기업의 부사장과 인사부장들에게 직원을 해고하는 가장 큰 이유 한 가지를 물었다. 그 응답들은 아주 흥미로웠고 직업 세계에서 태도가 얼마나 중요한지 잘 보여주고 있다.

- 업무 숙련도 부족 30%
- 동료들과 화합하는 능력 결여 17%
- 불성실 및 거짓말 12%
- 부정적인 태도 10%
- 동기 결여 7%
- 업무 지시 불이행 또는 거부 7%
- 기타 8%

1위는 업무 숙련도 부족이었으나 그다음 다섯 가지는 모두 태도에 관한 문제점들이다. 얼마 전 데일 카네기 연구소에서 1만 명에 대한 기록을 분석한 결과 숙련된 기술이 성공 요인의 15퍼센트를 차지한다는 결론을 내렸다. 이외에 85퍼센트가 인성이었고, 인성 중에서도 태도가 가장 주된 성공 요인으로 판명되었다. 우리가 무엇을 보고, 어떻게 감정을 처리하는지는 태도에 의해 결정된다. 그리고 그 두 가지가 성공을 위한 결정적인 요소다.

일어나라, 극복하라 그리고 전진하라

오늘, 어떤 임무가 앞에 놓여 있더라도 멈추지 않겠다는 계획을 세우자.

내 앞에 막중한 임무가 놓여 있을 때, 이 일이 정말 나의 핵심 목표일까라는 의구심이 들 수도 있다. 하지만 사실은 그 임무와 맞서 싸우기가 두려운 것이다. 그 일을 시도함으로써 생길 수도 있는 실패를 극복할 수 없을까봐 걱정하는 것일지도 모른다.

계획을 세워라. 경솔하게 뛰어들지 말라. 만약 실패한 경험이 있다면, 경솔하게 달려들지는 않을 것이다. 자기 힘으로 다시 일어나 앞으로 가기 위해 다음 전략들을 활용해보라.

F-Finalize 목표를 마무리 짓는다.

O-Order 계획에 순서를 매긴다.

R-Risk 위험을 감수하고 행동으로 옮긴다.

W-Welcome 실패를 환영한다.

A-Advance 인격을 토대로 앞으로 나간다.

R-Reevaluate 진행 상황을 지속적으로 재평가한다.

D-Develop 성공을 위한 새로운 전략들을 개발한다.

굳은 각오로 계획에 따라 일하고, 쓰러질 때마다 다시 일어서라. 그러면 자신의 목표를 달성할 수 있을 것이다. 그리고 언젠가는 꿈도 달성할 수 있을 것이다.

긍정적인 유산

영구히 지속되기를 원하는 것이 무엇인가?
그것을 달성할 계획을 세우고 거기에 투자하자.

나는 사람들은 누구나 일종의 유산 같은 것을 남긴다고 믿는다. 어떤 이들은 긍정적인 유산을, 또 어떤 이들은 부정적인 유산을 남길 것이다. 어떤 유산을 남기고 갈 것인지는 자신의 선택이다. 자신이 원하는 유산을 남기려면 전략이 필요하다.

남기고 싶은 유산이 무엇인지 알아야 한다. 대부분의 사람들은 삶을 그냥 받아들일 뿐 삶을 주도하지 않는다. 나는 우리가 어떻게 살아가야 할지 미리 생각해볼 필요가 있다고 믿는다. 리더들은 특히 더 그래야 한다. 언젠가는 사람들이 내 삶을 한 문장으로 요약할 것이다. 내가 해주고 싶은 충고는 "자신이 원하는 요약문을 지금 선택하라!"이다.

남기고 싶은 유산에 걸맞게 살아야 한다. 리더로서 신뢰를 구축하기 위해서는 자신이 하는 말을 지키며 살아야 한다. 유산을 남기고 싶다면 먼저 거기에 걸맞게 살아야 한다. 다른 사람들에게 기대하는 모습이 있다면 자기가 먼저 그런 사람이 되어야 한다.

유산을 넘겨줄 사람을 선택하라. 유산은 물건이 아니라 사람들 내면에 남는 것이다. 자신의 에너지를 조직과 건물, 시스템 같은 무생물에 쏟아붓는 리더가 너무나 많다. 그러나 우리가 사라진 뒤에도 계속 살아남는 것은 사람들이다. 그 밖의 모든 것은 일시적일 뿐이다.

반드시 후계자를 찾아라. 어떤 조직을 잠시 훌륭한 조직으로 만드는 일은 누구나 할 수 있다. 하지만 최고의 리더들은 내일을 염두에 두고 오늘을 리드한다. 그들은 앞으로 자신들의 유산을 이어갈 미래의 리더들에게 반드시 투자한다. 왜냐고? 리더의 궁극적 가치는 승계를 통해 평가되기 때문이다.

소중한 가족

성공을 위해 가족을 소홀히 하는 일이 없도록 하자.

NBA 감독 팻 라일리는 "가정생활을 잘 유지하면 성공도 오랫동안 유지할 수 있다. 중요한 것이 먼저다. 개인적인 삶이 평안하게 돌아가면 원하는 것은 무엇이든 할 수 있다"라고 했다. 가정생활의 성공과 개인의 성공 사이에는 확실히 상관관계가 있다. 가정을 잘 꾸리는 것은 미래의 성공을 위한 기초를 닦는 일일 뿐 아니라 삶에 한층 깊은 의미를 부여한다.

　나는 가족의 긍정적인 지지 없이 진정으로 성공한 사람은 없다고 믿는다. 사람들이 얼마나 큰 성취를 이루든 간에 가족이라는 가장 가까운 인간관계가 주는 혜택을 받지 못한다면 뭔가 놓치고 있는 것이다. 독신으로 성공한 사람도 있지만 그런 경우는 매우 드물다. 대부분의 사람들은 자신의 목적이 무엇인지 깨우쳐주고, 잠재력을 계발시키고, 그들이 없었다면 느끼지 못했을 크나큰 기쁨을 주는 소중한 가족이 있다. 다른 사람에게 혜택을 주는 씨앗을 뿌리라고 얘기할 때, 내가 뿌리는 씨앗의 혜택을 가족보다 더 많이 받아야 할 사람들이 누가 있겠는가?

존 C. 맥스웰은 자신의 저서 열네 권에서 핵심적인 내용만을 발췌, 요약해서 이 책을 만들었다. 다음은 이 책에 담긴 내용의 출저인 저서들이 출간되었을 때 독자들에게 간략하게 소개된 요약문들이다. 맥스웰 자신이 직접 내용을 발췌한 열네 권의 저서는 모두 테네시주 내쉬빌에 소재한 토머스 넬슨 출판사Thomas Nelson Inc.에서 출간되었다.*

──── 《리더십의 법칙Developing the Leader Within You》

〈뉴욕 타임스〉지가 선정한 베스트셀러 저자 존 C. 맥스웰은 경영 관리와 리더십을 혼동하고 있는 우리 문화에서 '그저 그런 경영자'들과 '진정한 리더 경영자'들의 차이점을 확실하게 설명해준다. 진정한 리더는 직원이 2명밖에 없든 300명이 넘든 상관없이 그들을 훈련시켜 그들이 최대한으로 성취할 수 있도록 해야 할 책임이 있다. 이 짧은 책에

---

* 이 책에서 언급된 책들 가운데 국내에서 번역 출간된 경우는 한국어판 제목을 따르고 원제를 병기했다.

서 맥스웰은 우수한 리더들을 키워내려는 자신의 깊은 마음을 독자들과 공유한다. 세월이 흘러도 변치 않는 그의 조언들은 진실성과 자기 수양을 통한 긍정적인 변화를 가져오는 데 큰 도움이 될 것이다. 이미 리더의 자리에 있거나 리더가 되려는 사람들 모두가 꼭 읽어야 할 책! (1993년 초판 발행)

──────《인재경영의 법칙Developing the Leaders Around You》

존 C. 맥스웰은 훌륭한 리더가 되는 것에만 헌신하는 게 아니다. 그는 자기 주변에 있는 장래의 리더 수천 명을 키우는 데에도 힘을 기울이고 있다. 이러한 열정은 그가 인조이사INJOY와 이큅EQIP 재단을 세우는 원동력이 되었고, 그가 추진하는 많은 일을 할 수 있도록 그에게 힘을 불어넣고 있다. 그의 책《인재경영의 법칙》은 현실적인 동시에 감화적이다. 이 책은 자기 주변에 있는 사람들에게 확고한 리더십을 구축해줌으로써 자신의 목표를 효과적으로 실현하는 데 도움이 될 만한 전략들로 가득 차 있다. 이 책이 강조하고 있는 것은 어떤 조직의 구성원들이 성장하지 못하면 그 조직도 성장하지 못한다는 명쾌한 논리이다. 맥스웰은 독자들에게 생산적인 팀 정신을 배양하고, 어려운 의사결정을 하며, 대립하고 있는 상황을 타개하는 기술을 설명한다. 한편, 미래의 리더들을 육성하고, 그들에게 용기를 주며, 그들이 리더로서 자격을 갖춰갈 수 있는 방법들을 제시하고 있다. (1995년 초판 발행)

──────《위대한 영향력Becoming a Person of Influence》

당신이 어떤 사람이든 무엇을 하는 사람이든, 이《위대한 영향력》이라는 책을 이해하기는 그리 어렵지 않을 것이다. 존 C. 맥스웰과 존 도넌은 우리가 목표를 달성하고 새로운 기록을 만들어나가는 데 도움이 될 만한 도구들, 그중에서도 오랜 세월에 걸쳐 입증된 도구들을 제시하고 있다. 유머와 진심을 담은 특유의 통찰력을 바탕으로 그들이 수십 년간 사업체와 비영리 기관을 이끌면서 얻은 소중한 경험들을 독자들과 나누고자 한다. 무엇보다 좋은 점은 그들이 보여주는 통찰력이 현실적일 뿐 아니라 매일의 일상에 쉽게 적용할 수 있다는 점이다. 우리의 목표가 회사를 설립하는 것이든, 아이들을 강하게 키우는 것이든, 세계를 정복하는 것이든, 모든 목표는 다른 사람들의 인생에 미치는 영향력을 키움으로써 성취될 수 있다. 이 책을 통해 우리는 사람들과 교류하는 데 있어서 단순하지만 통찰력 가득한 방법을 배우게 될 것이다. 또한 그것을 제대로 활용한다면 개인적으로 혹은 조직 내에서 대성공을 이루는 자신의 모습을 보게 될 것이다. (1997년 초판 발행)

——— 《나의 성공 지도Your Road Map for Success》

성공에 대해 정의를 내리기란 쉽지 않다. 대다수의 사람들은 성공을 부나 권력, 행복과 동일한 것으로 생각한다. 그렇지만 진정한 성공이란 우리가 살아가면서 얻은 것이나 이룬 것을 의미하는 것은 아니다. 그것은 우리가 한평생을 살아가는 여정 자체이다. 존 C. 맥스웰은 우리가 인생을 살아가는 목적을 깨닫고 우리가 지닌 잠재력을 최대한 발휘하고 그 여정 동안 다른 사람들에게 혜택을 줄 수 있는 씨앗을 뿌리는 방법을 신선하고 명쾌하게 보여준다. 그는 인생의 성공을 목적지가 아니라 그곳까지 가는 멋진 과정임을 일깨워준다. 새롭고 광범위한 주제를 다루고 있는 《나의 성공 지도》는 리더십과 관련된 모든 서가에 필히 꽂혀 있어야 할 책이다. (1997년 《성공의 여정the Success Journey》이라는 제목으로 초판 발행)

——— 《리더십 불변의 법칙The 21 Irrefutable Laws of Leadership》

100만이 넘는 독자들에게 리더십에 관한 기술을 익히는 데 큰 도움을 주었던 이 책은 발간 10주년을 맞이하면서 완전히 개정되고 업데이트 되었다. 존 C. 맥스웰은 그가 40년 이상 리더십 분야에서 경험한 성공 과 실패로부터 얻은 통찰력과 그동안 기업, 정치, 스포츠, 종교, 군사 분야를 가까이에서 관찰하면서 목격한 것을 접목시켜서 《리더십 불변의 법칙》의 개정판을 냈다. 각 장이 모두 수정되었으며 두 개의 장은 아예 새로 쓴 것으로 전판의 '휴튼의 법칙The Law of E. F. Hutton'은 '추가의 법칙The Law of Addition'으로, '재생산의 법칙The Law of Reproduction'은 '큰 그림의 법칙The Law of Picture'로 대체되었다. 각 장마다 실질적인 적용을 위해 작성된 부분이 첨부되어 있으며, 여기에는 리더십 평가표도 포함되어 있다. 맥스웰은 이 개정판에 열일곱 개의 이야기를 추가했다. 개정판을 출간하면서 그는 다음과 같이 말했다. "책이란 저자와 독자 사이의 대화입니다. 이 책이 나온 지 10년이 되었는데, 그동안 전 세계의 수십 개 나라에서 이 법칙들에 대한 강의를 하면서 나 스스로 많은 성장을 이루었습니다. 이 개정판은 그동안 내가 얻은 새로운 배움을 독자들과 나누는 기회가 될 것입니다." 만약 당신이 《리더십 불변의 법칙》을 읽어본 적이 없다면 그것은 리더십에 관련해서 시대를 뛰어넘는 베스트셀러를 아직 접해보지 못했다는 의미이다. 만약 당신이 이전의 원본을 읽었다면 새롭게 확장되고 업데이트된 이번 개정판에도 푹 빠지게 될 것이다. (1998년 초판 발행)

──── 《리더의 조건 The 21 Indispensable Qualities of a Leader》

당신은 무엇을 꿈꾸고 있는가? 당신의 가장 원초적인 상상 속에서 당신은 무엇을 하고 있는가? 현실의 당신과 꿈속의 당신 사이에는 어떤 것들이 놓여 있는가? 그것은 리더십이다. 자신을 단순히 리더십을 이해를 하고 있는 사람에서 현실적으로 성공적인 리더십을 발휘하는 사람으로 변신시켜줄 수 있는 열쇠는 바로 자신의 인격이다. 당신의 훌륭한 인격은 잠자고 있던 당신의 리더십 능력을 일깨우고 강력한 리더로 탈바꿈시켜 성공가도로 들어서게 해 줄 것이다! 맥스웰은 이렇게 말한다. "어떤 리더든 리더십에 관한 기술을 습득한다면 부분적으로 그 능력을 향상시킬 수 있습니다. 그러한 기술이라는 것은 리더십이 작동하는 원리를 알려주는 도구들이니까요. 그렇지만 리더들의 진정한 힘은 그러한 기술이 아니라 내면으로부터 나오는 것입니다. 리더십의 최정상에 도달하기 위해서는 내면에서부터 인격적인 소양을 키워야만 합니다. 그러면 그것이 자연스럽게 밖으로 드러나게 되는 것이지요." 당신이 역사상 위대한 리더들을 살펴본다면, 그들이 이 책에서 이야기하고 있는 21가지의 자질을 갖추고 있었다는 사실을 알게 될 것이다. 이 책은 뉴욕 타임스가 선정한 베스트셀러 《리더십 불변의 법칙》을 보완해주는 자매편이라고 할 수 있다. 당신이 내면에서부터 리더로서 필히 갖추어야 할 소양을 모두 갖춘 리더가 된다면 외적으로도 당신이 바라는 리더가 될 수 있을 것이다. 맥스웰의 말을 다시 한 번 인용하자면, "그렇게 할 수 있다면, 이 세상에서 당신이 할 수 없는 일은 없을 것입니다." (1999년 초판 발행)

─────《인생 성공의 법칙 Failing Forward》

어떤 사람들은 그들이 원하는 것은 무엇이든지 얻을 수 있도록 태어날 때부터 미리 정해져 있는 것처럼 보인다. 사람들은 그들이 운이 좋다거나, 축복을 받았다거나, 마이더스의 손을 가지고 있다고 말한다. 그렇지만 그들이 성공한 진정한 이유는 무엇인가? 가족의 배경이나 물려받은 재산, 더 많은 기회, 윤리의식, 아니면 복 받은 어린 시절? 존 C. 맥스웰은 이에 대해 그의 저서 《인생 성공의 법칙》을 통해서 대답한다. "보통 사람과 무언가 성취한 사람의 차이는 실패에 대한 인식과 반응에 기인한다." 그동안 논의되지 않았던 불편한 진실은 성취에 이르는 길은 온통 실패로 뒤덮여 있다는 것이다. 여러분이 숭배하고 있는 영웅들을 한번 살펴보라. 라이트 형제, 골프선수 아놀드 파머, 화장품의 여제 메리 케이 애쉬, 칙필레이사의 설립자 트루엣 캐시, 베스트셀러 작가이자 칼럼리스트 어마 루이스 범벡, 명예의 전당에 오른 야구 선수 토니 그윈, 전설이 된 여류 비행사 에밀리아 에어하트, 전설적인 마케터 서지오 지먼, 홈런왕 행크 아론, 작가 조지 버나드 쇼, 테레사 수녀, 이 모든 사람들은 실패를 겪었지만 그 실패를 성공을 위한 디딤돌로 바꿨던 사람들이다. 리더십 전문가 피터 드러커는 이렇게 말했다. "훌륭한 사람일수록 더 많은 실수를 할 것이다. 새로운 시도를 더 많이 하기 때문이다." 성공에 이르는 길은 실수로 포장되어 있다. 존 C. 맥스웰로부터 이러한 실수들을 성공의 디딤돌로 만들 수 있는 15단계에 대해서 배워보라! (2000년 초판 발행)

———— 《작은 혁신The 17 Indisputable Laws of Teamwork》

인기 작가 존 C. 맥스웰이 이번에는 팀워크에 관한 법칙들을 다룬다. 이 책은 베스트셀러인 자신의 저서 《리더십 불변의 법칙》의 형식을 그대로 따르고 있으며 전 세계의 리더들에게 충격을 줄 것이 확실하다. 기업, 행정, 스포츠 등 다양한 분야에서뿐 아니라 가정에서도 팀워크는 핵심적인 요소이다. 과거의 권위적인 방식은 더 이상 통용되지 않는다. 비영리 재단을 세워 30년 이상 성공적으로 끌고 오면서 리더십 분야에서 많은 경험을 쌓은 존 C. 맥스웰은 이길 수 있는 길, 그것도 크게 이길 수 있는 유일한 방법은 훌륭한 팀을 구성하는 것뿐이라고 강조한다. 그는 자신이 제시한 열일곱 개의 법칙들을 역사적인 사실, 언론의 보도 그리고 그 자신의 삶에서 얻은 사례들을 가지고 입증한다. 그의 법칙들을 충실히 따른다면 당신이 세워놓은 목표에 더욱 가까이 다가가게 될 것이다. 팀워크는 필수적인 것이며 효율적인 팀

을 구축하면 인생의 모든 면에서 그 혜택을 누리게 될 것임은 자명하다. (2001년 초판 발행)

─────── 《작은 성과 The 17 Essential Qualities of a Team Player》

당신이 더욱 훌륭한 팀을 원한다면 그 팀에 있는 선수들이 더욱 훌륭해져야 한다. 훌륭한 팀과 마찬가지로 훌륭한 선수들 역시 그 힘은 내면으로부터 우러나온다. 훌륭한 팀플레이어가 되는 법을 어디서 배울 수 있을까? 우리가 선택할 수 있는 범위는 그리 넓지 않을 것이다. 이 책은 존 C. 맥스웰의 저서 《작은 혁신》의 연작 개념으로, 많은 공을 들여서 팀을 제대로 움직이도록 만드는 방법을 정리했다. 맥스웰이 여기에서 말하고 있는 자질들은 팀워크의 핵심을 찌르는 것들이다. 어떤 사람이라도 쉽게 이해할 수 있으며 집이나 직장이나 경기장에서 쉽게 응용할 수 있는 것들이다. 만약 맥스웰이 제시한 '팀플레이어에게 필요한 핵심적인 열일곱 가지 자질'을 습득한다면, 당신은 모든 팀에서 원하는 선수가 될 수 있다. 만약 팀원 전체가 그렇게 한다면, 당신을 가로막는 것은 아무것도 없을 것이다. (2002년 초판 발행)

─────── 《함께 승리하는 리더 Winning with People》

성공한 최고경영자나 기업인, 최고의 세일즈맨, 목회자들에게 리더의 자리에서 성공하기 위해서 가장 필요한 것이 무엇인지 묻는다면 다른 사람들과 함께 일하는 능력이라고 대답할 것이다. 당신은 그동안 얼마나 자주 누구는 '함께 일하기 좋은 사람'이라던가, 누구와는 '함께 일할 수 없다'라는 말을 접해왔는가? 매일같이 이 용어를 사용하고 있지만 정작 '함께 일하기 좋은 사람'이 되는 방법을 알고 있는가? 보다 '인간 지향적인 리더'가 되는 길에 대해 배워본 적이 있는가? 인간관계 기술이 결여되어 있는 사람들과 일하는 방법을 배워본 적이 있는가?

존 C. 맥스웰은 그의 새로운 저서 《함께 승리하는 리더》를 통해서 수십 년간 그가 체험한 것들을 모든 사람들이 쉽게 이해할 수 있는 스물다섯 가지의 '더불어 일하는 원칙'으로 정리했다. 이 원칙들은 우리가 사람들과 함께 일하며 함께 승리하기 위해서 스스로에게 던지는 질문에 따라 다음과 같이 몇 개의 부분으로 나뉘어져 있다. 준비-당신은 인간관계를 위한 준비가 되어 있나? 관계-당신은 다른 사람들에게 초점을 맞출 의사를 가지고 있는가? 믿음-우리는 서로 신뢰할 수 있는가? 투자-당신은 자신이 아닌 다른 사람들에게 투자할 수 있는가? 시너지-우리는 모두 함께 이기는 관계를 구축할 수 있는가? 이 책의 각 장은 실제로 적용했을 때 당신에게 최고의 인간관계를 만들 수 있도록 해주는 귀중한 원칙들로 채워져 있다. (2004년 초판 발행)

——— 《작은 시작25 Ways to Win with People》

존 C. 맥스웰과 레스 패럿이 합심해서 새로 내놓은 책 《작은 시작》. 두 저자는 각자 독특한 시각을 가지고 다른 사람들과 함께 성공을 거두는 방법에 대해 접근했다. 한 사람은 노련한 강연자이자 리더십의 대가이며 한 사람은 인간관계 전문가이자 심리학 교수이다. 맥스웰은 그가 일상의 삶 속에서 다른 사람들과 함께 성공했던 경험을 실례를 들어가면서 설명하고 있으며, 패럿은 최근의 심리학 연구 결과들을 토대로 이러한 견해를 뒷받침하고 있다. 두 사람은 누구라도 다른 사람들에게 마치 백만장자가 된 것 같은 기분이 들게 함으로써 모두가 함께 이길 수 있음을 보여주고 있다. (2005년 초판 발행)

——— 《360도 리더360° Leader》

존 C. 맥스웰은 40년 이상 리더십에 관한 강의를 해오면서 수없이 같은 질문을 받아왔다. 그것은 "내가 리더가 아닌데, 어떻게 이러한 법칙들을 적용해야 합니까?"라는 것이었다. 이는 매우 타당한 질문이며 맥스웰은 이 책 《360도 리더》를 통해서 대답하고 있다. 그의 주장은 당신이 조직에 영향력을 가지기 위해서 굳이 최고위급 리더가 될 필요가 없다는 것이다. 좋은 리더들은 그를 따르는 사람들은 물론 그의 상급자들이나 동료들에게도 능숙한 리더십을 발휘한다. 그는 이 책을 통해서 그동안 널리 퍼져 있던 통념들이 틀렸다는 사실을 밝히고 앞서의 질문에 대한 실마리를 제공한다. 그는 아랫사람들에 대한 리드 Leading Down, 상사에 대한 리드Leading Up, 같은 직급의 동료들에 대한 리드Leading Across 등에 대한 구체적인 법칙들을 밝히고 있다. 360도 리더는 조직의 어느 위치에 있든 효과적인 리더십을 발휘한다. 맥스웰의 법칙들을 활용해서 우리는 영향력을 증대할 수 있으며 궁극적으로 더욱 큰 가치를 지닌 팀원이 될 수 있다. (2005년 초판 발행)

─────── 《존 맥스웰의 태도》The Difference Maker

어떻게 같은 기술과 능력을 가진 두 사람이 같은 조건에서 일했는데, 완전히 정반대의 결과를 낼 수 있을까? 리더십 전문가 맥스웰에 의하면, 이 차이점을 만드는 것은 바로 '태도'이다. 사람들이 그토록 열망하는 개인적, 직업적 성공을 이룬 사람들과 자신들을 확연하게 구별하게 하는 차이점이 무엇인가 고민하는 보통 사람들에게 맥스웰은 통찰력 있는 이야기를 건넨다. "당신의 태도는 당신 인생의 모든 면에 색깔을 입힌다. 그것은 당신 마음을 그대로 그려내는 붓과 같다."《존 맥스웰의 태도》를 통해서 저자는 "태도가 당신에게 해줄 수 있는 것도 있지만, 그렇지 못한 것도 있다"처럼 태도에 대한 일반적인 통념들을 깨뜨리고 있으며, 태도의 개선을 가로막고 있는 다섯 개의 커다란 장애물을 극복하는 방법을 보여준다. 더욱 중요한 것은 자신의 태도를 개선해서 직장이나 가정, 일상생활에 엄청난 영향을 미치게 할 방법을 제시함은 물론 그 개선된 태도를 남은 평생 내내 그대로 유지하는 방법 역시 제시하고 있다는 점이다. 맥스웰은 태도야말로 우리의 인생을 송두리째 바꿔놓을 수 있는 유일한 요소라고 확신하면서 태도를 최고의 자산으로 만드는 방법을 알려준다. (2006년 초판 발행)

─────── 《**최고의 나**Talent is Never Enough》

이 세상에 인간이 존재하는 한, 재능을 가진 사람 역시 수없이 존재할 것이다. 하지만 그 재능만으로 충분했다면, 모든 사람들이 최고의 역량을 발휘해야만 한다. 사람들이 재능에 더 추가해야 할 그 무엇 중에서 놓치고 있는 것은 무엇일까? 오늘날 많은 비즈니스계의 리더들이 재능이라는 요소만을 지나치게 강조하고 있다. 저명한 리더십 전문가 존 C. 맥스웰은 이러한 경향은 성공을 이루는 데 올바른 접근법이 아니라고 주장한다. "만약 재능만으로 충분하다면, 어째서 우리가 알고 있는 사람들 중에 엄청난 재능을 가지고 있지만 거기에 걸맞은 성공을 거두지 못한 사람들이 있는가?" 우리 사회에는 대단한 존재가 되었어야만 했던 인물들로 넘쳐나고 있다. 그런 사람들은 놀라운 가능성을 가지고 있었지만 그들이 가지고 있는 잠재력을 최대한 발휘하지 못했다. 반면에 전혀 다른 결과를 낸 사람들도 있다. 미국 독립의 아버지 토머스 제퍼슨, 미식축구선수 조 나마스, 윈스턴 처칠, 음악가 보노, 토크쇼의 여왕 오프라 윈프리, 역사상 최고의 작가 찰스 디킨스 등 이런 사람들은 타고난 재능을 최대한 발휘하고 증대시켜 세상을 보다 나아지게 만들었던 사람들이다. 맥스웰은 첫째, 우리가 재능을 가지고 있다는 사실을 믿으며 둘째, 그 재능을 더욱 발전시킬 수 있다고 믿는다. 이 책에서 그는 사람들이 재능 이상의 것을 가질 수 있는 방법 열세 가지를 독자들과 공유한다. (2007년 초판 발행)

1월 January

1월 1일 《360도 리더》

1월 2일 《작은 혁신》

1월 3일 《리더의 조건》

1월 4일 《함께 승리하는 리더》

1월 5일 《360도 리더》

1월 6일 《작은 혁신》

1월 7일 《리더십 불변의 법칙》

1월 8일 《리더의 조건》

1월 9일 《작은 시작》

1월 10일 《리더의 조건》

1월 11일 《리더십 불변의 법칙》

1월 12일 《작은 시작》

1월 13일 《나의 성공 지도》

1월 14일 《작은 성과》

1월 15일 《360도 리더》

1월 16일 《360도 리더》

1월 17일 《작은 시작》

1월 18일 《존 맥스웰의 태도》

1월 19일 《리더십 불변의 법칙》

1월 20일 《나의 성공 지도》

1월 21일 《360도 리더》

1월 22일 《작은 성과》

1월 23일 《리더십 불변의 법칙》

1월 24일 《존 맥스웰의 태도》

1월 25일 《리더의 조건》

1월 26일 《리더의 조건》

1월 27일 《리더의 조건》

1월 28일 《나의 성공 지도》

1월 29일 《나의 성공 지도》

6월 24일 《작은 성과》

6월 25일 《인재경영의 법칙》

6월 26일 《작은 시작》

6월 27일 《작은 시작》

6월 28일 《리더십의 법칙》

6월 29일 《360도 리더》

6월 30일 《360도 리더》

7월 July

7월 1일 《작은 성과》

7월 2일 《리더십의 법칙》

7월 3일 《리더십 불변의 법칙》

7월 4일 《존 맥스웰의 태도》

7월 5일 《최고의 나》

7월 6일 《인생 성공의 법칙》

7월 7일 《작은 성과》

7월 8일 《최고의 나》

7월 9일 《360도 리더》

7월 10일 《나의 성공 지도》

7월 11일 《존 맥스웰의 태도》

7월 12일 《최고의 나》

7월 13일 《리더십의 법칙》

7월 14일 《작은 성과》

7월 15일 《인생 성공의 법칙》

7월 16일 《작은 성과》

7월 17일 《나의 성공 지도》

7월 18일 《최고의 나》

7월 19일 《작은 혁신》

7월 20일 《360도 리더》

7월 21일 《작은 시작》

7월 22일 《존 맥스웰의 태도》

7월 23일 《작은 시작》

7월 24일 《최고의 나》

7월 25일 《인재경영의 법칙》

7월 26일 《인생 성공의 법칙》

7월 27일 《360도 리더》

7월 28일 《360도 리더》

7월 29일 《리더십 불변의 법칙》

7월 30일 《인재경영의 법칙》

7월 31일 《작은 혁신》

8월 August

8월 1일 《리더십의 법칙》

8월 2일 《360도 리더》

8월 3일 《최고의 나》

8월 4일 《작은 혁신》

8월 5일 《작은 성과》

8월 6일 《존 맥스웰의 태도》

8월 7일 《인생 성공의 법칙》

8월 8일 《위대한 영향력》

8월 9일 《리더십의 법칙》

8월 10일 《작은 시작》

9월 30일 《작은 시작》

10월 October

10월 1일 《인생 성공의 법칙》

10월 2일 《인생 성공의 법칙》

10월 3일 《리더십의 법칙》

10월 4일 《인재경영의 법칙》

10월 5일 《존 맥스웰의 태도》

10월 6일 《작은 시작》

10월 7일 《리더십의 법칙》

10월 8일 《360도 리더》

10월 9일 《360도 리더》

10월 10일 《위대한 영향력》

10월 11일 《함께 승리하는 리더》

10월 12일 《존 맥스웰의 태도》

10월 13일 《함께 승리하는 리더》

10월 14일 《360도 리더》

10월 15일 《인생 성공의 법칙》

10월 16일 《작은 성과》

10월 17일 《나의 성공 지도》

10월 18일 《위대한 영향력》

10월 19일 《리더십 불변의 법칙》

10월 20일 《리더십 불변의 법칙》

10월 21일 《함께 승리하는 리더》

10월 22일 《360도 리더》

10월 23일 《인생 성공의 법칙》

10월 24일 《존 맥스웰의 태도》

10월 25일 《함께 승리하는 리더》

10월 26일 《작은 시작》

10월 27일 《360도 리더》

10월 28일 《리더십의 법칙》

10월 29일 《함께 승리하는 리더》

10월 30일 《360도 리더》

10월 31일 《인재경영의 법칙》

11월 November

11월 1일 《작은 성과》

11월 2일 《리더십의 법칙》

11월 3일 《작은 시작》

11월 4일 《위대한 영향력》

11월 5일 《작은 혁신》

11월 6일 《인생 성공의 법칙》

11월 7일 《작은 시작》

11월 8일 《작은 성과》

11월 9일 《위대한 영향력》

11월 10일 《360도 리더》

11월 11일 《존 맥스웰의 태도》

11월 12일 《리더십 불변의 법칙》

11월 13일 《나의 성공 지도》

11월 14일 《나의 성공 지도》

11월 15일 《작은 시작》

11월 16일 《360도 리더》

옮긴이 | 이혜경

이화여자대학교 영어영문학과를 졸업하고 미국 워싱턴 주립대학교에서 비교문학 석사학위를 받았으며 동 대학원 박사 과정 번역이론을 이수했다.《뉴스위크》한국어판,《내셔널 지오그래픽》한국어판을 번역했고,《벤자민 프랭클린, 부자가 되는 길》,《벤자민 프랭클린, 재치와 지혜》,《매일을 최고의 하루로 만드는 약속》,《기적으로 이끄는 나이》,《헤밍웨이의 글쓰기》,《예스, 셰프》등을 우리말로 옮겼다.

매일 읽는 존 맥스웰

초판 1쇄 발행 2023년 1월 10일

지은이 존 C. 맥스웰
옮긴이 이혜경

펴낸이 이혜경
펴낸곳 니케북스
출판등록 2014년 4월 7일 제300-2014-102호
주소 서울시 종로구 새문안로 92 광화문 오피시아 1717호
전화 (02) 735-9515
팩스 (02) 6499-9518
전자우편 nikebooks@naver.com
블로그 nikebooks.co.kr
페이스북 www.facebook.com/nikebooks
인스타그램 www.instagram.com/nike_books

한국어판출판권 ⓒ 니케북스, 2023

ISBN 979-11-89722-64-7 (03320)

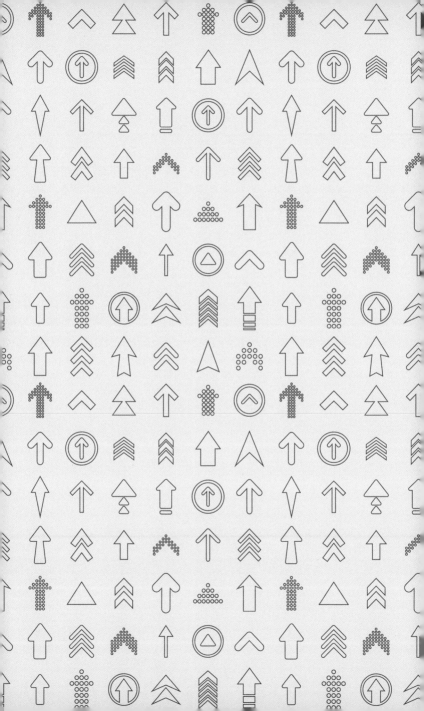

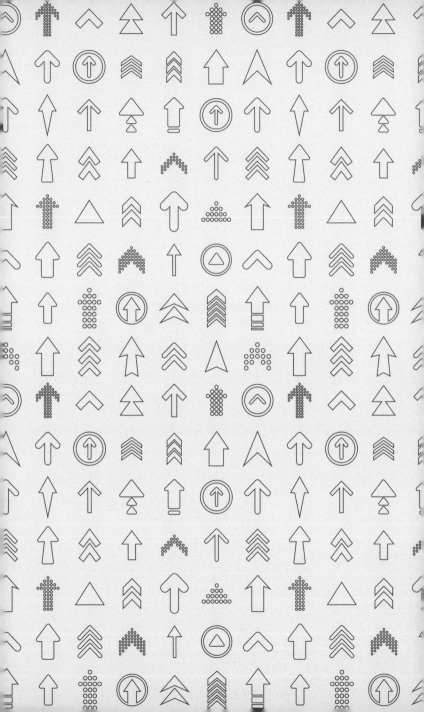